CRITIQUE
DU JUGEMENT.

Corbeil, imprimerie de Crété.

CRITIQUE
DU JUGEMENT

SUIVIE DES OBSERVATIONS

SUR LE SENTIMENT DU BEAU ET DU SUBLIME,

Par Emm. Kant,

TRADUIT DE L'ALLEMAND

PAR J. BARNI,
Professeur agrégé de philosophie au Collége Charlemagne,

AVEC UNE INTRODUCTION DU TRADUCTEUR.

TOME PREMIER.

PARIS,

LIBRAIRIE PHILOSOPHIQUE DE LADRANGE,

Quai des Augustins, 19.

1846

A Monsieur

VICTOR COUSIN

Hommage d'un Élève reconnaissant,

J. BARNI.

AVANT-PROPOS DU TRADUCTEUR.

Depuis le commencement de ce siècle, c'est-à-dire depuis l'époque où quelques écrivains, M. Villers, M. de Tracy, M. de Gérando, madame de Staël (1), appelèrent sur Kant l'attention de la France, sa doctrine n'a cessé d'exciter l'intérêt des penseurs, mais il s'en faut qu'elle soit à cette heure

(1) La *Philosophie de Kant*, par M. Charles Villers, est de 1801. La même année parut, traduit du hollandais, l'*Essai d'une exposition succincte de la critique de la raison pure* par Kinker, et ce petit ouvrage, remarquable par sa clarté, mais un peu superficiel, fournit à M. de Tracy le sujet d'un mémoire lu à l'Institut le 7 floréal an 10 (*Mémoires de l'Institut national, sciences morales et politiques*, tome IV, p. 544). Il est curieux de voir comment Kant fut accueilli en France par un illustre disciple de

même bien connue parmi nous et qu'on lui ait rendu tous les honneurs qu'elle mérite. M. Cousin qui a élevé en France l'étude de l'histoire de la philosophie à la hauteur d'une méthode, et lui-même a tant fait pour l'avancement de cette étude, ne pouvait passer indifférent à côté d'une

l'école à laquelle il avait fait une si rude guerre en Allemagne, et qui, puissante encore chez nous au début de ce siècle, allait bientôt perdre sa domination et son crédit. — Dans son *Histoire comparée des systèmes de philosophie, relativement aux principes des connaissances humaines*, qui parut en 1804, M. de Gérando entreprit d'esquisser et de juger la philosophie critique (Tome II, ch. XVI et XVII), et si son esquisse et son appréciation sont encore bien superficielles et bien incomplètes, elles ne manquent pas d'intérêt, surtout quand on se reporte à l'époque où fut écrite cette histoire. Il est juste aussi de rappeler ce que nous apprend M. de Gérando lui-même dans une note de son ouvrage (tome II, p. 174) que, cinq ans avant la publication de cet ouvrage, il avait présenté à l'Institut une notice sur la philosophie critique, à laquelle le prix avait été décerné, mais qu'il avait retranchée à l'impression, la jugeant trop insuffisante, et que, deux ans plus tard, il lui communiqua une notice plus détaillée. — Le livre de l'*Allemagne*, qui contient sur Kant quelques pages brillantes (troisième partie, ch. VI), imprimé et supprimé, comme on sait, par la police impériale en 1810, parut à Paris en 1814. — Puisque nous parlons des premiers travaux auxquels donna lieu en France la philosophie de Kant, il faut citer un choix de morceaux publiés par le *Conservateur* en 1800 (*le Conservateur ou recueil de morceaux inédits d'histoire, de politique, de littérature et de philosophie, tirés des portefeuilles de N. François (de Neufchateau)*, Paris, Crapelet, an VIII, tome II); ce sont : 1° une *Notice littéraire sur M. Emmanuel Kant et sur l'état de la Métaphysique en Allemagne au moment où ce philosophe a commencé à y faire sensation*, tirée du *Spectateur du Nord*; 2° une traduction d'un petit écrit de Kant intitulé : *Idée de ce que pourrait être une histoire universelle dans les vues d'un citoyen du monde*; 3° une traduction de l'abrégé de la *Religion dans les limites de la raison*. Cet abrégé, dont MM. Lortet et philosophie qui avait eu un si grand retentissement en Allemagne, et qui, au moment où elle commençait à piquer la curiosité des Français, avait déjà produit au delà du Rhin une si puissante et si féconde agitation. Dans un temps où l'on ne connaissait en France la philosophie de Kant que par quelques faibles esquisses, il entreprit de l'exposer et de la juger dans son enseignement public (1); même,

Bouillier ont publié récemment une nouvelle traduction (*Théorie de Kant sur la religion dans les limites de la raison, traduit par le docteur Lortet et précédé d'une introduction, par M. F. Bouillier* (Paris et Lyon, 1842), est ici attribué à Kant et désigné sous ce titre : *Théorie de la pure religion morale, considérée dans ses rapports avec le pur christianisme.* Le traducteur, Phil. Huldiger, y a joint des éclaircissements et des considérations générales sur la philosophie de Kant. — A cette époque avaient déjà paru la traduction d'un petit ouvrage ayant pour titre : *Projet de paix perpétuelle* (Paris, 1796), et celle du petit écrit dont je publie une nouvelle traduction à la suite de la *Critique du Jugement* (*Observations sur le sentiment du beau et du sublime, traduit* par *Payer Imhoff*, Paris, 1796). — On voit donc quelle curiosité excitait le nom de Kant dès la fin du dernier siècle et le commencement de celui-ci. Mais on ne pouvait songer alors à traduire ses grands ouvrages, et l'on se borna à traduire quelques-uns de ses petits écrits. — Rappelons aussi que M. Maine de Biran et M. Royer-Collard, ces deux fermes esprits qui commencèrent la réforme philosophique dont s'honore notre siècle, ne manquèrent pas, le premier dans ses écrits et le second dans ses cours, d'examiner et de discuter quelques-unes au moins des opinions du philosophe allemand, mais sans lui attribuer encore toute l'importance que révélèrent bientôt des études plus approfondies. M. Laromiguière parle aussi quelque part de Kant (*Leçons de philosophie, deuxième partie, sixième leçon*), mais de manière à prouver qu'il le connaissait fort peu. — Il faut citer enfin l'article de M. Stapfer dans la *Biographie universelle*.

(1) Voyez le *Cours d'histoire de la philosophie moderne pen-*

le traducteur de Platon eut un instant la pensée de se faire celui de Kant. Mais d'autres travaux le détournèrent de cette tâche, et elle reste encore aujourd'hui presque entière. Des trois *critiques* de Kant, c'est-à-dire de ses trois plus importants ouvrages, une seule a été traduite (1) ; les autres sont à peine connues parmi nous (2). Or ces ouvrages méritent assurément qu'on les traduise dans notre langue, et, si difficile, si ingrat même

---

dant les années 1846 et 1817, dont M. Cousin va publier une nouvelle édition (chez Ladrange, Paris, 1846), et surtout le *Cours d'histoire de la philosophie morale au dix-huitième siècle pendant l'année* 1820, *troisième partie. — Philosophie de Kant* (Paris, Ladrange, 1842).

(1) La *Critique de la raison pure*, traduite par M. Tissot (Paris, Ladrange, 1836). M. Tissot vient de publier une nouvelle édition de sa traduction (Paris, Ladrange, 1845), où il a eu l'heureuse idée de suivre l'exemple donné par Rosenkranz dans son excellente édition des œuvres de Kant, c'est-à-dire de reproduire la première édition (1781) en indiquant dans des notes ou en ajoutant dans un appendice les changements faits par Kant dans la seconde (1787). Il est en effet curieux et important de noter ces changements et de suivre Kant de la première à la seconde édition.

(2) Les analyses de ces deux ouvrages qui ont été faites jusqu'ici en français ou traduites de l'allemand ne sont pas propres, il faut l'avouer, à diminuer les difficultés de l'étude du texte, qu'elles se bornent à reproduire en le démembrant et en le défigurant. — L'Académie des sciences morales et politiques, en mettant au concours l'*Examen critique de la philosophie allemande*, a provoqué d'importants travaux sur Kant, mais qui ne sont point encore connus. Voyez le *Rapport* intéressant que vient de publier M. de Rémusat (Paris, Ladrange, 1845), à qui nous devions déjà un excellent morceau sur la *Critique de la raison pure* (*Essais de philosophie*, tome 1er).

à certains égards que soit ce genre de travail, je me suis hasardé à l'entreprendre. Voici d'abord la traduction de la *Critique du Jugement*, et j'espère publier bientôt celle de la *Critique de la raison pratique*, travail déjà fort avancé.

Quand il s'agit d'un homme comme Kant et de monuments comme la *Critique de la raison pure*, celle de la *raison pratique* ou celle du *Jugement*, de simples analyses, quelque exactes et quelque détaillées qu'elles soient, ne peuvent suffire. Malgré tous ses défauts, si antipathiques au génie de notre langue, il faut traduire Kant et le traduire littéralement, car rien ne doit dispenser en philosophie de l'étude des monuments. Mais aussi Kant n'est pas de ceux qu'on peut se contenter de traduire ; l'étude de ses ouvrages est difficile, et même, disons-le, rebutante, surtout pour des lecteurs français, et c'est pourquoi il importe de les préparer à cette étude en les initiant aux idées du philosophe allemand par une exposition plus simple et plus claire, à son langage par une explication de ses termes et de ses formules. Je ne pouvais donc me borner au rôle de traducteur, et j'ai dû songer à joindre à ma traduction un travail destiné à faciliter l'étude de l'ouvrage ; mais comme l'importance et les difficultés de ce travail m'arrêtent encore, et que je ne veux pas trop retarder la publication de la traduction imprimée déjà depuis quelque temps, je me décide à la faire paraître d'abord, m'engageant à en publier bientôt l'introduction.

Je ne dirai rien ici de la *Critique du Jugement*, puisque j'en parlerai tout à mon aise dans l'introduction que je prépare; je veux seulement ajouter quelques mots sur le système de traduction que j'ai cru devoir suivre. M. Cousin, dans ses leçons sur Kant (1), a caractérisé avec tant de justesse et de netteté les défauts de Kant comme écrivain, que je ne puis mieux faire ici que de reproduire son jugement. « Cet ouvrage, dit-il, en parlant de la *Critique de la raison pure*, avait le malheur d'être mal écrit; ce qui ne veut pas dire qu'il n'y ait souvent infiniment d'esprit dans les détails, et même de temps en temps des morceaux admirables; mais, comme l'auteur le reconnaît lui-même avec candeur dans la préface de l'édition de 1781, s'il y a partout une grande clarté logique, il y a très-peu de cette autre clarté qu'il appelle *esthétique*, et qui naît de l'art de faire passer le lecteur du connu à l'inconnu, du plus facile au plus difficile, art si rare, surtout en Allemagne, et qui a entièrement manqué au philosophe de Kœnigsberg. Prenez la table des matières de la *Critique de la raison pure*, comme là il ne peut être question que de l'ordre logique, de l'enchaînement de toutes les parties de

---

(1) Deuxième leçon, pages 25 et 26.

l'ouvrage, rien de mieux lié, de plus précis, de plus lumineux. Mais prenez chaque chapitre en lui-même, ici tout change : cet ordre en petit, que doit renfermer un chapitre, n'y est point ; chaque idée est toujours exprimée avec la dernière précision, mais elle n'est pas toujours à la place où elle devrait être pour entrer aisément dans l'esprit du lecteur. Ajoutez à ce défaut celui de la langue allemande de cette époque, poussé à son comble, je veux dire ce caractère démesurément synthétique de la phrase allemande, qui forme un contraste si frappant avec le caractère analytique de la phrase française. Ce n'est pas tout : indépendamment de cette langue, rude encore et mal exercée à la décomposition de la pensée, Kant a une autre langue qui lui est propre, une terminologie qui, une fois bien comprise, est d'une netteté parfaite et même d'un usage commode, mais qui, brusquement présentée et sans les préliminaires nécessaires, offusque tout, donne à tout une apparence obscure et bizarre. » Les défauts que M. Cousin reproche à la *Critique de la raison pure*, et qui, comme il le remarque, retardèrent dans le pays même de Kant le succès de cet immortel ouvrage, sont aussi ceux de la *Critique du Jugement* et de la *Critique de la raison pratique*. Seulement Kant est en général dans ces deux derniers ouvrages plus sobre et moins diffus que dans le premier, et le caractère même des sujets qu'il y traite, ici les principes de la morale et les sentiments, les idées qui s'y rattachent, là le beau et le sublime, les beaux-arts, les causes finales, etc., ce caractère donne parfois à son style une couleur moins sévère et moins dure. Cependant les mêmes défauts reparaissent et dominent. On comprend d'après cela combien doit être difficile une traduction littérale de ces ouvrages. Or toute autre traduction, une traduction qui retranche ou ajoute, résume ou paraphrase, ne rend pas l'auteur tel qu'il est, et ne peut tenir lieu du texte. D'un autre côté, une traduction littérale court grand risque d'être barbare, et de faire à chaque instant violence aux habitudes de notre langue et de notre esprit. Selon moi, le problème à résoudre serait de traduire Kant d'une manière qui, tout en reproduisant fidèlement le texte, en atténuerait un peu les défauts, c'est-à-dire y introduirait, sans le modifier, les qualités propres à notre langue. Une traduction qui remplirait ces deux conditions, ayant un double mérite, rendrait un double service à l'auteur. Voilà le problème que je me suis proposé, et j'en connais trop bien les difficultés pour me flatter de l'avoir résolu. J'espère du moins que mes efforts ne seront pas entièrement perdus. Si la langue française a la vertu de clarifier tout ce qu'elle rend ou traduit, cela doit surtout s'applique à Kant, car, comme l'obscurité qu'on lui reproche vient en partie, suivant la juste remarque de M. Cousin, du caractère démesurément synthétique de sa phrase, et que la phrase française est au contraire essentiellement analytique, traduire Kant en français, c'est déjà l'éclaircir en corrigeant ou en atténuant un défaut qui répugne à notre langue.

Mais c'est assez insister sur les défauts de la manière de Kant; il est temps de le faire paraître sous un autre jour. On ne sait pas assez en France que cet écrivain que nous traitons de barbare a su parfois approcher de nos meilleurs écrivains. C'est ce qu'on voit dans la plupart de ses petits écrits, et particulièrement dans celui qui a pour titre : *Observations sur le sentiment du beau et du sublime*, et qui parut en 1764, c'est-à-dire vingt-six ans avant la *Critique du Jugement* (1). Malgré quelques essais de traduction, ces petits écrits sont en général peu connus en France, et, bien traduits, ils montreraient Kant sous une face toute nouvelle (2).

---

(1) La première édition de la *Critique du Jugement* est de 1790.

(2) J'ai indiqué plus haut les petits écrits de Kant qui ont été traduits en français. On pourrait, en retraduisant ceux qui ont été traduits et en y ajoutant quelques-uns qui ne l'ont pas encore été, en former un curieux et piquant recueil. M. Cousin a songé aussi à ce travail, et il eut été digne de la plume du traducteur de Platon de faire passer dans notre langue ce que Kant a produit de plus

C'est là que Kant paraît tout au long ce qu'on le retrouve parfois dans certains passages de ses grands ouvrages, surtout dans les remarques et dans les notes, un homme d'infiniment d'esprit, dans le sens moderne et français de ce mot, un fin et délicat observateur de la nature humaine, un ingénieux écrivain. Car ce profond penseur, ce génie abstrait, cet écrivain barbare était aussi tout cela. Son chef-d'œuvre sous ce rapport est sans contredit le petit ouvrage que je viens de citer. Aussi a-t-il été déjà traduit trois fois en français (1) ; mais il était bon de le retraduire, et j'ai voulu en joindre une nouvelle traduction à celle de la *Critique du Jugement*, parce que ces deux ouvrages, quoique bien différents par la forme et le fond, ont un sujet commun, le beau et le sublime, et qu'il est curieux de rapprocher ces deux manières si différentes dont Kant a traité le même sujet à vingt-six ans de distance.

Il ne faut pas chercher d'ailleurs dans les *Observations sur le sentiment du beau et du sublime* le

---

littéraire. Héritier de cette tâche, je m'efforcerai de justifier la bienveillance qui me l'a confiée.

(1) La première traduction est celle que j'ai indiquée plus haut. Elle est de 1796. — La seconde est de M. Kératry; elle est précédée d'un long commentaire (*Examen philosophique des considérations sur le sentiment du sublime et du beau de Kant*, Paris, 1823). — Une autre traduction fut publiée la même année par M. Weyland sous ce titre : *Essai sur le sentiment du beau et du sublime.*

germe de la théorie exposée dans la *Critique du Jugement*, et bien moins encore une théorie philosophique sur la question du beau et du sublime. Kant n'a point ici une si haute prétention ; il veut seulement, comme il en avertit dès le début, présenter quelques observations sur les sentiments du beau et du sublime. Il considère ces sentiments relativement à leurs objets, aux caractères des individus, aux sexes et aux rapports des sexes entre eux, et enfin aux caractères des peuples. Ce petit ouvrage n'est donc qu'un recueil d'observations. On n'y pressent pas le profond et abstrait auteur de la *Critique de la raison pure;* Kant n'est encore que le *beau professeur* de Kœnigsberg, comme on l'appellait dans sa ville natale (1). Or il excelle autant dans le genre auquel appartient ce petit écrit que dans la métaphysique. Il se montre ici aussi fin et spirituel observateur qu'ailleurs subtil et profond analyste. On admirera la justesse et souvent la délicatesse de ses observations, un heureux et rare mélange de finesse et de bonhomie (2), enfin le tour ingénieux et vif qu'il donne à ses idées et où paraît clairement l'influence

---

(1) Voyez la préface de Rosenkranz au volume de son édition qui contient la *Critique du Jugement* et les *Observations sur le sentiment du beau et du sublime* (*Vorrede, s.* VIII).

(2) Ce mélange de finesse et de bonhomie est une des qualités les plus saillantes du caractère de Kant. C'est encore un trait qu'il a de commun avec Socrate auquel on l'a justement comparé.

de la littérature française. Si parmi ces remarques quelques-unes ont cessé d'être vraies (1), si d'autres nous paraissent étroites et mesquines (2), on retrouve dans la plupart une pénétrante observation et une haute intelligence de la nature humaine. Mais la plus remarquable partie de ce petit écrit est sans contredit celle où Kant traite du beau et du sublime dans leurs rapports avec les sexes. Il y a là sur les qualités essentiellement propres aux femmes, sur le genre particulier d'éducation qui leur convient, sur le charme et les avantages de leur société, des observations pleines de sens et de finesse, des pages dignes de Labruyère ou de Rousseau (3). Kant reprend après celui-ci cette thèse, si admirablement développée dans la dernière partie de l'Émile, que la femme, ayant une destination particulière, a aussi des qualités qui lui sont propres, et qu'une intelligente éducation doit cultiver et développer conformément au vœu de la nature. Nul au dix-huitième siècle n'a parlé des

---

(1) Tel est, par exemple, comme le remarque Rosenkranz, (page 9 de la préface déjà citée), le jugement qu'il porte sur les Français (page 304 de la traduction), ce jugement auquel la révolution française est venue donner depuis un si éclatant démenti.

(2) Par exemple son jugement sur l'architecture du moyen-âge (page 319 de la traduction).

(3) Aussi l'auteur des *Observations sur le sentiment du beau et du sublime* fut-il appelé le Labruyère de l'Allemagne.

femmes avec plus de délicatesse et de respect (1).
On serait tenté de croire avec le nouvel éditeur
de Kant, Rosenkranz (2), que le cœur du philosophe n'est pas toujours resté indifférent aux attraits
dont il parle si bien. Mais je ne veux pas gâter par
mes commentaires le charme de ce petit ouvrage.
Il est inutile aussi de le rapprocher de la *Critique
du Jugement*, car il n'y aurait que des différences
à remarquer, et si, à l'exemple de Rosenkranz,
j'ai réuni ces deux ouvrages dans la traduction,
c'est que le contraste m'a paru piquant.

Kant (3) avait fait interfolier pour son usage un
exemplaire de ce petit écrit, et, après avoir chargé
d'additions chacune des pages ajoutées, et, en
beaucoup d'endroits, les marges mêmes du texte, il
l'avait donné en 1800 au libraire *Nicolovius*, sans
doute en vue d'une nouvelle édition. D'après Rosenkranz, qui a eu, en composant son édition, cet
exemplaire entre les mains, ces additions sont des
observations variées et quelquefois piquantes, qui
se rattachent au même sujet, le sentiment du beau
et du sublime, mais se répandent dans toutes les

---

(1) Il reproche à Rousseau, en qui il se plaît d'ailleurs à reconnaître un grand apologiste du beau sexe, d'avoir osé dire qu'une femme n'est jamais autre chose qu'un grand enfant, et il ne voudrait pas, dit-il, pour tout l'or du monde avoir écrit cette phrase (Traduction française, tome II, p. 305).

(2) Préface déjà citée, p. XII.

(3) Préface déjà citée, pages VI et VII.

directions et prennent diverses formes. Ici Kant développe entièrement sa pensée, là il se borne à l'indiquer, et quelquefois un seul mot lui suffit. Rosenkranz n'a pas cru devoir se servir en général de ce brouillon, parce que l'on retrouve tout ce qu'il contient d'important dans d'autres ouvrages de Kant. J'ai suivi le texte de son édition.

Quant à la *Critique du Jugement,* je me suis servi à la fois de la troisième édition (1799) (1) et de celle de Rosenkranz.

(1) J'ai déjà indiqué la date de la première édition, 1790, c'est à dire 9 ans après la *Critique de la raison pure* et 2 ans après la *Critique de la raison pratique.* La seconde édition est de 1793.

Ce 15 décembre 1845.

J. BARNI.

PRÉFACE.

On peut appeler *raison pure* la faculté de connaître par des principes *a priori*, et critique de la raison pure, l'examen de la possibilité et des limites de cette faculté en général, en n'entendant par raison pure que la raison considérée dans son usage théorique, comme je l'ai fait, sous ce titre, dans mon premier ouvrage, et sans prétendre soumettre aussi à l'examen la faculté pratique que déterminent en elle ses propres principes. La critique de la raison pure ne comprend donc que notre faculté de connaître les choses *a priori*: elle ne s'occupe que de la *faculté de connaître*, abstraction faite du sentiment du plaisir ou de la peine et de la faculté de désirer ; et dans la faculté de connaître, elle ne considère que l'entendement dont elle recherche les principes *a priori*, abstraction faite du *Jugement** et de la *raison* (en tant que facultés appartenant également à la connaissance théorique), parce qu'il se trouve dans la suite qu'aucune autre faculté de connaître, que l'entendement, ne peut fournir à la connaissance des principes constitutifs *a priori*. Ainsi la critique qui examine toutes ces facultés, pour déterminer la part que chacune pourrait avoir par elle-même à la vraie possession de la connaissance, ne conserve rien que ce que l'entendement prescrit *a priori* comme une loi pour la nature ou pour l'ensemble des phénomènes, (dont la forme est aussi donnée *a priori*); elle renvoie tous les autres concepts purs aux idées qui sont transcendantes pour notre faculté de connaître théorique, et qui, loin d'être pour cela

---

* Notre mot *Jugement* signifie à la fois la faculté de juger et l'acte par lequel nous jugeons, tandis que la langue allemande a les deux mots *Urtheilskraft* et *Urtheil*. Pour remédier à cette confusion, j'écrirai *Jugement* ou *jugement* suivant que j'emploierai ce mot dans le premier ou dans le second de ces deux sens. J. B.

inutiles ou superflues, servent de principes régulateurs : en agissant ainsi, d'une part, elle écarte les dangereuses prétentions de l'entendement, qui (parce qu'il peut fournir *a priori* les conditions de la possibilité de toutes les choses qu'il peut connaître) voudrait renfermer dans ses propres limites la possibilité de toute chose en général, et d'autre part, elle dirige l'entendement lui-même dans la considération de la nature à l'aide d'un principe de perfection qu'il ne peut jamais atteindre, mais qui lui est posé comme le but final de toute connaissance.

C'est donc véritablement à l'entendement, qui a son domaine propre dans la *faculté de connaître,* en tant qu'elle contient *a priori* des principes constitutifs de la connaissance, que la critique désignée en général sous le nom de critique de la raison pure, devait assurer une possession sûre, mais bornée, contre tous les autres compétiteurs. De même la critique de la raison pratique a déterminé la possession de la *raison,* qui ne contient des principes constitutifs que relativement à la *faculté de désirer.*

Maintenant le *Jugement*, qui forme dans l'ordre de nos facultés de connaître un moyen terme entre l'entendement et la raison, a-t-il aussi par lui-même des principes *a priori;* ces principes sont-ils constitutifs ou simplement régulateurs (ne supposant point par conséquent un domaine particulier); et donne-t-il *a priori* une règle au sentiment du plaisir ou de la peine, comme au moyen terme entre la faculté de connaître et la faculté de désirer (de même que l'entendement prescrit *a priori* des lois à la première et la raison à la seconde)? Voilà ce dont s'occupe la présente critique du Jugement.

Une critique de la raison pure, c'est-à-dire de notre faculté de juger suivant des principes *a priori,* serait incomplète, si celle du Jugement qui, en tant que faculté de connaître, prétend aussi par lui-même à de tels principes, n'était traitée comme une partie spéciale de la critique; et pourtant les principes du Jugement ne constituent pas, dans un système de la philosophie pure, une partie propre entre la partie théorique et la partie pratique; ils peuvent être rapportés, suivant l'occasion, à chacune de ces deux parties. Mais si, sous le nom général de métaphysique, ce système (qu'il est possible d'achever et qui est d'une haute importance pour l'usage de la raison sous tous les rapports) doit être un jour accompli, il faut d'abord que la critique ait sondé le sol de cet édifice, assez profondément pour découvrir les premiers fondements de la faculté qui nous fournit des principes indépendants de l'expérience, afin qu'aucune des parties ne vienne à chanceler, ce qui entraînerait inévitablement la ruine du tout.

Or on peut aisément conclure de la nature du Jugement (dont il est si nécessaire et si généralement utile de faire un bon usage que sous le nom de sens commun on ne désigne pas d'autre faculté que celle-là) qu'on doit rencontrer de grandes difficultés dans la recherche du principe propre de cette faculté (elle doit en effet en contenir un *a priori*, sinon la critique même la plus vulgaire ne la considérerait pas comme une faculté particulière de connaître). Ce principe ne peut être dérivé de concepts *a priori* : ceux-ci appartiennent à l'entendement et le Jugement ne concerne que leur application. Le Jugement doit donc fournir lui-même un concept, qui ne fasse proprement rien connaître, et qui seulement lui serve de règle à lui-même, mais non pas de règle objective à laquelle il puisse s'accommoder, car alors il faudrait une autre faculté de juger, pour décider si c'est le cas ou non d'appliquer la règle.

Cette difficulté que présente le principe (subjectif ou objectif) de la faculté de juger se rencontre surtout dans ces jugements, appelés esthétiques, qui concernent le beau et le sublime de la nature ou de l'art. Et pourtant la recherche critique du principe de ces jugements est la partie la plus importante de la critique de cette faculté. En effet, quoique par eux-mêmes ils n'apportent rien à la connaissance des choses, ils n'en appartiennent pas moins uniquement à la faculté de connaître et révèlent un rapport immédiat de cette faculté avec le sentiment de plaisir ou de peine, fondé sur quelque principe *a priori*, qui ne se confond pas avec les motifs de la faculté de désirer ; car celle-ci trouve ses principes *a priori* dans des concepts de la raison. Il n'en est pas de même des jugements téléologiques sur la nature : ici, l'expérience nous montrant dans les choses une conformité à des lois qui ne peut plus être comprise ou expliquée à l'aide du concept général que l'entendement nous donne du sensible, la faculté de juger tire d'elle-même un principe du rapport de la nature avec l'inaccessible monde du supra-sensible, dont elle ne doit se servir qu'en vue d'elle-même dans la connaissance de la nature ; mais ce principe, qui doit et peut être appliqué *a priori* à la *connaissance* des choses du monde et nous ouvre en même temps des vues avantageuses pour la raison pratique, n'a point de rapport immédiat au sentiment du plaisir ou de la peine. Or c'est précisément ce rapport qui fait l'obscurité du principe du Jugement, et qui rend nécessaire pour cette faculté une division particulière de la critique ; car le jugement logique, qui se fonde sur des concepts (dont on ne peut jamais tirer de conséquence immédiate au sentiment du plaisir ou de la peine), aurait pu à la rigueur être rattaché à la partie théorique de la philosophie, avec l'examen critique des limites de ces concepts.

Comme je n'entreprends pas l'étude du goût, ou du Jugement esthétique, dans le but de le former et de le cultiver (car cette culture peut bien continuer de se passer de ces sortes de spéculation), mais seulement à un point de vue transcendental, on sera, je l'espère, indulgent pour les lacunes de cette étude. Mais, à son point de vue, il faut qu'elle s'attende à l'examen le plus sévère ; seulement la grande difficulté que présente la solution d'un problème, naturellement si embrouillé, peut servir, je l'espère aussi, à excuser quelque reste d'une obscurité qu'on ne peut éviter entièrement. Pourvu qu'il soit assez clairement établi que le principe a été exactement exposé, on peut me pardonner, s'il est nécessaire, de n'en avoir pas dérivé le phénomène du Jugement avec toute la clarté qu'on peut justement exiger ailleurs, c'est-à-dire d'une connaissance fondée sur des concepts, et que je crois avoir rencontrée dans la seconde partie de cet ouvrage.

Je termine ici toute mon œuvre critique. J'aborderai sans retard la doctrine, afin de mettre à profit, s'il est possible, le temps favorable encore de ma vieillesse croissante. On comprend aisément que le Jugement n'a point de partie spéciale dans la doctrine, puisque la critique lui tient lieu de théorie; mais que, d'après la division de la philosophie en théorique et pratique et de la philosophie pure en autant de parties, la métaphysique de la nature et celle des mœurs doivent constituer cette nouvelle œuvre.

INTRODUCTION.

I

De la division de la philosophie.

Quand on considère la philosophie comme fournissant par des concepts les principes de la connaissance rationnelle des choses (et non pas seulement, comme la logique, les principes de la forme de la pensée en général, abstraction faite des objets), on a tout à fait raison de la diviser, comme on le fait ordinairement, en *théorique* et *pratique*. Mais il faut alors que les concepts qui fournissent aux principes de cette connaissance rationnelle leur objet, soient spécifiquement différents; sinon ils n'autoriseraient point une division, qui suppose toujours une opposition des principes de la connaissance rationnelle propre aux diverses parties d'une science.

Or il n'y a que deux espèces de concepts, lesquelles impliquent autant de principes différents de la possibilité de leurs objets : ce sont les *concepts de la nature* et le *concept de la liberté*. Et comme les premiers rendent possible, à l'aide de principes *a priori*, une connaissance *théorique*, et que le second ne contient relativement à cette connaissance qu'un principe négatif (une simple opposition), tandis qu'au contraire il établit pour la détermination de la volonté des principes extensifs, qui, pour cette raison, s'appellent pratiques, on a le droit de diviser la philosophie en deux parties, tout à fait différentes quant aux principes, en théorique en tant que *philosophie de la nature* et en *pratique* en tant que *philosophie morale* (car on appelle ainsi la législation *pratique* de la raison fondée sur le concept de la liberté). Mais jusqu'ici une grave confusion dans l'emploi de ces expressions a présidé à la division des divers principes et par suite de la philosophie : on identifiait ce qui est pratique au point de vue des concepts de la nature avec ce qui est pratique au point de vue du concept de la liberté, et sous ces mêmes expressions de philosophie théorique et pratique, on établissait une division qui, dans le fait, n'en était pas une (puisque les deux parties pouvaient avoir les mêmes principes).

La volonté, en tant que faculté de désirer, est

une des diverses causes naturelles qui sont dans le monde, c'est celle qui agit d'après des concepts; et tout ce qui est représenté comme possible (ou comme nécessaire) par la volonté, on l'appelle pratiquement possible (ou nécessaire), pour le distinguer de la possibilité ou de la nécessité physique d'un effet dont la cause n'est pas déterminée par des concepts (mais, comme dans la matière inanimée, par mécanisme, ou, comme chez les animaux, par instinct. — Or ici on parle de pratique d'une manière générale, sans déterminer si le concept qui fournit à la causalité de la volonté sa règle est un concept de la nature ou un concept de la liberté.

Mais cette dernière distinction est essentielle : si le concept qui détermine la causalité est un concept de la nature, les principes sont alors *techniquement pratiques;* si c'est un concept de la liberté, ils sont *moralement pratiques;* et, comme dans la division d'une science rationnelle il s'agit uniquement d'une distinction des objets dont la connaissance demande des principes différents, les premiers se rapportent à la philosophie théorique (ou à la science de la nature), tandis que les autres constituent seuls la seconde partie, à savoir la philosophie pratique (ou la morale).

Toutes les règles techniquement pratiques (c'est-à-dire celles de l'art ou de l'industrie en général, et même celles de la prudence, ou de cette habileté qui donne de l'influence sur les hommes et sur leur volonté), en tant que leurs principes reposent sur des concepts, doivent être rapportées comme corollaires à la philosophie théorique. En effet elles ne concernent qu'une possibilité des choses fondée sur des concepts de la nature, et je ne parle pas seulement des moyens à trouver dans la nature, mais même de la volonté (comme faculté de désirer, et par conséquent comme faculté naturelle), en tant qu'elle peut être déterminée conformément à ces règles par des mobiles naturels. Cependant ces règles pratiques ne s'appellent pas des lois (comme les lois physiques), mais seulement des préceptes; car, comme la volonté ne tombe pas seulement sous le concept de la nature, mais aussi sous celui de la liberté, on réserve le nom de lois aux principes de la volonté relatifs à ce dernier concept, et ces principes constituent seuls, avec leurs conséquences, la seconde partie de la philosophie, à savoir la partie pratique.

De même que la solution des problèmes de la géométrie pure ne forme pas une partie spéciale de cette science, ou que l'arpentage ne mérite pas d'être appelé géométrie pratique, par opposition à la géométrie pure qui serait la seconde partie de la géométrie en général, de même et à plus forte raison ne faut-il pas regarder comme une partie pratique de la physique, l'art mécanique ou chimique des expériences ou des observations, et rattacher à la philosophie pratique l'économie domestique, l'agriculture, la politique, l'art de vivre en société, la diététique, même la théorie générale du bonheur et l'art de dompter ses passions et de réprimer ses affections en vue du bonheur, comme si tous ces arts constituaient la seconde partie de la philosophie en général. En effet, ils ne contiennent tous que des règles qui s'adressent à l'industrie de l'homme, qui, par conséquent ne sont que techniquement pratiques, ou destinées à produire un effet possible d'après les concepts naturels des causes et des effets, et qui, rentrant dans la philosophie théorique (ou dans la science de la nature), dont elles sont de simples corollaires, ne peuvent réclamer une place dans cette philosophie particulière qu'on appelle la philosophie pratique. Au contraire, les préceptes moralement pratiques, qui sont entièrement fondés sur le concept de la liberté et excluent toute participation de la nature dans la détermination de la volonté, constituent une espèce toute particulière de préceptes : comme ces règles auxquelles obéit la nature, ils s'appellent véritablement des lois, mais ils ne reposent pas, comme celles-ci, sur des conditions sensibles; ils ont un principe supra-sensible, et ils forment à eux seuls, à côté de la partie théorique de la philosophie, une autre partie sous le nom de philosophie pratique.

On voit par là qu'un ensemble de préceptes pratiques, donnés par la philosophie, ne constitue pas une partie spéciale et opposée à la partie théorique de cette science, par cela seul qu'ils sont pratiques ; car ils pourraient l'être encore, quand même leurs principes (en tant que règles techniquement pratiques) seraient tirés de la connaissance théorique de la nature : il faut encore que le principe sur lequel ils se fondent ne soit pas dérivé lui-même du concept de la nature, toujours subordonné à des conditions sensibles, et repose par conséquent sur le supra-sensible, que le concept seul de la liberté nous fait connaître par des lois formelles, et qu'ainsi les préceptes soient moralement pratiques, c'est-à-dire que ce ne soient pas seulement des préceptes ou des règles relatives à tel ou tel dessein, mais des lois qui ne supposent aucun but ou aucun dessein préalable.

II

Du domaine de la philosophie en général.

L'usage de notre faculté de connaître par des principes et la philosophie par conséquent n'ont pas d'autres bornes que celles de l'application des concepts *a priori*.

Mais l'ensemble de tous les objets auxquels se rapportent ces concepts, pour en constituer, s'il est possible, une connaissance, peut être divisé selon que nos facultés suffisent ou ne suffisent pas à ce but, et selon qu'elles y suffisent de telle ou telle manière.

Si vous considérez les concepts comme se rapportant à des objets, et que vous fassiez abstraction de la question de savoir si une connaissance de ces objets est ou n'est pas possible, vous avez le champ de ces concepts : il est déterminé seulement d'après le rapport de leur objet à notre faculté de connaître en général.—La partie de ce champ, où une connaissance est possible pour nous, est le territoire (*territorium*) de ces concepts et de la faculté de connaître que suppose cette connaissance. La partie du territoire, où ces concepts sont législatifs, est leur domaine (*ditio*) et celui des facultés de connaître qui les fournissent. Ainsi les concepts empiriques ont bien leur territoire dans la nature, considérée comme l'ensemble de tous les objets des sens, mais ils n'y ont pas de domaine; ils n'y ont qu'un domicile (*domicilium*), parce que ces concepts, quoique régulièrement formés, ne sont pas législatifs et que les règles qui s'y fondent sont empiriques, par conséquent contingentes.

Toute notre faculté de connaître a deux domaines, celui des concepts de la nature et celui du concept de la liberté; car, par ces deux sortes de concepts, elle est législative *a priori*. Or la philosophie se partage aussi, comme cette faculté, en théorique et pratique. Mais le territoire, sur lequel s'étend son domaine et *s'exerce* sa législation, n'est toujours que l'ensemble des objets de toute expérience possible, en tant qu'ils sont considérés comme de simples phénomènes; car autrement on ne pourrait concevoir une législation de l'entendement relative à ces objets.

La législation contenue dans les concepts de la nature est fournie par l'entendement; elle est théorique. Celle que contient le concept de la liberté vient de la raison; elle est purement pratique. Or c'est seulement dans le monde pratique que la raison peut être législative; relativement à la connaissance théorique (de la nature), elle ne peut que déduire de lois données (dont elle est instruite par l'entendement) des conséquences qui ne sortent pas des bornes de la nature. Mais, d'un autre côté, la raison n'est pas législative partout où il y a des règles pratiques, car ces règles peuvent être techniquement pratiques.

La raison et l'entendement ont donc deux législations différentes sur un seul et même territoire, celui de l'expérience, sans que l'une puisse empiéter sur l'autre; car le concept de la nature a tout aussi peu d'influence sur la législation fournie par le concept de la liberté, que celui-ci sur la législation de la nature.—La possibilité de concevoir au moins sans contradiction la coexistence des deux législations et des facultés qui s'y rapportent a été démontrée par la critique de la raison pure, qui, en nous révélant ici une illusion dialectique, a écarté les objections.

Mais il est impossible que ces deux domaines différents, qui se limitent perpétuellement, non pas, il est vrai, dans leurs législations, mais dans leurs effets au sein du monde sensible, n'en fassent qu'*un*. En effet le concept de la nature peut bien représenter ses objets dans l'intuition, mais comme de simples phénomènes et non comme des choses en soi; au contraire, le concept de la liberté peut bien représenter par son objet une chose en soi, mais non dans l'intuition ; aucun de ces deux concepts, par conséquent, ne peut donner une connaissance théorique de son objet (et même du sujet pensant) comme chose en soi, c'est-à-dire du supra-sensible. C'est une idée qu'il faut appliquer à la possibilité de tous les objets de l'expérience, mais qu'on ne peut jamais élever et étendre jusqu'à en faire une connaissance.

Il y a donc un champ illimité, mais inaccessible aussi pour toute notre faculté de connaître, le champ du supra-sensible, où ne nous trouvons point de territoire pour nous, et où, par conséquent, nous ne pouvons chercher, ni pour les concepts de l'endement, ni pour ceux de la raison, un domaine appartenant à la connaissance théorique. Ce champ, l'usage théorique aussi bien que pratique de la raison veut qu'on le remplisse d'idées, mais nous ne pouvons donner à ces idées, dans leur rapport avec les lois qui dérivent du concept de la liberté, qu'une réalité pratique, ce qui n'élève pas le moins du monde notre connaissance théorique jusqu'au supra-sensible.

Mais, quoiqu'il y ait un immense abîme entre le domaine du concept de la nature, ou le sensible, et le domaine du concept de la liberté, ou le supra-sensible, de telle sorte qu'il est impossible de passer du premier au second (au moyen de la raison théorique), et qu'on dirait deux mondes différents dont l'un ne peut avoir aucune action sur l'autre, celui-ci doit avoir cependant une influence sur celui-là. En effet le concept de la liberté doit réaliser dans le monde sensible le but posé par ses lois, et il faut, par conséquent, qu'on puisse concevoir la nature de telle sorte que, dans sa conformité aux lois qui constituent sa forme, elle n'exclue pas du moins la possibilité des fins qui doivent y être atteintes d'après les lois de la liberté. — Il doit donc y avoir un principe qui rende possible *l'accord* du supra-sensible, servant de fondement à la nature, avec ce que le concept de la liberté contient pratiquement, un principe dont le concept insuffisant, il est vrai, au point de vue théorique et au point de vue pratique, à en donner une connaissance, et n'ayant point par conséquent de domaine qui lui soit propre, permette cependant à l'esprit de passer d'un monde à l'autre.

III

De la critique du Jugement considérée comme un lien qui réunit les deux parties de la philosophie.

La critique des facultés de connaître, considérées dans ce qu'elles peuvent fournir *a priori,* n'a pas proprement de domaine relativement aux objets, parce qu'elle n'est pas une doctrine, mais qu'elle a seulement à rechercher si et quand, suivant la condition de nos facultés, une doctrine peut être fournie par ces facultés. Son champ s'étend aussi loin que toutes leurs prétentions, afin de les renfermer dans les limites de leur légitimité. Mais ce qui n'entre pas dans la division de la philosophie peut cependant tomber, comme partie principale, sous la critique de la faculté pure de connaître en général, si cette faculté contient des principes qui n'ont de valeur, ni pour son usage théorique, ni pour son usage pratique.

Les concepts de la nature, qui contenaient le principe de toute connaissance théorique *a priori*, reposaient sur la législation de l'entendement. — Le concept de la liberté qui contenait le principe de tous les préceptes pratiques *a priori* et indépendants des conditions sensibles, reposait sur la législation de la raison. Ainsi, outre que ces deux facultés peuvent être appliquées logiquement à des principes, de quelque origine qu'ils soient, chacune d'elles a encore, quant à son contenu, sa législation propre, au-dessus de laquelle il n'y en a point d'autre (*a priori*), et c'est ce qui justifie la division de la philosophie en théorique et pratique.

Mais dans la famille des facultés de connaître supérieures, il y a encore un moyen terme entre l'entendement et la raison : c'est le *Jugement*. On peut présumer, par analogie, qu'il contient aussi, sinon une législation particulière, du moins un principe qui lui est propre et qu'on doit chercher suivant des lois ; un principe qui est certainement un principe *a priori* purement subjectif, et qui, sans avoir pour domaine aucun champ des objets, peut cependant avoir un territoire pour lequel seulement il ait de la valeur.

Il y a d'ailleurs (à en juger par analogie) une raison de lier le Jugement avec un autre ordre de nos facultés représentatives, qui paraît plus importante encore que celle de sa parenté avec la famille des facultés de connaître. En effet, toutes les facultés ou capacités de l'âme peuvent être ramenées à ces trois qui ne peuvent plus être dérivées d'un principe commun : la *faculté de connaître*, le *sentiment du plaisir et de la peine* et la *faculté de désirer* (1). Dans le ressort de la faculté de connaître,

(1) Quand on a quelque raison de supposer que les concepts employés comme principes empiriques ont de l'affinité avec la faculté de connaître pure *a priori*, il est utile, à cause de cette relation même, de leur chercher une définition transcendentale, c'est-à-dire de les définir par des catégories pures, en tant qu'elles donnent seules, d'une manière suffisante, la différence du concept dont il s'agit d'avec d'autres. On suit en cela l'exemple du mathématicien qui laisse indéterminées les données empiriques de son problème, et qui ne soumet aux concepts de l'arithmétique pure que le rapport de ces données dans une synthèse pure, généralisant par là la solution du problème. — On m'a reproché d'avoir employé une méthode semblable (Voyez la préface de la critique de la raison pratique), et d'avoir défini la faculté de désirer, la *faculté d'être, par ses représentations, cause de la réalité des objets de ces représentations;* car, dit-on, de simples *souhaits* sont aussi des désirs, et chacun pourtant reconnaît qu'ils ne suffisent pas pour que leur objet soit réalisé. — Mais cela ne prouve rien autre chose, sinon qu'il y a dans l'homme des désirs dans lesquels il se trouve en contradiction avec lui-même, puisqu'il tend, par sa représentation *seule*, à la réalisation de l'objet, quoiqu'il ne puisse y parvenir, ayant conscience que ses forces mécaniques (pour appeler ainsi celles qui ne sont pas psychologiques), qui devraient être déterminées par cette représentation à réaliser l'objet (par conséquent médiatement), ou ne sont pas suffisantes, ou même rencontrent quelque chose d'impossible, comme, par exemple, de changer le passé (*O mihi præteritos*... etc.), ou d'anéantir, dans l'impatience de l'attente, l'intervalle qui nous sépare du moment désiré. — Quoique, dans

l'entendement seul est législatif, puisque cette faculté (comme cela doit être quand on la considère en elle-même, indépendamment de la faculté de désirer), se rapporte comme faculté de *connaissance théorique* à la nature, et que c'est seulement relativement à la nature (considérée comme phénomène) qu'il nous est possible de trouver des

ces désirs fantastiques, nous ayons conscience de l'insuffisance (ou même de l'impuissance) de nos représentations à devenir *causes* de leur objet, cependant le rapport de ces représentations à la qualité de causes, par conséquent la représentation de leur *causalité* est contenue dans tout *souhait*, et elle apparaît surtout quand le souhait est une *affection*, c'est-à-dire un véritable *désir* (1). En effet, ces sortes de mouvements, en dilatant et en amollissant le cœur, et par là en épuisant les forces, montrent que ces forces sont incessamment tendues par des représentations, mais qu'elles finissent toujours par laisser tomber dans l'inaction l'esprit convaincu de l'impossibilité de la chose désirée. Les prières mêmes, adressées au ciel pour écarter des malheurs affreux, et qu'on regarde comme inévitables, et certains moyens qu'emploie la superstition pour arriver à des fins naturellement impossibles, démontrent la relation causale des représentations à leurs objets, puisque cette causalité ne peut pas même être arrêtée par la conscience de son impuissance à produire l'effet. — Mais pourquoi cette tendance à former des désirs que la conscience déclare vains, a-t-elle été mise dans notre nature? C'est une question qui rentre dans la téléologie anthropologique. Il semble que si nous ne devions nous déterminer à employer nos forces qu'après nous être assurés de leur aptitude à produire un objet, elles resteraient en grande partie sans emploi; car nous n'apprenons ordinairement à les connaître qu'en les essayant. Cette illusion, qui produit les souhaits inutiles, n'est donc qu'une conséquence de la bienveillante ordonnance qui préside à notre nature (2).

(1) *Sehnsucht*, proprement désir ardent. J. B.
(2) Rosenkranz ne donne pas cette note. J. B.

lois dans les concepts *a priori* de la nature, c'est-à-dire dans les concepts purs de l'entendement. — La faculté de désirer, considérée comme faculté supérieure déterminée par le concept de la liberté, n'admet pas d'autre législation *a priori* que celle de la raison (dans laquelle seule réside ce concept). — Or le sentiment du plaisir se place entre la faculté de connaître et la faculté de désirer, de même qu'entre l'entendement et la raison se place le Jugement. On peut donc supposer, du moins provisoirement, que le Jugement contient aussi par lui-même un principe *a priori*, et que, comme le sentiment du plaisir ou de la peine est nécessairement lié avec la faculté de désirer (soit que, comme dans la faculté de désirer inférieure, il soit antérieur au principe de cette faculté, soit que, comme dans la faculté de désirer supérieure, il dérive seulement de la détermination produite dans cette faculté par la loi morale), il opère aussi un passage entre la pure faculté de connaître, c'est-à-dire le domaine des concepts de la nature et le domaine de la liberté, de même qu'au point de vue logique, il rend possible le passage de l'entendement à la raison.

Ainsi, quoique la philosophie ne puisse être partagée qu'en deux parties principales, la théorique et la pratique; quoique tout ce que nous pourrions avoir à dire des principes propres du Jugement doive se rapporter à la partie théorique, c'est-à-dire à la connaissance rationnelle fondée sur des concepts de la nature, la critique de la raison pure, qui doit établir tout cela avant d'entreprendre l'exécution de son système, se compose de trois parties : la critique de l'entendement pur, celle du Jugement pur et celle de la raison pure, facultés qui sont appelées pures parce qu'elles sont législatives *a priori*.

IV

Du Jugement comme faculté législative *a priori*.

Le Jugement en général est la faculté de concevoir * le particulier comme contenu dans le général.

Si le général (la règle, le principe, la loi) est donné, le Jugement qui y subsume le particulier (même si, comme Jugement transcendental, il fournit *a priori* les conditions qui seules rendent cette subsomption possible) est *déterminant*. Mais si le particulier seul est donné et que le Jugement y

---

* J'ai traduit en général *denken* qui signifie proprement *penser* par *concevoir*, parce que ce mot est d'un usage plus commode. S'il traduit moins exactement le mot allemand, il peut fort bien être employé comme synonyme de penser, pris dans le sens de Kant, et il a même l'avantage de se rapprocher du mot *concept* (*Begriff*), qui signifie précisément soit la condition, soit le résultat de la pensée, telle que Kant l'explique. J. B.

doive trouver le général, il est simplement *réfléchissant*.

Le Jugement déterminant, soumis aux lois générales et transcendentales de l'entendement, n'est que subsumant ; la loi lui est prescrite *a priori*, et ainsi il n'a pas besoin de penser par lui-même à une loi pour pouvoir subordonner au général le particulier qu'il trouve dans la nature. — Mais autant il y a de formes diverses de la nature, autant il y a de modifications des concepts généraux et transcendentaux de la nature, que laissent indéterminés les lois fournies *a priori* par l'entendement pur ; car ces lois ne concernent que la possibilité d'une nature (comme objet des sens) en général. Il doit donc y avoir aussi pour ces concepts des lois qui peuvent bien, en tant qu'empiriques, être contingentes au regard de *notre* entendement, mais qui, puisqu'elles s'appellent lois (comme l'exige le concept d'une nature), doivent être regardées comme nécessaires en vertu d'un principe, quoique inconnu pour nous, de l'unité du divers. — Le Jugement réfléchissant, qui est obligé de remonter du particulier qu'il trouve dans la nature au général, a donc besoin d'un principe qui ne peut être dérivé de l'expérience, puisqu'il doit servir de fondement à l'unité de tous les principes empiriques, se rangeant sous des principes également empiriques mais supérieurs, et par là à la possibilité de la coordination systématique de ces principes. Ce principe transcendental, il faut que le Jugement réfléchissant le trouve en lui-même, pour en faire sa loi; il ne peut le tirer d'ailleurs (parce qu'il serait alors Jugement déterminant), ni le prescrire à la nature, parce que, si la réflexion sur les lois de la nature s'accommode à la nature, celle-ci ne se règle pas sur les conditions d'après lesquelles nous cherchons à nous en former un concept tout à fait contingent ou relatif à cette réflexion.

Ce principe ne peut être que celui-ci : comme les lois générales de la nature ont leur principe dans notre entendement qui les prescrit à la nature (mais au point de vue seulement du concept général de la nature en tant que telle), les lois particulières, empiriques relativement à ce que les premières laissent en elles d'indéterminé, doivent être considérées d'après une unité telle que l'aurait établie un entendement (mais autre que le nôtre), qui, en donnant ces lois, aurait eu égard à notre faculté de connaître, et voulu rendre possible un système d'expérience fondé sur des lois particulières de la nature. Ce n'est pas qu'on doive admettre, en effet, un tel entendement (car c'est le Jugement réfléchissant qui seul fait de cette idée un principe pour réfléchir et non pour déterminer), mais la faculté de juger se donne par là une loi pour elle-même et non pour la nature.

Or, comme le concept d'un objet, en tant qu'il contient aussi le principe de la réalité de cet objet, s'appelle *fin*, et que la concordance d'un objet avec une disposition de choses qui n'est possible que suivant des fins, s'appelle *finalité* de la forme de ces choses, le principe du Jugement, relativement à la forme des choses de la nature soumises à des lois empiriques en général, est la *finalité* de la nature dans sa diversité ; ce qui veut dire qu'on se représente la nature par ce concept comme si un entendement contenait le principe de son unité dans la diversité de ses lois empiriques.

La finalité de la nature est donc un concept particulier *a priori*, qui a uniquement son origine dans le jugement réfléchissant ; car on ne peut pas attribuer aux productions de la nature quelque chose comme un rapport de la nature même à des fins, mais seulement se servir de ce concept pour réfléchir sur la nature relativement à la liaison des phénomènes qui s'y produisent suivant des lois empiriques. Ce concept est bien différent aussi de la finalité pratique (de celle de l'industrie humaine ou de la morale), quoiqu'on le conçoive par analogie avec cette dernière espèce de finalité.

V

Le principe de la finalité formelle de la nature est un principe transcendental du Jugement.

J'appelle transcendental le principe qui représente la condition générale *a priori* sous laquelle seule les choses peuvent devenir des objets de notre connaissance en général. J'appelle au contraire métaphysique le principe qui représente la condition *a priori* sous laquelle seule des objets, dont le concept doit être donné empiriquement, peuvent être déterminés davantage *a priori*. Ainsi le principe de la connaissance des corps comme substances et comme substances changeantes est transcendental, quand il signifie que leur changement doit avoir une cause; mais il est métaphysique quand il signifie que leur changement doit avoir une cause *extérieure*; dans le premier cas, il suffit de concevoir le corps au moyen de prédicats ontologiques (ou de concepts purs de l'entendement), par exemple comme substance, pour connaître *a priori* la proposition; mais, dans le second, il faut donner pour fondement à la proposition le concept empirique d'un corps (ou le concept du corps considéré comme une chose qui se meut dans l'espace); c'est à cette condition qu'on peut apercevoir tout à fait *a priori* que le dernier prédicat (le mouvement produit par une cause extérieure) convient au corps. — De même, comme je le montrerai bientôt, le principe de la finalité de la nature (dans la variété de ses lois empiriques) est un principe transcendental. Car le concept des objets, en tant qu'on les conçoit comme soumis à ce principe, n'est que le concept pur d'objets d'une connaissance d'expérience possible en général, et ne contient rien d'empirique. Le principe de la finalité pratique, au contraire, qui suppose l'idée de la *détermination* d'une *volonté* libre, est un principe métaphysique, parce que le concept d'une faculté de désirer, considérée comme volonté, doit être donné empiriquement (n'appartient pas aux prédicats transcendentaux). Ces deux principes ne sont pourtant pas empiriques; ce sont des principes *a priori*, car le sujet qui y fonde ses jugements n'a besoin d'aucune expérience ultérieure pour lier le prédicat avec le concept empirique qu'il possède, mais il peut apercevoir cette liaison tout à fait *a priori*.

Que le concept d'une finalité de la nature appartienne aux principes transcendentaux, c'est ce que montrent suffisamment les maximes du Jugement qui servent *a priori* de fondement à l'investigation de la nature, et qui, pourtant, ne concernent que la possibilité de l'expérience, et par conséquent de la connaissance de la nature, non pas simplement de la nature en général, mais de la nature déterminée par des lois particulières et diverses. — Ce sont comme des sentences de la sagesse métaphysique qui, à l'occasion de certaines règles dont on ne peut démontrer la nécessité par des concepts, se présentent assez souvent dans le cours de cette science, mais éparses; en voici des exemples : la nature prend le plus court chemin (*lex parcimoniæ*); elle ne fait point de saut ni dans la série de ses changements, ni dans la coexistence de ses formes spécifiquement différentes (*lex continui in natura*); dans la grande variété de ses lois empiriques il y a une unité formée par un petit nombre de principes (*principia præter necessitatem non sunt multiplicanda*); et d'autres maximes du même genre.

Mais vouloir montrer l'origine de ces principes et l'entreprendre par la voie psychologique, c'est en méconnaître tout à fait le sens. En effet, ils n'expriment pas ce qui arrive, c'est-à-dire d'après quelle règle nos facultés de connaître remplissent réellement leur fonction et comment on juge, mais comment on doit juger. Or cette nécessité logique objective n'éclate point quand les principes sont simplement empiriques. La concordance de la nature avec nos facultés de connaître ou la finalité que fait ressortir leur usage est donc un principe transcendental de jugements, et elle a besoin par conséquent d'une déduction transcendentale, qui recherche *a priori* dans les sources de la connaissance l'origine de ce principe.

Nous trouvons bien d'abord, dans les principes de la possibilité de l'expérience, quelque chose de nécessaire, à savoir les lois générales sans lesquelles la nature en général (comme objet des sens) ne peut être conçue, et ces lois reposent sur les catégories appliquées aux conditions formelles de toute intuition possible, en tant qu'elle est donnée aussi *a priori*. Le Jugement soumis à ces lois est déterminant, car il ne fait autre chose que subsumer sous des lois données. Par exemple, l'entendement dit : tout changement a sa cause (c'est une loi générale de la nature) ; le Jugement transcendental n'a plus qu'à fournir la condition qui permet de subsumer sous le concept *a priori* de l'entendement, et cette condition, c'est la succession des déterminations d'une seule et même chose. Or cette loi est reconnue comme absolument nécessaire pour la nature en général (comme objet d'expérience possible). — Mais les objets de la connaissance empirique, outre cette condition formelle du temps, sont encore déterminés, ou peuvent l'être, autant qu'on en peut juger *a priori*, de diverses manières : ainsi des natures spécifiquement distinctes, indépendamment de ce qu'elles ont de commun en tant qu'elles appartiennent à la nature en général, peuvent être causes selon une infinité de manières diverses, et chacune de ces manières (d'après le concept d'une cause en général) doit avoir une règle qui porte le caractère de loi, et par conséquent celui de nécessité, quoique la nature et les limites de nos facultés de connaître ne nous permettent pas d'apercevoir cette nécessité. Quand donc nous considérons la nature dans ses lois empiriques, nous y concevons comme possible une infinie variété de lois empiriques qui sont contingentes à nos yeux (ne peuvent être connues *a priori*), et ces lois, nous les rattachons à une unité que nous regardons aussi comme contingente, c'est-à-dire à l'unité possible de l'expérience (comme système de lois empiriques). Or, d'une part, il faut nécessairement supposer et admettre cette unité, et, d'autre part, il est impossible de trouver dans les connaissances empiriques un parfait enchaînement qui permette d'en former un tout d'expérience, car les lois générales de la nature nous montrent bien cet enchaînement, quand on considère les choses généralement, comme choses de la nature en général, mais non quand on les considère spécifiquement, comme êtres particuliers de la nature. Le Jugement doit donc admettre pour son propre usage, comme un principe *a priori*, que ce qui est contingent au regard de notre esprit dans les lois particulières (empiriques) de la nature contient une unité que nous ne pouvons pénétrer, il est vrai, mais que nous pouvons concevoir, et qui est le principe de l'union des éléments divers en une expérience possible en soi. Et, puisque cette unité que nous admettons pour un but nécessaire (en vertu d'un besoin) de l'entendement, mais en même temps comme contingente en soi, est représentée comme une finalité des objets (de la nature), le Jugement qui, relativement aux choses soumises à des lois empiriques possibles (encore à découvrir), est simplement réfléchissant, doit concevoir la nature, relativement à ces choses, d'après un *principe de finalité* pour notre faculté de connaître, lequel est exprimé dans les précédentes maximes du Jugement. Ce concept transcendental d'une finalité de la nature n'est ni un concept de la nature, ni un concept de la liberté; car il n'attribue rien à l'objet (à la nature), il ne fait que représenter la seule manière dont nous devons procéder dans notre réflexion sur les objets de la nature, pour arriver à une expérience parfaitement liée dans toutes ses parties; c'est par conséquent un principe subjectif (une maxime) du Jugement. Aussi, comme par un hasard heureux et favorable à notre but, quand nous rencontrons parmi des lois purement empiriques une pareille unité systématique, nous ressentons de la joie (délivrés que nous sommes d'un besoin), quoique nous devions nécessairement admettre l'existence d'une telle unité sans pouvoir l'apercevoir et la démontrer.

Si on veut se convaincre de l'exactitude de cette déduction du concept dont il s'agit ici, et de la nécessité d'admettre ce concept comme un principe transcendental de connaissance, qu'on songe à la grandeur de ce problème qui est *a priori* dans notre entendement : avec les perceptions données par une nature qui contient une variété infinie de lois empiriques faire un système cohérent. L'entendement, il est vrai, possède *a priori* des lois générales de la nature sans lesquelles il ne pourrait y avoir un seul objet d'expérience, mais il a besoin en outre d'une certaine ordonnance de la nature dans ces règles particulières qui ne lui sont connues qu'empiriquement et qui, relativement à lui, sont contingentes. Ces règles, sans lesquelles il ne pourrait passer de l'analogie universelle contenue dans une expérience possible en général à l'analogie particulière, mais dont il ne connaît pas et ne peut pas connaître la nécessité, il faut qu'il les conçoive comme des lois (c'est-à-dire comme nécessaires); car, sinon, elles ne constitueraient point une ordonnance de la nature. Ainsi, quoique relativement à ces règles (aux objets), il ne puisse rien déterminer *a priori*, il doit néanmoins, dans le but de découvrir les lois qu'on appelle empiriques, prendre pour fondement de toute réflexion sur la nature un principe *a priori*, d'après lequel nous concevons qu'il peut y avoir une ordonnance de la nature, et qu'on peut la reconnaître dans ces lois, un principe comme celui qu'expriment les propositions suivantes : Il y a dans la nature une disposition de genres et d'espèces que nous pouvons saisir ; ces genres se rapprochent toujours davantage d'un principe commun, en sorte qu'en passant de l'un à l'autre, on s'élève à un genre plus élevé ; s'il paraît d'abord inévitable à notre entendement d'admettre pour les effets de la nature spécifiquement différents autant d'espèces différentes de causalité, ces espèces peuvent néanmoins se ranger sous un petit nombre de principes que nous avons à rechercher, etc. Le Jugement suppose *a priori* cette concordance de la nature avec notre faculté de connaître, afin de pouvoir réfléchir sur la nature considérée dans ses lois empiriques, mais l'entendement la regarde comme objectivement contingente, et le Jugement ne l'attribue à la nature que comme une finalité transcendentale (relative à la faculté de connaître), et parce que, sans cette supposition, nous ne concevrions aucune ordonnance de la nature dans ses lois empiriques, et que nous n'aurions point par conséquent de fil pour nous guider dans la connaissance et dans la recherche de ces lois si variées.

En effet, on conçoit aisément que, malgré toute l'uniformité des choses de la nature considérées d'après les lois générales sans lesquelles la forme d'une connaissance empirique en général serait impossible, la différence spécifique des lois empiriques de la nature et de leurs effets pourrait être si grande, qu'il serait impossible à notre entendement d'y découvrir une ordonnance saisissable, de diviser ses productions en genres et en espèces, de manière à appliquer les principes de l'explication et de l'intelligence de l'une à l'explication et à l'intelligence de l'autre, et à faire d'une matière si compliquée pour nous (car elle est infiniment variée et n'est pas appropriée à la capacité de notre esprit) une expérience cohérente.

Le Jugement contient donc aussi un principe *a priori* de la possibilité de la nature, mais seulement à un point de vue subjectif, par lequel il prescrit, non pas à la nature (comme autonomie), mais à lui-même (comme héautonomie) une loi pour réfléchir sur la nature, qu'on pourrait appeler *loi de la spécification de la nature* considérée dans ses lois empiriques. Il ne trouve pas *a priori* cette loi dans la nature, mais il l'admet afin de rendre saisissable à notre entendement une ordonnance suivie par la nature dans l'application qu'elle fait de ses lois générales, lorsqu'elle veut subordonner à ces lois la variété des lois particulières. Ainsi, quand on dit que la nature spécifie ses lois générales d'après le principe d'une finalité relative à notre faculté de connaître, c'est-à-dire pour s'approprier à la fonction nécessaire de l'entendement humain, qui est de trouver le général auquel doit être ramené le particulier fourni par la perception, et le lien qui rattache le divers (qui est le général pour chaque espèce) à l'unité du principe; on ne prescrit point par ce principe une loi à la nature, et l'observation ne nous en apprend rien (quoiqu'elle puisse le confirmer). Car ce n'est pas un principe du Jugement déterminant, mais du Jugement réfléchissant; on n'a d'autre but que de pouvoir, quelle que soit la disposition de la nature dans ses lois générales, rechercher ses lois empiriques au moyen de ce principe et des maximes qui s'y fondent, comme d'une condition sans laquelle nous ne pouvons faire usage de notre entendement pour étendre notre expérience et acquérir de la connaissance.

VI

De l'union du sentiment de plaisir avec le concept de la finalité de la nature.

La concordance de la nature, considérée dans la variété de ses lois particulières, avec le besoin que nous avons de lui trouver des principes universels doit être jugée comme contingente au regard de notre esprit, mais en même temps comme inévitable à cause du besoin de notre entendement, par conséquent comme une finalité par laquelle la nature s'accorde avec nos propres vues, mais en tant seulement qu'il s'agit de la connaissance. — Les lois générales de l'entendement, qui sont en même temps des lois de la nature, sont tout aussi nécessaires (quoique dérivées de la spontanéité) que les lois du mouvement de la matière, et il n'y a pas besoin, pour expliquer leur origine, de supposer quelque but de nos facultés de connaître, car nous n'obtenons primitivement par ces lois qu'un concept de ce qu'est la connaissance des choses (de la nature), et elles s'appliquent nécessairement à la nature des objets de notre connaissance en général. Mais que l'ordonnance de la nature dans ses lois particulières, dans cette variété et cette hétérogénéité, du moins possibles, qui dépassent notre faculté de conception, soit réellement appropriée à cette faculté, c'est, autant que nous pouvons l'apercevoir, ce qui est contingent, et la découverte de cette ordonnance est une œuvre de l'entendement poursuivant un but auquel il aspire nécessairement, c'est-à-dire l'unité des principes, et que le Jugement doit attribuer à la nature, parce que l'entendement ne peut ici lui prescrire de loi.

L'acte par lequel l'esprit atteint ce but est accompagné d'un sentiment de plaisir, et, si la condition de cet acte est une représentation *a priori*, un principe, comme ici, pour le Jugement réfléchissant en général, le sentiment du plaisir est aussi déterminé par une raison *a priori* qui lui donne une valeur universelle, mais qui ne concerne que le rapport de l'objet à la faculté de connaître, sans que le concept de la finalité s'adresse le moins du monde à la faculté de désirer, ce qui le distingue entièrement de toute la finalité pratique de la nature.

En effet, la concordance des perceptions avec les lois fondées sur des concepts généraux de la nature (les catégories) ne produit et ne peut produire en nous le moindre effet sur le sentiment du plaisir, puisque l'entendement agit ici nécessairement, suivant sa nature et sans dessein ; au contraire, la découverte de l'union de deux ou de plusieurs lois empiriques hétérogènes en un seul principe est la source d'un plaisir très-remarquable, souvent même d'une admiration qui ne cesse pas alors que l'objet en est déjà suffisamment connu. Nous ne trouvons plus, il est vrai, un plaisir remarquable à saisir cette unité de la nature dans sa division en genres et en espèces qui seul rend possibles les concepts empiriques au moyen desquels nous la connaissons dans ses lois particulières ; mais ce plaisir a eu certainement son temps, et c'est même parce que l'expérience la plus ordinaire ne serait pas possible sans lui, qu'il s'est insensiblement confondu avec la simple connaissance, et n'a plus été particulièrement remarqué. — Il y a donc quelque chose qui, dans nos jugements sur la nature, nous rend attentifs à sa concordance avec notre entendement ; c'est le soin que nous prenons de ramener, autant que possible, des lois hétérogènes à des lois plus élevées, quoique toujours empiriques, afin d'éprouver, si nous y réussissons, le plaisir que nous donne cette concordance de la nature avec notre faculté de connaître que nous regardons comme simplement contingente. Nous trouverions au contraire un grand déplaisir dans une représentation de la nature où nous serions menacés de voir nos moindres investigations au delà de l'expérience la plus vulgaire arrêtées par une hétérogénéité de lois qui ne permettrait pas à notre entendement de ramener les lois particulières à des lois empiriques générales, car cela répugne au principe de la spécification subjectivement finale de la nature et au Jugement qui réfléchit sur cette spécification.

Cependant cette supposition du Jugement détermine si peu jusqu'à quel point cette finalité idéale de la nature pour notre faculté de connaître doit être étendue, que si on nous dit qu'une plus profonde ou plus ample connaissance expérimentale de la nature doit rencontrer à la fin une variété de lois que nul entendement humain ne peut ramener à un principe, nous ne laissons pas d'être satisfaits, quoique nous aimions mieux espérer que, plus nous pénétrerons dans l'intérieur de la nature, et mieux nous connaîtrons les parties extérieures qui nous sont jusqu'à présent inconnues, plus aussi nous la trouverons simple dans ses principes et uniforme dans l'apparente hétérogénéité de ses lois empiriques. En effet notre Jugement nous fait une loi de poursuivre aussi loin que possible le principe de l'appropriation de la nature à notre faculté de connaître, sans décider (parce que ce n'est pas le Jugement déterminant qui nous donne cette règle) s'il a ou n'a pas de limites, puisque, s'il est possible de déterminer des bornes relativement à l'usage rationnel de nos facultés de connaître, cela est impossible dans le champ de l'expérience.

VII

De la représentation esthétique de la finalité de la nature.

Ce qui, dans la représentation d'un objet, est purement subjectif, c'est-à-dire ce qui constitue le rapport de cette représentation au sujet, et non à l'objet, est sa qualité esthétique ; mais ce qui, en elle, sert ou peut servir à la détermination de l'objet (à la connaissance) fait sa valeur logique. La connaissance d'un objet des sens peut être considérée sous ces deux points de vue. Dans la représentation sensible des choses extérieures la qualité de l'espace, où elles m'apparaissent, est l'élément purement subjectif de la représentation que j'ai de ces choses (il ne détermine pas ce qu'elles peuvent être comme objets en soi) : aussi l'objet est-il simplement conçu comme un phénomène ; mais l'espace, malgré sa qualité purement subjective, n'en est pas moins un élément de la connaissance des choses comme phénomènes. De même que l'espace est simplement la forme *a priori* de la possibilité de nos représentations des choses extérieures, la *sensation* (ici la sensation extérieure) exprime l'élément purement subjectif de ces représentations, mais particulièrement l'élément matériel (le réel, ce par quoi quelque chose d'existant est donné), et elle sert aussi à la connaissance des objets extérieurs.

Mais l'élément subjectif qui, dans une représentation, *ne peut être un élément de connaissance,* est le *plaisir* ou la *peine* mêlée à cette représentation ; car le plaisir ne me fait rien connaître de l'objet de la représentation, quoiqu'il puisse bien être l'effet de quelque connaissance. Or la finalité d'un objet, en tant qu'elle est représentée dans la perception, n'est pas une qualité de l'objet même (car une telle qualité ne peut être perçue), quoiqu'on puisse la déduire d'une connaissance des objets. Par conséquent, la finalité qui précède la connaissance d'un objet, et qui, même alors qu'on ne veut pas se servir de la représentation de cet objet en vue d'une connaissance, est immédiatement liée à cette représentation, c'est là un élément subjectif qui ne peut être un élément de connaissance. Nous ne parlons alors de la finalité de l'objet que parce que la représentation de cet objet est immédiatement liée au sentiment du plaisir, et cette représentation même est une représentation esthétique de la finalité. — Reste à savoir seulement s'il y a en général une telle représentation de la finalité.

Lorsque le plaisir est lié à la simple appréhension (*apprehensio*) de la forme d'un objet de l'intuition, sans que cette appréhension soit rapportée à un concept et serve à une connaissance déterminée, la représentation n'est pas alors rapportée à l'objet, mais seulement au sujet; et le plaisir ne peut exprimer autre chose que la concordance de l'objet avec les facultés de connaître qui sont en jeu dans le Jugement réfléchissant, et en tant qu'elles y sont en jeu, et par conséquent une finalité formelle et subjective de l'objet. En effet, cette appréhension des formes qu'opère l'imagination ne peut avoir lieu sans que le Jugement réfléchissant les compare au moins, même sans but, avec le pouvoir qu'il a de rapporter les intuitions à des concepts.

Or si, dans cette comparaison, l'imagination (en tant que faculté des intuitions *a priori*), par l'effet naturel d'une représentation donnée, se trouve d'accord avec l'entendement, ou la faculté des concepts, et qu'il en résulte un sentiment de plaisir, l'objet doit être jugé alors comme approprié au Jugement réfléchissant. Juger ainsi, c'est porter un jugement esthétique sur la finalité de l'objet, un jugement qui n'est point fondé sur un concept actuel de l'objet et n'en fournit aucun. Et quand nous jugeons de la sorte que le plaisir lié à la représentation d'un objet a sa source dans la forme de cet objet (et non dans l'élément matériel de sa représentation considérée comme sensation), telle que nous la trouvons dans la réflexion que nous faisons sur elle (sans avoir pour but d'obtenir un concept de l'objet même), nous jugeons aussi que ce plaisir est nécessairement lié à la représentation de l'objet, par conséquent qu'il est nécessaire, non-seulement pour le sujet qui saisit cette forme, mais pour tous ceux qui jugent. L'objet s'appelle alors beau, et la faculté de juger, au moyen d'un plaisir de cette espèce (et en même temps d'une manière universellement valable) s'appelle goût. En effet, comme le principe du plaisir est placé simplement dans la forme de l'objet, telle qu'elle se présente à la réflexion en général, et non dans une sensation de l'objet, et n'a point rapport à quelque concept contenant un but, ce qui s'accorde avec la représentation de l'objet dans la réflexion, dont les conditions ont une valeur universelle *a priori*, c'est seulement le caractère de légalité de l'usage empirique que le sujet fait du Jugement en général (ou l'harmonie de l'imagination et de l'entendement); et, comme cette concordance de l'objet avec les facultés du sujet est contingente, il en résulte une représentation d'une finalité de l'objet pour les facultés de connaître du sujet.

Or le plaisir dont il s'agit ici, comme tout plaisir ou toute peine qui n'est pas produite par le concept de la liberté (c'est-à-dire par la détermination préalable de cette faculté de désirer qui a son principe dans la raison pure), ne peut jamais être considéré d'après des concepts comme nécessairement lié à la représentation d'un objet; seulement la réflexion doit toujours le montrer lié à cette représentation. Par conséquent, comme tous les jugements empiriques, il ne peut s'attribuer une nécessité objective, et prétendre à une valeur *a priori*. Mais le jugement de goût a aussi la prétention, comme tout autre jugement empirique, d'avoir une valeur universelle, et, malgré la contingence interne de ce jugement, cette prétention est légitime. Ce qu'il y a ici de singulier et d'étrange vient uniquement de ce que ce n'est pas un concept empirique, mais un sentiment de plaisir qui, comme s'il s'agissait d'un prédicat lié à la représentation de l'objet, doit être attribué à chacun par le jugement de goût et lié à la représentation de l'objet.

Un jugement individuel d'expérience, le jugement, par exemple, de celui qui, dans du cristal de roche, perçoit une goutte d'eau mobile, peut justement réclamer l'assentiment de chacun, puisque ce jugement, fondé sur les conditions générales du Jugement déterminant, tombe sous les lois qui rendent l'expérience possible en général. De même celui qui, dans la pure réflexion qu'il fait sur la forme d'un objet, sans avoir en vue aucun concept, éprouve du plaisir, celui-là, tout en portant un jugement empirique et individuel, a le droit de prétendre à l'assentiment de chacun; car le principe de ce plaisir se trouve dans la condition universelle, quoique subjective, des jugements réfléchissants, à savoir dans la concordance, exigée pour toute connaissance empirique, d'un objet (d'une production de la nature ou de l'art) avec le rapport des facultés de connaître entre elles (l'imagination et l'entendement). Ainsi, le plaisir dans le jugement de goût dépend, il est vrai, d'une représentation empirique, et ne peut être lié *a priori* à aucun concept (on ne peut déterminer *a priori* quel objet est ou n'est pas conforme au goût, il faut en faire l'expérience); mais il est le principe de ce jugement, par cette raison seule qu'il a conscience de reposer uniquement sur la réflexion et sur les conditions générales, quoique subjectives, qui déterminent l'accord de la réflexion avec la connaissance des objets en général, et auxquelles est appropriée la forme de l'objet.

C'est parce que les jugements de goût supposent un principe *a priori,* qu'ils sont soumis aussi à la critique, quoique ce principe ne soit ni un principe de connaissance pour l'entendement, ni un principe pratique pour la volonté, et par conséquent ne soit pas déterminant *a priori*.

Mais la capacité que nous avons de trouver dans notre réflexion sur les formes des choses (de la nature aussi bien que de l'art) un plaisir particulier n'exprime pas seulement une finalité des objets pour le Jugement réfléchissant, au point de vue du concept de la nature, mais aussi au point de vue du concept de la liberté du sujet, dans son rapport avec les objets considérés dans leur forme ou même dans la privation de toute forme; il suit de là que le jugement esthétique n'a pas seulement rapport au beau comme jugement de goût, mais aussi au *sublime* en tant qu'il dérive d'un sentiment de l'esprit, et qu'ainsi cette critique du Jugement esthétique doit être partagée en deux grandes parties correspondant à ces deux divisions.

VIII

De la représentation logique de la finalité de la nature.

La finalité d'un objet donné dans l'expérience peut être représentée, ou bien, à un point de vue tout subjectif, comme la concordance que montre sa forme, dans une *appréhension* (*apprehensio*) antérieure à tout concept, avec les facultés de connaître, et qui a pour effet l'union de l'intuition et des concepts pour une connaissance en général; ou bien, à un point de vue objectif, comme la concordance de la forme avec la possibilité de la chose même, suivant un concept de cette chose qui contient antérieurement le principe de sa forme. Nous avons vu que la représentation de la première espèce de finalité repose sur le plaisir immédiatement lié à la forme de l'objet dans une simple réflexion sur cette forme; et que celle, au contraire, de la seconde espèce de finalité, où il ne s'agit pas du rapport de la forme de l'objet aux facultés de connaître du sujet dans l'appréhension de cet objet, mais de son rapport à une connaissance déterminée ou à un concept antérieur, n'a rien à démêler avec le sentiment du plaisir attaché aux objets, mais avec l'entendement et sa manière de juger des choses. Quand le concept d'un objet est donné, la fonction du Jugement est d'en former une connaissance d'*exhibition* (*exhibitio*), c'est-à-dire de placer à côté du concept une intuition correspondante, que cela ait lieu par l'effet de notre propre imagination, comme il arrive dans l'art, lorsque nous réalisons un concept que nous avons formé préalablement et que nous nous proposons pour fin, ou que la nature soit elle-même en jeu, comme il arrive dans la technique de la nature (dans les corps organisés), lorsque nous lui appliquons notre concept de fin pour juger ses productions : dans ce dernier cas, ce n'est pas seulement la *finalité* de la nature dans la forme de la chose, mais la production même qui est représentée comme *fin de la nature*. — Quoique notre concept d'une finalité subjective de la nature dans les formes qu'elle prend suivant des lois empiriques, ne soit pas un concept d'objet, mais un principe employé par le Jugement pour se former des concepts au milieu de cette immense variété de la nature (et pouvoir s'y orienter), nous attribuons par là cependant à la nature une relation avec notre faculté de connaître, analogue à celle de fin; c'est ainsi que nous pouvons considérer la *beauté de la nature* comme une *exhibition* du concept d'une finalité formelle (purement subjective), et les *fins de la nature* comme des exhibitions du concept d'une finalité réelle (objective) : nous jugeons la première par le goût (esthétiquement, au moyen du sentiment du plaisir), la seconde, par l'entendement et la raison (logiquement, suivant des concepts).

Là est le fondement de la division de la critique du Jugement en critique du Jugement *esthétique* et critique du Jugement *téléologique* : il s'agit, d'un côté, de la faculté de juger la finalité formelle (appelée aussi subjective) par le sentiment du plaisir ou de la peine ; de l'autre, de celle de juger la finalité réelle (objective) de la nature par l'entendement et la raison.

La partie de la critique du Jugement, qui contient le Jugement esthétique, en est une partie essentielle ; car elle seule renferme un principe sur lequel le Jugement fonde tout à fait *a priori* sa réflexion sur la nature ; à savoir le principe d'une finalité formelle de la nature, dans ses lois particulières (empiriques), pour notre faculté de connaître, d'une finalité sans laquelle l'entendement ne pourrait se retrouver. Là, au contraire, où aucun principe ne peut être donné *a priori*, où il n'est pas même possible de tirer un tel principe du concept d'une nature considérée comme objet de l'expérience en général aussi bien qu'en particulier, il est clair qu'il doit y avoir des fins objectives de la nature, c'est-à-dire des choses qui ne sont possibles que comme fins de la nature, et que, relativement à ces choses, le Jugement, sans contenir pour cela un principe *a priori*, doit seulement fournir la règle qui, dans les cas donnés (de certaines productions), permette d'employer au profit de la raison le concept de fin, lorsque le principe transcendental du Jugement esthétique a déjà préparé l'entendement à appliquer ce concept à la nature (au moins quant à la forme).

Mais le principe transcendental, en vertu duquel nous nous représentons une finalité de la nature dans la forme d'une chose comme une règle pour juger cette forme, et par conséquent à un point de vue subjectif et relatif à notre faculté de connaître, ce principe ne détermine nullement où et dans quels cas nous avons à juger une production d'après la loi de la finalité, et non pas seulement d'après les lois générales de la nature, et il laisse au Jugement *esthétique* le soin de décider par le goût de la concordance de la chose (ou de sa forme) avec nos facultés de connaître (cette décision ne reposant point sur des concepts, mais sur le sentiment). Le Jugement téléologique, au contraire, détermine les conditions qui nous permettent de juger quelque chose (par exemple un corps organisé) d'après l'idée d'une fin de la nature; mais il ne peut tirer du concept de la nature, considérée comme objet d'expérience, un principe qui nous donne le droit d'attribuer *a priori* à la nature un rapport à des fins, ou même seulement de le recueillir d'une manière indéterminée de l'expérience réelle que nous avons de ces sortes de choses : la raison en est qu'il faut faire et considérer dans l'unité de leur principe beaucoup d'expériences particulières pour pouvoir reconnaître empiriquement une finalité objective en un certain objet.— Le Jugement esthétique est donc un pouvoir particulier de juger les choses d'après une règle, mais non d'après des concepts. Le Jugement téléologique n'est pas un pouvoir particulier, mais le Jugement réfléchissant en général, en tant qu'il procède non-seulement, comme il arrive partout dans la connaissance théorique, d'après des concepts, mais, relativement à certains objets de la nature, d'après des principes particuliers, à savoir ceux d'un Jugement qui se borne à réfléchir sur les objets, mais n'en détermine aucun. Par conséquent, considéré dans son application, ce Jugement se rattache à la partie théorique de la philosophie, et à cause des principes particuliers qu'il suppose et qui ne sont pas, comme il convient dans une doctrine, déterminants, il constitue une partie spéciale de la critique, tandis que le Jugement esthétique, n'apportant rien à la connaissance de ses objets, ne doit entrer dans la critique du sujet jugeant et de ses facultés de connaître, ou dans la propédeutique de toute la philosophie, qu'en tant que ces facultés sont capables de principes *a priori*, quel que puisse être d'ailleurs leur usage (qu'il soit théorique ou pratique).

IX

Du lien formé par le Jugement entre la législation de l'entendement et celle de la raison.

L'entendement est législatif *a priori* pour la nature considérée comme objet des sens, dont il sert à former une connaissance théorique dans une expérience possible. La raison est législative *a priori* pour la liberté et pour sa propre causalité, considérée comme l'élément supra-sensible du sujet, et elle fournit une connaissance pratique inconditionnelle. Le domaine du concept de la nature, soumis à la première de ces deux législations, et celui du concept de la liberté, soumis à la seconde, sont entièrement mis à l'abri de toute influence réciproque (que chacun pourrait exercer suivant ses lois fondamentales) par l'abîme qui sépare des phénomènes le supra-sensible. Le concept de la liberté ne détermine rien relativement à la connaissance théorique de la nature; de même, le concept de la nature ne détermine rien relativement aux lois pratiques de la liberté, et il est par conséquent impossible de jeter un pont entre l'un et l'autre domaine. — Mais si les principes qui déterminent la causalité d'après le concept de la liberté (et d'après la règle pratique qu'il contient) ne résident pas dans la nature, et que le sensible ne puisse déterminer le supra-sensible dans le sujet, le contraire cependant est possible (non pas relativement à la connaissance de la nature, mais relativement aux conséquences que celui-ci peut avoir sur celui-là). C'est ce que suppose déjà le concept d'une causalité de la liberté dont l'effet doit avoir lieu dans le monde, conformément aux lois formelles de la liberté. Le mot *cause* d'ailleurs, appliqué au supra-sensible, exprime simplement la *raison* qui détermine la causalité des choses de la nature à produire un effet conforme à ses propres lois particulières mais d'accord en même temps avec le principe formel des lois de la raison, c'est-à-dire avec un principe dont la possibilité ne peut être, il est vrai, aperçue, mais suffisamment justifiée contre le reproche d'une prétendue contradiction (1). — L'effet qui a

(1) Une de ces contradictions qu'on prétend trouver dans toute cette distinction de la causalité naturelle et de la causalité de la liberté, est celle qu'on m'objecte en me disant que parler des *obstacles* que la nature oppose à la causalité fondée sur les lois de la liberté (les lois morales) ou du *concours* qu'elle lui prête, c'est accorder à la première une *influence* sur la seconde. Mais, si on veut bien comprendre ce qui a été dit, l'objection tombera aisément. L'obstacle ou le concours n'est pas entre la

lieu d'après le concept de la liberté est le but final, qui doit exister (ou dont le phénomène doit exister dans le monde sensible) et qui par conséquent doit être regardé comme possible dans la nature (du sujet en tant qu'être sensible, c'est-à-dire en tant qu'homme). Le Jugement, qui suppose une semblable possibilité *a priori* et sans égard à la pratique, fournit le concept intermédiaire entre les concepts de la nature et celui de la liberté, le concept de la finalité de la nature, et par là il rend possible le passage de la raison pure théorique à la raison pure pratique, des lois de la première au but final de la seconde; car par là il nous fait connaître la possibilité du but final qui ne peut être réalisé que dans la nature et conformément à ses lois.

Par la possibilité de ses lois *a priori* pour la nature, l'entendement nous prouve que celle-ci ne nous est connue que comme phénomène, et par là aussi il nous indique l'existence d'un *substra-*

---

nature et la liberté, mais entre la première considérée comme phénomène et les *effets* de la seconde considérés comme phénomènes dans le monde sensible ; et même la causalité de la liberté (la raison pure pratique) est la causalité d'une cause naturelle soumise à la liberté (la causalité du sujet en tant qu'homme, par conséquent en tant que phénomène), c'est-à-dire d'une cause dont la détermination a son principe dans l'intelligible, lequel est conçu sous le concept de la liberté, d'une manière d'ailleurs inexplicable (comme nous concevons ce qui constitue le *substratum* supra-sensible de la nature).

tum supra-sensible de la nature, mais il le laisse entièrement indéterminé. Par le principe *a priori* qui nous sert à juger la nature dans ses lois particulières possibles, le Jugement donne à ce *substratum* supra-sensible (considéré en nous ou hors de nous) *la possibilité d'être déterminé par notre faculté intellectuelle*. La raison, par la loi pratique *a priori*, lui donne la *détermination*, et le Jugement rend possible le passage du domaine du concept de la nature à celui du concept de la liberté.

Si nous considérons les facultés de l'âme en général comme facultés supérieures, c'est-à-dire comme contenant une autonomie, l'entendement est pour la *faculté de connaître* (la connaissance théorique de la nature) la source des principes *constitutifs a priori*; pour le *sentiment du plaisir ou de la peine*, c'est le Jugement qui les fournit, indépendamment des concepts et des sensations qui peuvent se rapporter à la détermination de la faculté de désirer, et être par là immédiatement pratiques; pour *la faculté de désirer*, c'est la raison, laquelle est pratique sans le concours d'aucun plaisir et fournit à cette faculté, considérée comme faculté supérieure, un but final, qui entraîne avec lui une satisfaction pure et intellectuelle. Le concept que le Jugement se forme d'une finalité de la nature appartient aussi aux concepts de la nature, mais seulement comme principe régulateur de la faculté de connaître, quoique le jugement esthétique que nous portons sur certains objets (de la nature ou de l'art), et qui occasionne ce concept, soit un principe constitutif relativement au sentiment du plaisir ou de la peine. La spontanéité dans le jeu des facultés de connaître, qui produisent ce plaisir par leur accord, fait que ce concept peut servir de lien entre le domaine du concept de la nature et le concept de la liberté considérée dans ses effets, car elle prépare l'esprit à recevoir le sentiment moral.

— Le tableau suivant permettra d'embrasser plus aisément dans son unité systématique l'ensemble de toutes les facultés supérieures (1).

---

(1) On a trouvé singulier que mes divisions dans la philosophie pure fussent toujours en trois parties. Mais cela a son fondement dans la nature des choses. Si une division doit être établie *a priori*, ou elle est *analytique*, fondée sur le principe de contradiction, et alors elle est toujours à deux parties (*quod libet ens est aut A aut non A*); ou elle est *synthétique*, et si, dans ce cas, elle doit être tirée *de concepts a priori* (et non, comme en mathématiques, de l'intuition correspondant *a priori* au concept), alors, selon ce qu'exige l'unité synthétique en général, savoir 1° la condition, 2° le conditionnel, 3° le concept de l'union du conditionnel avec la condition, la division doit être nécessairement une trichotomie.

FACULTES DE L'ESPRIT.	FACULTÉS DE CONNAITRE.	PRINCIPES A PRIORI.	APPLICATION.
Faculté de connaître.	Entendement.	Conformité à des lois.	Nature.
Sentiment de plaisir ou de peine.	Jugement.	Conformité à des lois (finalité).	Art.
Faculté de désirer.	Raison.	But final.	Liberté.

DIVISION GÉNÉRALE DE L'OUVRAGE.

Première Partie.

CRITIQUE DU JUGEMENT ESTHÉTIQUE.

PREMIÈRE SECTION.
ANALYTIQUE DU JUGEMENT ESTHÉTIQUE.

Premier Livre. — Analytique du beau...................... §. 1 — 22.
Second Livre. — Analytique du sublime.................... §. 23 — 53.

SECONDE SECTION.
Dialectique du Jugement esthétique......................... §. 54 — 59.

Seconde Partie.

CRITIQUE DU JUGEMENT TÉLÉOLOGIQUE.

PREMIÈRE SECTION.
Analytique du Jugement téléologique........................ §. 61 — 67.

SECONDE SECTION.
Dialectique du Jugement téléologique....................... §. 68 — 77.

APPENDICE.
Méthodologie du Jugement téléologique...................... §. 78 — 90.

PREMIÈRE PARTIE

DE LA CRITIQUE DU JUGEMENT.

CRITIQUE DU JUGEMENT ESTHETIQUE.

PREMIÈRE SECTION.

ANALYTIQUE DU JUGEMENT ESTHÉTIQUE.

PREMIER LIVRE.
Analytique du beau.

PREMIER MOMENT DU JUGEMENT DE GOUT (1), OU DU JUGEMENT DE GOUT CONSIDÉRÉ AU POINT DE VUE DE LA QUALITÉ.

§. I.
Le jugement de goût est esthétique.

Pour décider si une chose est belle ou ne l'est pas, nous n'en rapportons pas la représentation à son objet au moyen de l'entendement et en vue d'une connaissance, mais au sujet et au sentiment du plaisir ou de la peine, au moyen de l'ima-

---

(1) Le goût est la faculté de juger du beau, telle est la définition posée ici en principe. Quant aux conditions qui permettent d'appeler beau un objet, l'analyse des jugements du goût les découvrira. J'ai recherché les moments qu'embrasse le goût dans sa réflexion, en prenant pour guide les fonctions logiques du Jugement (car le jugement de goût garde toujours quelque relation avec l'entendement). J'ai examiné d'abord celle de la qualité, parce que c'est celle à laquelle le jugement esthétique sur le beau a d'abord égard.

gination (peut-être jointe à l'entendement). Le jugement de goût n'est donc pas un jugement de connaissance ; il n'est point par conséquent logique mais esthétique, c'est-à-dire que le principe qui le détermine est *purement subjectif*. Les représentations et même les sensations peuvent toujours être considérées dans une relation avec des objets (et c'est cette relation qui constitue l'élément réel d'une représentation empirique) ; mais il ne s'agit plus alors de leur relation au sentiment du plaisir et de la peine, laquelle ne désigne rien de l'objet, mais simplement l'état dans lequel se trouve le sujet affecté par la représentation.

Se représenter par la faculté de connaître (d'une manière claire ou confuse) un édifice régulier, bien approprié à son but, c'est tout autre chose qu'avoir conscience du sentiment de satisfaction qui se mêle à cette représentation. Dans ce dernier cas, la représentation est tout entière rapportée au sujet, c'est-à-dire au sentiment qu'il a de la vie et qu'on désigne sous le nom de sentiment de plaisir ou de peine : de là, une faculté de discerner et de juger, qui n'apporte rien à la connaissance, et qui se borne à rapprocher la représentation donnée dans le sujet de toute la faculté représentative dont l'esprit a conscience dans le sentiment de son état. Des représentations données dans un jugement peuvent être empiriques (par conséquent esthétiques) ; mais le jugement même que nous formons au moyen de ces représentations est logique, lorsqu'elles y sont uniquement rapportées à l'objet. Réciproquement, quand même les représentations données seraient rationnelles, si le jugement se borne à les rapporter au sujet (à son sentiment), elles sont esthétiques.

§. II.

La satisfaction, qui détermine le jugement de goût, est pure de tout intérêt.

La satisfaction se change en intérêt lorsque nous la lions à la représentation de l'existence d'un objet. Dès lors aussi, elle se rapporte toujours à la faculté de désirer ou comme son motif, ou comme nécessairement unie à ce motif. Or quand il s'agit de savoir si une chose est belle, on ne cherche pas si soi-même ou si quelqu'un est ou peut être intéressé à l'existence de la chose, mais seulement comment on la juge dans une simple contemplation (intuition ou réflexion). Quelqu'un me demande-t-il si je trouve beau le palais qui est devant moi, je puis bien dire que je n'aime pas ces sortes de choses faites uniquement pour étonner les yeux, ou imiter ce sachem iroquois à qui rien dans Paris ne plaisait plus que les boutiques de rôtisseurs; je puis encore gourmander, à la manière de Rousseau, la vanité des grands qui dépensent la sueur du peuple en choses aussi frivoles; je puis enfin me persuader aisément que si j'étais dans une île déserte, privé de l'espoir de revoir jamais les hommes, et que j'eusse la puissance magique de créer par le seul effet de mon désir un semblable palais, je ne me donnerais même pas cette peine, pourvu que j'eusse déjà une cabane assez commode. On peut m'accorder et approuver tout cela, mais ce n'est pas ce dont il s'agit ici. On veut uniquement savoir si la simple représentation de l'objet est accompagnée en moi de satisfaction, quelque indifférent que je puisse être d'ailleurs à l'existence de cet objet. Il est clair que pour dire qu'un objet est *beau* et montrer que j'ai du goût, je n'ai point à m'occuper du rapport qu'il peut y avoir entre moi et l'existence de cet objet, mais de ce qui se passe en moi-même au sujet de la représentation que j'en ai. Chacun doit reconnaître qu'un jugement sur la beauté dans lequel se mêle le plus léger intérêt est partial, et n'est pas un pur jugement de goût. Il ne faut pas avoir à s'inquiéter le moins du monde de l'existence de la chose, mais rester tout à fait indifférent à cet égard pour pouvoir jouer le rôle de juge en matière de goût.

Mais nous ne pouvons mieux mettre en lumière cette vérité capitale, qu'en opposant à la satisfaction pure et désintéressée (1), propre au jugement de goût, celle qui est liée à un intérêt, surtout si nous sommes assurés qu'il n'y a pas d'autres espèces d'intérêt que celles dont nous allons parler.

§. III.

La satisfaction attachée à l'*agréable* est liée à un intérêt.

L'agréable est ce qui plaît aux sens dans la sensation. C'est ici l'occasion de signaler une confusion bien fréquente, résultant du double sens que peut avoir le mot sensation. Toute satisfaction, dit-on ou pense-t-on, est elle-même une sensation (la sensation d'un plaisir). Par conséquent toute chose qui plaît, précisément parce qu'elle plaît, est agréable (et suivant les divers degrés, ou ses rapports avec d'autres sensations agréables, elle est charmante, délicieuse, ravissante, etc.). Mais si on accorde cela, les impressions des sens qui déterminent l'inclination, les principes de la raison qui déterminent la volonté, et les formes réflexives

---

(1) Un jugement sur un objet de satisfaction peut être tout à fait *désintéressé*, et cependant *intéressant*, c'est-à-dire qu'il peut n'être fondé sur aucun intérêt, mais lui-même en produire un ; tels sont tous les jugements moraux. Mais les jugements de goût ne fondent par eux-mêmes aucun intérêt. C'est seulement dans la société qu'il devient *intéressant* d'avoir du goût; nous en donnerons la raison dans la suite.

de l'intuition qui déterminent le Jugement, sont identiques quant à l'effet produit sur le sentiment du plaisir. En effet, il n'y aurait là rien autre chose que ce qui est agréable dans le sentiment même de notre état; et comme en définitive nos facultés doivent diriger tous leurs efforts vers la pratique et s'unir dans ce but commun, on ne pourrait leur attribuer une autre estimation des choses que celle qui consiste dans la considération du plaisir promis. La manière dont elles arrivent au plaisir ne fait rien; et comme le choix des moyens peut seul établir ici une différence, les hommes pourraient bien s'accuser de folie et d'imprudence, mais jamais de bassesse et de méchanceté : tous en effet, chacun suivant sa manière de voir les choses, courraient à un même but, le plaisir.

Lorsqu'il désigne un sentiment de plaisir ou de peine, le mot sensation a un tout autre sens que quand il sert à exprimer la représentation que j'ai d'une chose (au moyen des sens considérés comme une réceptivité inhérente à la faculté de connaître). En effet, dans ce dernier cas, la représentation est rapportée à son objet; dans le premier, elle n'est rapportée qu'au sujet et ne sert à aucune connaissance, pas même à celle par laquelle le sujet se connaît lui-même.

Dans cette nouvelle définition du mot sensation, nous entendons une représentation objective des sens; et, pour ne pas toujours courir le risque d'être mal compris, nous désignerons sous le nom d'ailleurs usité de sentiment ce qui doit toujours rester purement subjectif et ne constituer aucune espèce de représentation d'un objet. La couleur verte des prairies, en tant que perception d'un objet du sens de la vue, se rapporte à la sensation *objective*, et ce qu'il y a d'agréable dans cette perception, à la sensation *subjective* par laquelle aucun objet n'est représenté, c'est-à-dire au sentiment dans lequel l'objet est considéré comme objet de satisfaction (ce qui n'en constitue pas une connaissance).

Maintenant il est clair que le jugement par lequel je déclare un objet agréable exprime un intérêt attaché à cet objet, puisque par la sensation ce jugement excite en moi le désir de semblables objets, et qu'ici, par conséquent, la satisfaction ne suppose pas un simple jugement sur l'objet, mais une relation entre son existence et mon état, en tant que je suis affecté par cet objet. C'est pourquoi on ne dit pas simplement de l'agréable qu'il *plaît*, mais qu'il *donne du plaisir*. Il n'obtient pas de moi un simple assentiment, il y produit une inclination, et pour décider de ce qui est le plus agréable, il n'est besoin d'aucun jugement sur la nature de l'objet : aussi ceux qui ne tendent qu'à la jouissance (c'est le mot par lequel on exprime ce qu'il y a d'intime dans le plaisir) se dispensent volontiers de tout jugement.

§. IV.

La satisfaction attachée au bon est accompagnée d'intérêt.

Le *bon* est ce qui plaît au moyen de la raison, par le concept même que nous en avons. Nous appelons une chose *bonne relativement* (utile), lorsqu'elle ne nous plaît que comme moyen; *bonne en soi*, lorsqu'elle nous plaît par elle-même. Mais dans les deux cas il y a toujours le concept d'un but, par conséquent un rapport de la raison à la volonté (au moins possible), et par conséquent encore une satisfaction attachée à l'*existence* d'un objet ou d'une action, c'est-à-dire un intérêt.

Pour trouver une chose bonne, il faut nécessairement savoir ce que doit être cette chose, c'est-à-dire en avoir un concept. Pour y trouver de la beauté, je n'ai pas besoin de cela. Des fleurs, des dessins tracés avec liberté, des lignes entrelacées sans but, ou des rinceaux, comme on dit en architecture, ce sont là des choses qui ne signifient rien, qui ne dépendent d'aucun concept déterminé et qui plaisent pourtant. La satisfaction attachée au beau doit dépendre de la réflexion faite sur un objet et conduisant à un concept quelconque (qui reste indéterminé); et par là le beau se distingue aussi de l'agréable qui repose tout entier sur la sensation.

L'agréable semble dans beaucoup de cas être la même chose que le bon. Ainsi on dit communément, tout contentement (surtout s'il est durable), est bon en soi; ce qui signifie à peu près qu'il n'y a pas de différence entre dire d'une chose qu'elle est agréable d'une manière durable et dire qu'elle est bonne. Mais il est facile de voir qu'il y a là tout simplement une vicieuse confusion de termes, puisque les concepts qui sont proprement attachés à ces mots ne peuvent être nullement confondus. L'agréable, comme tel, ne représente l'objet que dans son rapport avec le sens ; pour qu'il puisse être appelé bon, comme objet de la volonté, il faut qu'il soit ramené à des principes de la raison par le concept d'une fin. Ce qui montre bien que quand je regarde aussi comme *bonne* une chose qui m'est agréable, il y a là une relation toute nouvelle de l'objet à la satisfaction, c'est qu'en matière de bon on a toujours à se demander si la chose est médiatement ou immédiatement bonne (utile ou bonne en soi); tandis qu'au contraire, en matière d'agréable, il ne peut pas être question de cela, le mot désignant toujours quelque chose qui plaît immédiatement (il en est de même relativement aux choses que nous appelons belles).

Même dans le langage le plus ordinaire on distingue l'agréable du bon. On dit sans hésiter d'un mets, qui excite notre goût par des épices et d'autres ingrédients, qu'il est agréable, et on avoue en même temps qu'il n'est pas bon ; c'est que s'il *agrée* immédiatement aux sens, médiatement, c'est-à-dire considéré par la raison qui aperçoit les suites, il déplaît. On peut encore remarquer cette distinction dans les jugements que nous portons sur la santé. Elle est (au moins négativement, c'est-à-dire comme l'absence de toute douleur corporelle) immédiatement agréable à celui qui la possède. Mais pour dire qu'elle est bonne, il faut encore la considérer au moyen de la raison relativement à un but, c'est-à-dire comme un état qui nous rend propres à toutes nos occupations. Au point de vue du bonheur, chacun croit pouvoir regarder comme un vrai bien, et même comme le bien suprême, la somme la plus considérable (eu égard à la durée comme à la quantité) des agréments de la vie. Mais en même temps la raison s'élève conrte cette opinion. Agrément, c'est jouissance. Or, si on ne propose que la jouissance, il est insensé d'être scrupuleux sur les moyens qui nous la procurent, de s'inquiéter si nous la recevons passivement de la générosité de la nature, ou si nous la produisons par notre propre activité. Mais accorder une valeur réelle à l'existence d'un homme qui ne vit que pour *jouir* (quelque activité qu'il déploie dans ce but), fût-il même très-utile aux autres dans la poursuite du même but, en travaillant à leurs plaisirs pour en jouir lui-même par sympathie : c'est ce que la raison ne peut permettre. Agir sans égard à la jouissance, dans une pleine liberté et indépendamment de tous les secours qu'on peut recevoir de la nature, voilà ce qui seul peut donner à notre existence, à notre personne, une valeur absolue; et le bonheur avec tout le cortége des agréments de la vie est loin d'être un bien inconditionnel (1).

Mais, malgré cette distinction qui les sépare, l'agréable et le bon s'accordent en ce que tous deux attachent un intérêt à leur objet, et je ne parle pas seulement de l'agréable, §. 3, et de ce qui est médiatement bon (de l'utile), ou de ce qui plaît comme moyen pour obtenir quelque agrément, mais même de ce qui est bon absolument et à tout égard, ou du bien moral, lequel contient un intérêt suprême. C'est qu'en effet le bien est l'objet de la volonté (c'est-à-dire de la faculté de désirer déterminée par la raison). Or vouloir une chose et trouver une satisfaction dans l'existence

---

(1) L'obligation à la jouissance est une absurdité manifeste. Il en est de même de toute obligation qui prescrirait des actions dont le seul but serait la jouissance, si spirituelle (ou si relevée) qu'on la supposât, et s'agît-il même de ce qu'on appelle une jouissance mystique ou céleste.

de cette chose, c'est-à-dire y prendre un intérêt, c'est tout un.

§. V.

Comparaison des trois espèces de satisfaction.

L'agréable et le bon se rapportent tous deux à la faculté de désirer et entraînent, celui-là (par ses excitations, *per stimulos*) une satisfaction pathologique, celui-ci une satisfaction pratique pure, qui n'est pas simplement déterminée par la représentation de l'objet, mais aussi par celle du lien qui attache le sujet à l'existence même de cet objet. Ce n'est pas seulement l'objet qui plaît, mais aussi son existence. Le jugement de goût, au contraire, est simplement *contemplatif* : c'est un jugement qui, indifférent à l'égard de l'existence de tout objet, ne se rapporte qu'au sentiment du plaisir ou de la peine. Mais cette contemplation même n'a pas pour but des concepts, car le jugement de goût n'est pas un jugement de connaissance (soit théorique, soit pratique), et par conséquent il n'est point *fondé* sur des concepts et ne s'*en propose* aucun.

L'agréable, le beau, le bon désignent donc trois espèces de relation des représentations au sentiment du plaisir ou de la peine, d'après lesquelles nous distinguons entre eux les objets ou les modes de représentation. Aussi y a-t-il diverses expressions pour désigner les diverses manières dont ces choses nous conviennent. L'*agréable* signifie pour tout homme ce qui *lui fait plaisir;* le *beau,* ce qui lui *plaît* simplement; le *bon,* ce qu'il *estime et approuve,* c'est-à-dire ce à quoi il accorde une valeur objective. Il y a aussi de l'agréable pour des êtres dépourvus de raison, comme les animaux; il n'y a de beau que pour des hommes, c'est-à-dire pour des êtres sensibles, mais en même temps raisonnables; le bon existe pour tout être raisonnable en général. Ce point d'ailleurs ne pourra être complétement établi et expliqué que dans la suite. On peut dire que de ces trois espèces de satisfaction, celle que le goût attache au beau est la seule désintéressée et *libre;* car nul intérêt, ni des sens ni de la raison, ne force ici notre assentiment. On peut dire aussi que, suivant les cas que nous venons de distinguer, la satisfaction se rapporte ou à l'*inclination,* ou à la *faveur* * ou à l'*estime.* La *faveur* est la seule satisfaction libre. L'objet d'une inclination ou celui qu'une loi de la raison propose à notre faculté de désirer ne nous laisse pas la liberté de nous en faire nous-mêmes un objet de plaisir. Tout intérêt suppose un besoin ou en produit un, et, comme motif de notre assentiment, ne laisse plus libre notre jugement sur l'objet.

* *Gunst.*

On dit, au sujet de l'intérêt que l'agréable excite dans l'inclination, que la faim est le meilleur des cuisiniers, et que tout ce qui peut être mangé satisfait les gens de bon appétit : une semblable satisfaction n'annonce aucun choix de la part du goût. Ce n'est que quand le besoin est satisfait qu'on peut discerner entre plusieurs qui a du goût ou n'en a pas. De même, il y a des mœurs (de la conduite) sans vertu, de la politesse sans bienveillance, de la décence sans honnêteté, etc. Car là où parle la loi morale il n'y a plus objectivement de liberté de choix relativement à ce qu'il y a à faire ; et montrer du goût dans sa conduite (ou dans l'appréciation de celle d'autrui) est tout autre chose que montrer de la moralité dans sa manière de penser. La moralité suppose un ordre et produit un besoin, tandis qu'au contraire le goût moral ne fait que jouer avec les objets de notre satisfaction, sans s'attacher à aucun.

DÉFINITION DU BEAU

TIRÉE DU PREMIER MOMENT.

Le *goût* est la faculté de juger d'un objet ou d'une représentation par une satisfaction *dégagée de tout intérêt*. L'objet d'une semblable satisfaction s'appelle *beau*.

SECOND MOMENT DU JUGEMENT DE GOUT, OU DU JUGEMENT DE GOUT CONSIDÉRÉ AU POINT DE VUE DE LA QUANTITÉ.

§. VI.

Le beau est ce qui est représenté, sans concept, comme l'objet d'une satisfaction universelle.

Cette définition du beau peut être tirée de la précédente, qui en fait l'objet d'une satisfaction dégagée de tout intérêt. En effet celui qui a conscience de trouver en quelque chose une satisfaction désintéressée ne peut s'empêcher de juger que la même chose doit être pour chacun la source d'une semblable satisfaction. Car, comme cette satisfaction n'est point fondée sur quelque inclination du sujet (ni sur quelque intérêt réfléchi), mais que celui qui juge se sent entièrement *libre* relativement à la satisfaction qu'il attache à l'objet, il ne pourra trouver dans des conditions particulières la véritable raison qui la détermine en lui, et il la regardera comme fondée sur quelque chose qu'il peut aussi supposer en tout autre ; il croira donc avoir raison d'exiger de chacun une semblable satisfaction. Aussi parlera-t-il du beau comme si c'était une qualité de l'objet même, et que son jugement fût logique (c'est-à-dire constituât par des concepts une connaissance de l'objet), bien que ce jugement soit purement esthétique et qu'il n'implique qu'un rapport de la représentation de l'objet au sujet : c'est qu'en effet il ressemble à un jugement logique en ce qu'on peut lui supposer une valeur universelle. Mais cette universalité n'a pas sa source dans des concepts. Car il n'y a point de passage des concepts au sentiment du plaisir ou de la peine (excepté dans les lois pures pratiques, mais ces lois contiennent un intérêt, et il n'y a rien de semblable dans le pur jugement de goût). Le jugement de goût, dans lequel nous avons conscience d'être tout à fait désintéressés, peut donc réclamer à juste titre une valeur universelle, quoique cette universalité n'ait pas son fondement dans les objets mêmes; en d'autres termes, il a droit à une universalité subjective.

§. VII.

Comparaison du beau avec l'agréable et le bon fondée sur la précédente observation.

Pour ce qui est de *l'agréable,* chacun reconnaît que le jugement par lequel il déclare qu'une chose lui plaît, étant fondé sur un sentiment particulier, n'a de valeur que pour sa personne. C'est pourquoi, quand je dis que le vin de Canarie est agréable, je souffre volontiers qu'on me reprenne et qu'on me rappelle que je dois dire seulement qu'il m'est agréable ; et cela ne s'applique pas seulement au goût de la langue, du palais et du gosier, mais aussi à ce qui peut être agréable aux yeux et aux oreilles. Pour celui-ci la couleur violette est douce et aimable ; pour celui-là elle est terne et morte. Tel aime le son des instruments à vent, tel autre celui des instruments à corde. Ce serait folie de prétendre contester ici et accuser d'erreur le jugement d'autrui lorsqu'il diffère du nôtre, comme s'ils étaient opposés logiquement l'un à l'autre ; en fait d'agréable, il faut donc reconnaître ce principe que *chacun a son goût particulier* (le goût de ses sens).

Il en est tout autrement en matière de beau. Ici, en effet, ne serait-il pas ridicule qu'un homme, qui se piquerait de quelque goût, crût avoir tout décidé en disant qu'une chose (comme, par exemple, cet édifice, cet habit, ce concert, ce poëme soumis à notre jugement) est belle *pour lui?* C'est qu'il ne suffit pas qu'une chose plaise pour qu'on ait le droit de l'appeler *belle.* Beaucoup de choses peuvent avoir pour moi de l'attrait et de l'agrément, personne ne s'en inquiète ; mais lorsque je donne une chose pour belle, j'exige des autres le même sentiment; je ne juge pas seulement pour moi, mais pour tout le monde, et je parle de la beauté comme si c'était une qualité des choses. Aussi dis-je que la *chose* est belle, et, si je m'attends à trouver les autres d'accord avec moi dans ce jugement de satisfaction, ce n'est pas que j'aie plusieurs fois reconnu cet accord, mais c'est que je crois pouvoir *l'exiger* d'eux. Jugent-ils autrement que moi, je les blâme, je leur refuse le goût, tout en le désirant pour eux. On ne peut donc pas dire ici que chacun a son goût particulier. Cela reviendrait à dire qu'il n'y a point de goût, c'est-à-dire qu'il n'y a point de jugement esthétique qui puisse légitimement réclamer l'assentiment universel.

Nous trouvons cependant que, même au sujet de l'agréable, il peut y avoir un certain accord entre les jugements des hommes ; c'est en considération de cet accord que nous refusons le goût à quelques-uns et l'accordons à d'autres, ne le regardant pas seulement comme un sens organique, mais comme une faculté de juger de l'agréable en général. Ainsi on dit d'un homme qui sait amuser ses convives par toutes sortes d'agréments (de jouissances), qu'il a du goût. Mais tout se fait ici par voie de comparaison, et on ne peut trouver que des règles *générales* (comme toutes les règles empiriques) et non des règles *universelles*, comme celles auxquelles peut en appeler le jugement de goût en matière de beau. Ces sortes de jugements sont relatifs à la sociabilité, en tant qu'elle repose sur des règles empiriques. Relativement au bon, nos jugements ont aussi le droit de prétendre à une valeur universelle, mais le bon n'est représenté comme l'objet d'une satisfaction universelle que *par un concept,* ce qui n'est vrai ni de l'agréable ni du beau.

§. VIII.

L'universalité de la satisfaction est représentée dans un jugement de goût comme simplement subjective.

Ce caractère particulier d'universalité qu'ont certains jugements esthétiques, les jugements de goût, est une chose digne de remarque sinon pour la logique, du moins pour la philosophie transcendentale : ce n'est pas sans beaucoup de peine qu'elle peut en découvrir l'origine, mais aussi elle découvre par là une propriété de notre faculté de connaître qui sans ce travail d'analyse serait demeurée inconnue.

Il est une vérité dont il faut se bien convaincre avant tout. Un jugement de goût (en matière de beau) exige de *chacun* la même satisfaction, sans se fonder sur un concept (car il s'agirait alors du bon); et ce droit à l'universalité est si essentiel au jugement par lequel nous déclarons une chose *belle* que, si nous ne l'y concevions pas, il ne nous viendrait jamais à la pensée d'employer cette expression; nous rapporterions alors à l'agréable tout ce qui nous plairait sans concept; car en fait d'agréable on laisse chacun suivre son humeur, et nul n'exige que les autres tombent d'accord avec lui sur son jugement de goût, comme il arrive toujours au sujet d'un jugement de goût sur la beauté. La première espèce de goût peut être appelée goût des sens, la seconde, goût de réflexion : la première porte des jugements simplement individuels, la seconde des jugements supposés universels (publics), mais toutes deux des jugements esthétiques (non pratiques), c'est-à-dire des jugements où l'on ne considère que le rapport de la représentation de l'objet au sentiment du plaisir ou de la peine. Or il y a là quelque chose d'étonnant : d'un côté, relativement au goût des sens, non-seulement l'expérience nous montre que nos jugements (dans lesquels nous attachons un plaisir ou une peine à quelque chose) n'ont pas une valeur universelle, mais naturellement personne ne songe à exiger l'assentiment d'autrui (bien qu'en fait on trouve souvent aussi pour ces jugements un accord assez général); et d'un autre côté, le goût de réflexion qui assez souvent, comme l'expérience le montre, ne peut faire accepter la prétention de ses jugements (sur le beau) à l'universalité, peut regarder cependant comme chose possible (ce qu'il fait réellement) de former des jugements qui aient le droit d'exiger cette universalité, et dans le fait il l'exige pour chacun de ses jugements; et le dissentiment entre ceux qui jugent ne porte pas sur la possibilité de ce droit, mais sur l'application qu'on en fait dans les cas particuliers.

Remarquons ici d'abord qu'une universalité qui ne repose pas sur des concepts de l'objet (pas même sur des concepts empiriques) n'est point logique, mais esthétique, c'est-à-dire ne contient point de quantité objective, mais seulement une quantité subjective : j'emploie, pour désigner cette dernière espèce de quantité, l'expression de *valeur commune**, laquelle signifie la valeur qu'a pour chaque sujet le rapport d'une représentation, non pas avec la faculté de connaître, mais avec le sentiment du plaisir ou de la peine. (On peut aussi se servir de cette expression pour désigner la quantité logique du jugement, pourvu qu'on ajoute qu'il s'agit d'une universalité *objective,* afin de la distinguer de celle qui n'est que subjective et qui est toujours esthétique.)

Un jugement *universel objectivement* l'est aussi subjectivement, c'est-à-dire que si le jugement est valable pour tout ce qui est contenu sous un concept donné, il est valable pour quiconque se représente un objet par ce concept; mais de *l'u-*

---

* Gemeingültigkeit.

niversalité subjective ou esthétique, qui ne repose sur aucun concept, on ne peut conclure à l'universalité logique, puisqu'il s'agit ici d'une espèce de jugements qui ne concernent point l'objet. Or l'universalité esthétique qu'on attribue à ces jugements est d'une espèce particulière, précisément parce que le prédicat de la beauté n'est point lié au concept de l'objet considéré dans sa sphère logique et que pourtant il s'étend à toute la sphère des êtres capables de juger.

Au point de vue de la quantité logique tous les jugements de goût sont des jugements *particuliers*. Car, comme j'y rapporte immédiatement l'objet à mon sentiment de plaisir ou de peine et que je ne me sers point pour cela de concepts, il suit que ces sortes de jugements n'ont point la quantité des jugements objectivement universels. Toutefois, quand la représentation particulière que nous avons de l'objet du jugement de goût, suivant les conditions qui déterminent ce jugement, est transformée en un concept par la comparaison, il en peut résulter un jugement logiquement universel. Par exemple la rose que je regarde, je la déclare belle par un jugement de goût; mais le jugement qui résulte de la comparaison de plusieurs jugements particuliers et par lequel je déclare que les roses en général sont belles, ne se présente plus seulement comme un jugement esthétique, mais comme un jugement logique fondé sur un jugement esthétique. Le jugement par lequel je déclare que la rose est agréable (dans l'usage) est aussi à la vérité un jugement esthétique et particulier, mais ce n'est point un jugement de goût, c'est un jugement de sens. Il se distingue du précédent en ce que le jugement de goût contient une *quantité esthétique* d'universalité, qu'on ne peut trouver dans un jugement sur l'agréable. Il n'y a que les jugements sur le bon qui, bien qu'ils déterminent aussi une satisfaction attachée à un objet, aient une universalité logique et non pas seulement esthétique; car leur valeur dépend de l'objet même qu'ils nous font connaître, et c'est pourquoi elle est universelle.

Quand on juge les objets seulement d'après des concepts, toute représentation de la beauté disparaît. Aussi ne peut-on donner une règle suivant laquelle chacun serait forcé de déclarer une chose belle. S'agit-il de juger si un habit, si une maison, si une fleur est belle, on ne se laisse point entraîner par des raisons ou des principes. On veut soumettre l'objet à ses propres yeux, comme si la satisfaction dépendait de la sensation; et pourtant, si alors on déclare l'objet beau, on croit avoir pour soi le suffrage universel, on réclame l'assentiment de chacun, tandis qu'au contraire toute sensation individuelle n'a de valeur que pour celui qui l'éprouve.

Or il faut remarquer ici que dans le jugement de goût rien n'est postulé que ce *suffrage universel* relativement à la satisfaction que nous attachons au beau sans l'intermédiaire des concepts; rien, par conséquent, que la *possibilité* d'un jugement esthétique qui puisse être considéré comme valable pour tous. Et même le jugement de goût ne *postule* pas l'assentiment de chacun (car il n'y a qu'un jugement logiquement universel qui puisse le faire, parce qu'il a des raisons à donner), il ne fait que le *réclamer* de chacun comme un cas de la règle dont il ne demande pas la confirmation à des concepts, mais à l'assentiment d'autrui. Le suffrage universel n'est donc qu'une idée (je ne recherche pas encore ici sur quoi elle repose). Que celui qui croit porter un jugement de goût juge dans le fait conformément à cette idée, cela peut être douteux; mais qu'il rapporte son jugement à cette idée et qu'il le considère par conséquent comme un jugement de goût, c'est ce qu'il montre bien par l'expression même de beauté. Il peut d'ailleurs s'assurer par lui-même du caractère de son jugement en dégageant, dans sa conscience, la satisfaction qu'il éprouve de tout ce qui appartient à l'agréable et au bon; la satisfaction qui demeure après cela est la seule chose pour laquelle il prétende obtenir l'assentiment universel. Cette prétention, il est toujours fondé à la faire valoir sous ces conditions, mais il manque souvent de les remplir, et, par cette raison, porte de faux jugements de goût.

§. IX.

Examen de la question de savoir si dans le jugement du goût le sentiment du plaisir précède le jugement porté sur l'objet ou si c'est le contraire.

La solution de ce problème est la clef de la critique du goût : aussi est-elle digne de toute notre attention.

Si le plaisir attaché à un objet donné précédait, et que, dans le jugement de goût, on ne dût attribuer à la représentation de l'objet que la propriété de communiquer universellement ce plaisir, il y aurait là quelque chose de contradictoire. Car un semblable plaisir ne serait autre chose que le sentiment de ce qui est agréable aux sens, et ainsi, par sa nature même, il ne pourrait avoir qu'une valeur individuelle, puisqu'il dépendrait immédiatement de la représentation par laquelle l'objet serait *donné*.

C'est donc la propriété qu'a l'état de l'esprit dans la représentation donnée de pouvoir être universellement partagé, qui doit, comme condition subjective du jugement de goût, servir de fondement à ce jugement, et avoir pour conséquence le plaisir attaché à l'objet. Mais rien ne peut être universellement partagé que la connaissance, et la représentation, en tant qu'elle appartient à la connaissance. Car ce n'est que sous ce point de vue que cette dernière est objective, et que la faculté représentative de chacun est obligée de l'admettre. Si donc le motif du jugement qui attribue à une représentation la propriété de pouvoir être universellement partagée ne doit être conçu que subjectivement, c'est-à-dire sans concept de l'objet, il ne peut être autre chose que cet état de l'esprit déterminé par la relation des facultés représentatives entr'elles, en tant qu'elles rapportent une représentation donnée à la connaissance en général.

Les facultés cognitives mises en jeu par cette représentation y sont dans un libre jeu, parce que nul concept déterminé ne les astreint à une règle particulière de connaissance. L'état de l'esprit dans cette représentation ne doit donc être autre chose que le sentiment du libre jeu des facultés représentatives s'exerçant sur une représentation donnée pour en tirer une connaissance en général. Or une représentation par laquelle un objet est donné, pour devenir une connaissance en général, suppose l'*imagination*, qui rassemble les divers éléments de l'intuition, et l'*entendement*, qui donne l'unité au concept unissant les représentations ; et cet état, qui résulte du *libre jeu* des facultés cognitives dans une représentation par laquelle un objet est donné, doit pouvoir être universellement partagé, puisque la connaissance, en tant que détermination de l'objet, avec laquelle des représentations données (dans quelque sujet que ce soit) doivent s'accorder, est le seul mode de représentation qui ait une valeur universelle.

La propriété subjective qu'a le mode de représentation propre au jugement de goût de pouvoir être universellement partagé, ne supposant point de concept déterminé, ne peut donc être autre chose que l'état de l'esprit dans le libre jeu de l'imagination et de l'entendement (en tant que ces deux facultés s'accordent comme l'exige toute connaissance en général) : nous avons en effet la conscience que ce rapport subjectif de ces facultés à la connaissance en général, doit être valable pour chacun, et peut être, par conséquent, universellement partagé, de même que toute connaissance déterminée, qui suppose toujours ce rapport comme sa condition subjective.

Ce jugement purement subjectif (esthétique) sur l'objet, ou sur la représentation par laquelle l'objet est donné, précède le plaisir attaché à cet objet, et il est le fondement de ce plaisir que nous trouvons dans l'harmonie de nos facultés cognitives ; mais cette universalité des conditions subjectives du jugement sur les objets ne peut donner qu'une valeur universelle subjective à la satisfaction que nous attachons à la représentation de l'objet appelé beau.

Qu'il y ait un plaisir à voir partager l'état de son esprit, même relativement aux facultés de connaître, c'est ce qu'on pourrait aisément démontrer (empiriquement et psychologiquement) par le penchant naturel à l'homme pour la société. Mais cela ne suffirait pas pour notre but. Le plaisir que nous sentons dans le jugement de goût, nous l'exigeons de tous comme nécessaire, comme si, en appelant une chose belle, il s'agissait pour nous d'une qualité de l'objet, déterminée par des concepts, et pourtant la beauté n'est rien en soi et indépendamment de sa relation au sentiment du sujet. Mais il faut ajourner l'examen de cette question jusqu'à ce que nous ayons répondu à celle-ci : Peut-il y avoir des jugements esthétiques *a priori*, et comment sont-ils possibles?

Nous avons à nous occuper maintenant d'une question plus facile; il s'agit de savoir comment nous avons conscience dans le jugement de goût d'une harmonie subjective entre nos facultés de connaître, si c'est esthétiquement par le seul sens intime et la sensation, ou intellectuellement par la conscience de notre activité les mettant en jeu à dessein.

Si la représentation donnée qui occasionne le jugement de goût était un concept unissant l'entendement et l'imagination dans un jugement sur l'objet pour déterminer une connaissance de cet objet, la conscience de ce rapport des facultés de connaître serait intellectuelle (comme dans le schématisme objectif du Jugement dont traite la critique). Mais alors ce ne serait plus un jugement se rapportant au plaisir ou à la peine, et par conséquent un jugement de goût; car le jugement de goût, indépendant de tout concept, détermine l'objet relativement à la satisfaction et au prédicat de la beauté. Cette harmonie subjective des facultés de connaître ne peut donc être reconnue qu'au moyen de la sensation. L'état des deux facultés de l'imagination et de l'entendement, animées, au moyen de la représentation donnée, d'une activité indéterminée, mais cependant concordante, c'est-à-dire de cette activité que suppose une connaissance en général, c'est la sensation pour laquelle le jugement de goût postule la propriété de pouvoir être universellement partagée. Une relation des facultés à leur objet ne peut être que conçue; mais, si elle se fonde sur des conditions subjectives, elle peut être sentie dans l'effet produit sur l'esprit; et dans une relation qui n'a point de concept pour fondement (comme la relation des facultés représentatives à une faculté de connaître en général), il n'y a de conscience possible de cette relation qu'au moyen de la sensation de l'effet qui consiste dans le jeu facile des deux facultés de l'esprit (l'imagination et l'entendement) animées par un commun accord. Une représentation qui, par elle seule et sans comparaison avec d'autres, se trouve pourtant d'accord avec les conditions d'universalité qu'exige la fonction de l'entendement en général, établit, entre les facultés de connaître cette concordance que nous demandons pour toute connaissance, et que par conséquent nous regardons comme valable pour quiconque est déterminé à juger par l'entendement et les sens réunis (pour chaque homme).

DÉFINITION DU BEAU

TIRÉE DU SECOND MOMENT:

Le *beau* est ce qui plaît universellement sans concept.

TROISIÈME MOMENT DES JUGEMENTS DE GOUT, OU DES JUGEMENTS DE GOUT CONSIDÉRÉS AU POINT DE VUE DE LA RELATION DE FINALITÉ.

§. X.

De la finalité en général.

Si l'on veut définir ce que c'est qu'une fin, d'après ses conditions transcendentales (sans rien supposer d'empirique, comme le sentiment du plaisir), on dira que c'est l'objet d'un concept en tant que celui-ci est considéré comme la cause de celui-là (comme le principe réel de sa possibilité);

et la causalité d'un *concept* relativement à son *objet* est la finalité (*forma finalis*). Quand donc on ne se borne pas à concevoir la connaissance d'un objet, mais l'objet lui-même (sa forme ou son existence), en tant qu'effet, comme n'étant possible que par un concept de cet effet même, on conçoit alors ce qu'on appelle une fin. La représentation de l'effet est ici le principe qui détermine la cause même de cet effet, et elle précède. La conscience de la causalité que possède une représentation relativement à l'état du sujet, et qui a pour but de le conserver dans cet état, peut désigner ici en général ce qu'on nomme le plaisir ; au contraire, la peine est une représentation contenant la raison déterminante d'un changement de l'état de nos représentations en l'état contraire.

La faculté de désirer, en tant qu'elle ne peut être déterminée à agir que par des concepts, c'est-à-dire conformément à la représentation d'une fin, serait la volonté. Mais un objet, soit un état de l'esprit, soit une action, est dit final, alors même que sa possibilité ne suppose pas nécessairement la représentation d'une fin, dès que nous ne pouvons expliquer et comprendre cette possibilité qu'en lui donnant pour principe une causalité agissant d'après des fins, c'est-à-dire une volonté qui aurait coordonné ainsi ses fins d'après la représentation d'une certaine règle. Il peut donc y avoir finalité sans qu'il y ait fin, si nous ne plaçons pas les causes de cette forme dans une volonté, et que toutefois nous ne puissions en expliquer la possibilité qu'en cherchant cette explication dans le concept d'une volonté. Or il n'est pas toujours nécessaire d'avoir recours à la raison pour considérer les choses (relativement à leur possibilité). Nous pouvons donc observer au moins et remarquer dans les objets, quoique par réflexion seulement, une finalité de forme sans lui donner une fin pour principe (comme matière du *nexus finalis*).

§. XI.

Le jugement de goût n'a pour principe que la forme de la finalité d'un objet (ou de sa représentation).

Toute fin, considérée comme un principe de satisfaction, renferme toujours un intérêt comme motif du jugement porté sur l'objet du plaisir. Le jugement du goût ne peut donc avoir pour principe une fin subjective. Il ne peut être non plus déterminé par la représentation d'une fin objective ou d'une possibilité de l'objet même fondée sur les principes de la liaison des fins, et par conséquent par un concept du bien ; car ce n'est pas un jugement de connaissance, mais un jugement esthétique, qui ne concerne aucun *concept* de la nature ou de la possibilité interne ou externe de l'objet, dérivant de telle ou telle cause, mais simplement le rapport de nos facultés représentatives entre elles, en tant qu'elles sont déterminées par une représentation.

Or ce rapport, qui se manifeste quand nous regardons un objet comme beau, est lié avec le sentiment d'un plaisir auquel nous reconnaissons par le jugement de goût une valeur universelle; par conséquent, il ne faut pas plus chercher la raison déterminante de cette espèce de jugement dans une sensation agréable, accompagnant la représentation, que dans la représentation de la perfection de l'objet et dans le concept du bien. La finalité subjective et sans fin (ni objective, ni subjective) de la représentation d'un objet, par conséquent la simple forme de la finalité dans la représentation par laquelle un objet nous est *donné*, en tant que nous en avons conscience, voilà donc ce qui seul peut constituer la satisfaction que nous jugeons sans concept comme pouvant être universellement partagée, et par conséquent le motif du jugement de goût.

§. XII.

Le jugement de goût repose sur des principes *a priori*.

Il est absolument impossible d'établir *a priori* la liaison d'un sentiment de plaisir ou de peine comme effet avec une représentation (sensation ou concept) comme cause; car il s'agit là d'une relation causale particulière qui (dans les objets d'expérience) ne peut jamais être reconnue qu'*a posteriori* et au moyen de l'expérience même. A la vérité, dans la critique de la raison pratique, nous avons réellement dérivé *a priori* de concepts moraux universels le sentiment de l'estime (comme modification particulière de cette espèce de sentiment qui ne se confond pas avec le plaisir et la peine que nous recevons des objets empiriques). Là, du moins, nous pouvions sortir des bornes de l'expérience et invoquer une causalité qui reposât sur une qualité supra-sensible du sujet, à savoir la causalité de la liberté. Et pourtant ce n'était pas, à proprement parler, ce *sentiment* que nous dérivions de l'idée de la moralité comme de sa cause, mais seulement la détermination de la volonté. Mais l'état de l'esprit dont la volonté est déterminée par quelque motif est déjà par soi un sentiment de plaisir, ou quelque chose d'identique avec ce sentiment, et par conséquent il n'en dérive pas comme effet; ce qu'il ne faudrait admettre que si le concept de la moralité, considérée comme un bien, précédait l'acte de la volonté déterminée par la loi; car, sans cela, le plaisir qui serait lié au concept serait inutilement dérivé de ce concept comme d'une pure connaissance.

Or il en est de même du plaisir contenu dans le

jugement esthétique : seulement, le plaisir est ici purement contemplatif et ne produit aucun intérêt pour l'objet, tandis que dans le jugement moral il est pratique. La conscience d'une finalité purement formelle dans le jeu des facultés cognitives du sujet s'exerçant sur une représentation par laquelle un objet est donné, n'est autre chose que le plaisir même, puisque, contenant un principe qui détermine l'activité du sujet, c'est-à-dire ici l'activité de ses facultés cognitives, elle renferme ainsi une causalité interne (finale) qui se rapporte à la connaissance en général, mais sans être restreinte à une connaissance déterminée, et par conséquent la simple forme de la finalité subjective d'une représentation dans un jugement de goût. Ce plaisir n'est nullement pratique, comme ceux qui résultent du principe pathologique de l'agréable ou du principe intellectuel de la représentation du bien. Mais il contient pourtant une causalité qui consiste à *conserver*, sans aucun autre but, l'état de la représentation même et le jeu des facultés de connaître. *Nous nous arrêtons* dans la contemplation du beau, parce que cette contemplation se fortifie et se reproduit elle-même : ce qui est analogue (mais non pas semblable) à ce qui arrive lorsque quelque attrait dans la représentation de l'objet excite l'attention d'une manière continue, en quoi l'esprit est passif.

§. XIII.

Le pur jugement de goût est indépendant de tout attrait et de toute émotion.

Tout intérêt gâte le jugement de goût et lui ôte son impartialité, surtout lorsqu'au rebours de l'intérêt de la raison, il ne place pas la finalité avant le sentiment du plaisir, mais qu'il fonde celle-là sur celui-ci, comme il arrive toujours dans le jugement esthétique que nous portons sur une chose, en tant qu'elle nous cause du plaisir ou de la peine. Aussi les jugements qui ont ce caractère ne peuvent-ils en aucune manière prétendre à une satisfaction universellement valable, ou le peuvent-ils d'autant moins qu'il y a plus de sensations de cette espèce parmi les principes qui déterminent le goût. Le goût reste à l'état de barbarie tant qu'il a besoin du secours de *l'attrait* et des *émotions* pour être satisfait, et qu'il y cherche même la mesure de son assentiment.

Et cependant il arrive souvent qu'on ne se borne pas à mêler des attraits à la beauté (qui ne devrait pourtant consister que dans la forme), comme pour ajouter à la satisfaction esthétique universelle, mais qu'on les donne eux-mêmes pour des beautés, et qu'on met ainsi la matière de la satisfaction à la place de la forme : c'est là une erreur qu'on peut éviter en déterminant soigneusement ces concepts, comme tant d'autres erreurs qui sont fondées sur quelque chose de vrai.

Un jugement de goût sur lequel nul attrait et nulle émotion n'ont influence (quoique ce soient là des choses qui peuvent se mêler à la satisfaction qui s'attache au beau), et qui n'a ainsi pour motif que la finalité de la forme, est un *pur jugement de goût*.

§. XIV.

Explication par des exemples.

Les jugements esthétiques, comme les jugements théoriques (logiques) peuvent être partagés en deux classes : ils sont empiriques ou purs. Les premiers expriment ce qu'il y a d'agréable ou de désagréable, les seconds ce qu'il y a de beau dans un objet ou dans la représentation de cet objet; ceux-là sont des jugements de sens (des jugements esthétiques matériels), ceux-ci (comme formels) sont seuls de véritables jugements de goût.

Un jugement de goût n'est donc pur qu'à la condition qu'aucune satisfaction empirique ne se mêle à son motif; or c'est ce qui arrive toujours quand l'attrait ou l'émotion a quelque part au jugement par lequel une chose est déclarée belle.

Nous retrouvons ici quelques objections qui présentent faussement l'attrait, non pas seulement comme un ingrédient nécessaire de la beauté, mais comme suffisant par lui-même pour être appelé beau. Une simple couleur, par exemple la couleur verte du gazon, un simple son musical, par exemple celui d'un violon, voilà des choses que la plupart déclarent belles, quoique l'une et l'autre semblent n'avoir pour principe que la matière des représentations, c'est-à-dire la seule sensation, et ne mériter par conséquent d'autre nom que celui d'agréables. Mais on remarquera en même temps que les sensations de la couleur aussi bien que celles du son ne peuvent être justement regardées comme belles qu'à la condition d'être *pures*. Or c'est là une condition qui déjà concerne la forme, et la seule que dans ces représentations on ait le droit de regarder avec certitude comme pouvant être universellement partagée. Car quant à la qualité même des sensations, elle ne peut être regardée comme s'accordant dans tous les sujets, et la supériorité d'agrément d'une couleur sur une autre ou du son d'un instrument de musique sur celui d'un autre instrument, ne peut être aisément reconnue par tout le monde.

Si on admet avec Euler [*] que les couleurs sont des vibrations (*pulsus*) isochrones de l'éther, de même

---

[*] Voyez les lettres d'Euler à une princesse d'Allemagne, édition de M. Émile Saisset. J. B.

que les sons musicaux sont des vibrations régulières de l'air ébranlé, et, ce qui est le plus important, que l'esprit ne perçoit pas seulement par le sens l'effet produit sur l'activité de l'organe, mais qu'il perçoit aussi par la réflexion (ce dont je ne doute pas d'ailleurs) le jeu régulier des impressions (par conséquent la forme de la liaison des diverses représentations); alors, au lieu de ne considérer la couleur et le son que comme de simples sensations, on peut y voir une détermination formelle de l'unité d'éléments divers et à ce titre les ranger aussi parmi les beautés.

Parler de la pureté d'une sensation simple, c'est dire que l'égalité de cette sensation n'est troublée ni interrompue par aucune sensation étrangère : il ne s'agit là que de la forme, car on peut faire abstraction de la qualité de cette espèce de sensation (oublier si elle représente une couleur ou un son, et quelle couleur ou quel son). C'est pourquoi toutes les couleurs simples, en tant qu'elles sont pures, sont regardées comme belles; les couleurs composées n'ont pas cet avantage, précisément parce que n'étant pas simples, il n'y a point de mesure pour juger si on doit les regarder comme pures ou non.

Mais croire, comme on le fait communément, que la beauté, qui réside dans la forme des objets, peut être augmentée par l'attrait, c'est là une erreur très-préjudiciable à la pureté primitive du goût. Sans doute on peut ajouter des attraits à la beauté afin d'intéresser l'esprit par la représentation de l'objet, indépendamment de la pure satisfaction qu'il en reçoit, et de recommander ainsi la beauté au goût, surtout quand celui-ci est encore rude et mal exercé. Mais ils font réellement tort au jugement de goût, lorsqu'ils appellent l'attention sur eux de manière à être pris pour motifs de notre jugement sur la beauté. Car il s'en faut tellement qu'ils y contribuent qu'on ne doit les souffrir que comme des étrangers, lorsque le goût est encore faible et mal exercé, et à la condition qu'ils n'altèrent pas la pure forme de la beauté.

Dans la peinture, la sculpture, et même dans tous les arts plastiques, l'architecture, l'art des jardins, considérés comme beaux-arts, l'essentiel est le *dessin*, lequel ne s'adresse pas au goût au moyen d'une sensation agréable, mais seulement en plaisant par sa forme. Les couleurs qui enluminent le dessin ne sont que des attraits ; elles peuvent bien animer l'objet pour la sensation, mais non le rendre digne d'être contemplé et déclaré beau ; elles sont au contraire la plupart du temps fort limitées par les conditions mêmes qu'exige la beauté, et là même où il est permis de faire une part à l'attrait, c'est elle seule qui les ennoblit.

Toute forme des objets des sens (des sens externes et médiatement aussi du sens interne) est ou *figure* ou *jeu* : dans le dernier cas, ou c'est un jeu de figures (dans l'espace : la mimique et la danse), ou c'est un simple jeu de sensations (dans le temps). L'attrait des couleurs ou celui des sons agréables d'un instrument peut bien s'y joindre, mais le dessin dans le premier cas et la composition dans le second constituent l'objet propre du pur jugement de goût. Dire que la pureté des couleurs ou des sons, ou que leur variété et leur choix paraissent contribuer à la beauté, cela ne signifie pas que ces choses ajoutent à la satisfaction qui s'attache à la forme, précisément parce qu'elles sont agréables en elles-mêmes et dans la même proportion, mais parce qu'elles nous montrent cette forme d'une manière plus exacte, plus déterminée et plus parfaite, et surtout parce qu'elles animent la représentation par leur attrait, en appelant et en soutenant l'attention sur l'objet même.

Les choses mêmes qu'on appelle *ornements* (πάρεργα), c'est-à-dire les choses qui ne font point partie essentielle de la représentation de l'objet, mais ne s'y rattachent qu'extérieurement comme additions, et augmentent la satisfaction du goût, ne produisent cet effet que par leur forme : ainsi les encadrements des peintures, les vêtements des statues, les péristyles des palais. Que si l'ornement ne consiste pas lui-même dans une belle forme, s'il est destiné, comme les cadres d'or, à recommander la peinture à notre assentiment par l'attrait qu'il possède, il prend alors le nom d'enjolivement et porte atteinte à la véritable beauté.

L'*émotion* ou cette sensation dans laquelle le plaisir n'est produit qu'au moyen d'une suspension momentanée, et, par suite, d'un plus vif épanchement des forces vitales, n'appartient pas à la beauté. Le sublime auquel est lié le sentiment de l'émotion exige une autre mesure de jugement que celle qui sert de fondement au goût. Ainsi un pur jugement de goût n'a pour motif ni attrait ni émotion, ou d'un seul mot aucune sensation comme matière du jugement esthétique.

§. XV.

Le jugement de goût est tout à fait indépendant du concept de la perfection.

On ne peut reconnaître la finalité objective qu'au moyen du rapport d'une diversité d'éléments à une fin déterminée, et conséquemment par un concept. Par cela seul il est déjà évident que le beau, dont l'appréciation a pour principe une finalité purement formelle, c'est-à-dire une finalité sans fin, est tout à fait indépendant de la représentation du bon, puisque celui-ci suppose une finalité objective, c'est-à-dire le rapport de l'objet à une fin déterminée.

La finalité objective est ou bien externe, et c'est alors l'*utilité*, ou interne, et c'est la *perfection* de l'objet. Il ressort suffisamment des deux précédents chapitres que la satisfaction qui fait appeler beau un objet ne peut reposer sur la représentation de l'utilité de cet objet : car alors ce ne serait plus une satisfaction immédiatement attachée à l'objet, ce qui est la condition essentielle du jugement sur la beauté. Mais la finalité objective externe, ou la perfection, se rapproche davantage du prédicat de la beauté, et c'est pourquoi de célèbres philosophes l'ont regardée comme identique avec la beauté, mais en y ajoutant cette condition, que l'esprit n'en eût qu'une *conception confuse*. Il est de la plus haute importance de décider, dans une critique du goût, si la beauté peut réellement se résoudre dans le concept de la perfection.

Pour juger la finalité objective, nous avons toujours besoin du concept d'une fin, et si cette finalité n'est pas externe (l'utilité) mais interne, du concept d'une fin interne, qui contienne le principe de la possibilité interne de l'objet. Or, comme cela seul est fin en général dont le *concept* peut être considéré comme le principe de la possibilité de l'objet même, il faut, pour se représenter la finalité objective d'une chose, avoir préalablement le concept de cette chose ou de *ce qu'elle doit être ;* et l'accord de la diversité des éléments de cette chose avec ce concept (lequel donne la règle de leur union), et la *perfection qualitative* de la chose. Il ne faut pas confondre cette sorte de perfection avec la perfection *quantitative,* ou la perfection de chaque chose en son genre : celle-ci est un simple concept de quantité (de totalité), dans lequel, étant déterminé d'avance ce que doit être la chose, on recherche seulement si *tout* ce qui lui est nécessaire s'y trouve. Ce qu'il y a de formel dans la représentation d'une chose, c'est-à-dire l'accord de la diversité avec une unité (qui reste indéterminée), ne peut révéler par lui-même une finalité objective; en effet, comme on ne considère pas cette unité *comme fin* (qu'on fait abstraction de ce que doit être la chose), il ne reste que la finalité subjective des représentations de l'esprit. Celle-ci nous fournit bien une certaine finalité de l'état du sujet dans la représentation, et dans cet état une certaine facilité à saisir par l'imagination une forme donnée, mais non la perfection de quelque objet, car ici aucun concept ne sert à concevoir l'objet de fin. Ainsi, par exemple, si je rencontre dans une forêt une pelouse entourée d'un cercle d'arbres, et que je ne m'y représente point la fin qu'elle peut avoir, comme de servir à la danse des villageois, je ne trouve pas dans la simple forme de l'objet le moindre concept de perfection. Mais se représenter une finalité formelle *objective* sans fin, c'est-à-dire la simple forme d'une *perfection* (sans matière et sans le concept de ce avec quoi il faut qu'il y ait accord), c'est une véritable contradiction.

Or le jugement de goût est un jugement esthétique, c'est-à-dire un jugement qui repose sur des principes subjectifs et dont le motif ne peut être un concept, et par conséquent le concept d'une fin déterminée. Ainsi la beauté, étant une finalité formelle et subjective, ne nous fait point concevoir la perfection de l'objet, ou une finalité soi-disant formelle et pourtant objective. C'est donc une erreur de croire qu'entre le concept du beau et celui du bon il n'y a qu'une différence logique, c'est-à-dire que l'un est un concept vague et l'autre un concept clair de la perfection, mais que tous deux au fond et quant à leur origine sont identiques. S'il en était ainsi, il n'y aurait point entre eux de différence *spécifique*, et un jugement de goût serait un jugement de connaissance tout aussi bien que le jugement par lequel quelque chose est déclaré bon. Il en serait ici comme quand le vulgaire dit que la fraude est injuste : il fonde son jugement sur des principes confus, tandis que le philosophe fonde le sien sur des principes clairs, mais tous les deux au fond s'appuient sur les mêmes principes rationnels. Mais j'ai déjà fait remarquer que le jugement esthétique est unique en son genre, et qu'il ne donne aucune espèce de connaissance de l'objet (pas même une connaissance confuse). Cette fonction n'appartient qu'au jugement logique ; le jugement esthétique, au contraire, se borne à rapporter au sujet la représentation par laquelle un objet est donné, et il ne nous fait remarquer aucune qualité de l'objet, mais seulement la forme finale des facultés représentatives qui s'exercent sur cet objet. Et ce jugement s'appelle esthétique, précisément parce que son motif n'est point un concept, mais le sentiment (que nous donne le sens intime) d'une harmonie dans le jeu des facultés de l'esprit, qui ne peut être que sentie. Si, au contraire, on voulait désigner du nom d'esthétiques des concepts obscurs et le jugement objectif qui les prend pour principe, on aurait un entendement qui jugerait par la sensibilité, ou une sensibilité qui se représenterait ses objets par des concepts, ce qui est une contradiction. La faculté de former des concepts, qu'ils soient obscurs ou clairs, c'est l'entendement ; et, quoique l'entendement ait aussi sa part dans le jugement de goût, comme jugement esthétique (ainsi que dans tous les jugements), il n'y entre point comme faculté de connaître un objet, mais comme faculté déterminant un jugement sur l'objet ou sur sa représentation (sans concept), d'après le rapport de cette représentation avec le sujet et son sentiment intérieur, et de telle sorte que ce jugement soit possible suivant une règle générale.

§. XVI.

Le jugement de goût, par lequel un objet n'est déclaré beau qu'à la condition d'un concept déterminé, n'est pas pur.

Il y a deux espèces de beauté, la beauté libre (*pulchritudo vaga*), et la beauté simplement adhérente (*pulchritudo adhærens*). La première ne suppose point un concept de ce que doit être l'objet, mais la seconde suppose un tel concept et la perfection de l'objet dans son rapport avec ce concept. Celle-là est la beauté (existant par elle-même) de telle ou telle chose; celle-ci, supposant un concept (étant conditionnelle), est attribuée aux objets qui sont soumis au concept d'une fin particulière.

Les fleurs sont de libres beautés de la nature; on ne sait pas aisément, à moins d'être botaniste, ce que c'est qu'une fleur; et le botaniste lui-même, qui reconnaît dans la fleur l'organe de la fécondation de la plante, n'a point égard à cette fin de la nature, quand il porte sur la fleur un jugement de goût. Son jugement n'a donc pour principe aucune espèce de perfection, aucune finalité interne à laquelle se rapporterait l'union des éléments divers. Beaucoup d'oiseaux (le perroquet, le colibri, l'oiseau de paradis), une foule d'animaux de la mer, sont des beautés en soi, qui ne se rapportent point à un objet dont la fin serait déterminée par des concepts, mais des beautés libres et qui plaisent par elles-mêmes. De même les dessins *à la grecque*, les rinceaux des encadrements ou des tapisseries de papier, etc., ne signifient rien par eux-mêmes; ils ne représentent rien, aucun objet qu'on puisse ramener à un concept déterminé, et sont de libres beautés. On peut aussi rapporter à cette espèce de beauté ce qu'on nomme en musique fantaisies (sans thème), et même toute la musique sans texte.

Dans l'appréciation d'une beauté libre (considérée relativement à sa seule forme), le jugement de goût est pur; il ne suppose point le concept de quelque fin à laquelle se rapporteraient les divers éléments de l'objet donné et tout ce qui est compris dans la représentation de cet objet, et par laquelle serait limitée la liberté de l'imagination qui se joue en quelque sorte dans la contemplation de la figure.

Mais la beauté d'un homme (et, dans la même espèce, celle d'une femme, d'un enfant), la beauté d'un cheval, d'un édifice (comme une église, un palais, un arsenal, une maison de campagne), suppose un concept de fin qui détermine ce que doit être la chose, et par conséquent un concept de sa perfection ; ce n'est qu'une beauté adhérente. Or, de même que le mélange de l'agréable (de la sensation) avec la beauté (laquelle ne concerne proprement que la forme) altérait la pureté du jugement de goût, le mélange du bon (ou de ce qui rend bons les éléments divers de la chose même considérée relativement à sa fin) avec la beauté nuit aussi à la pureté de ce jugement.

On pourrait ajouter à un édifice beaucoup de choses qui plairaient immédiatement à la vue, si cet édifice ne devait pas être une église, ou embellir une figure humaine par toutes sortes de dessins et de traits légèrement mais régulièrement tracés (comme font les habitants de la Nouvelle-Zélande avec leur tatouage), si cette figure ne devait pas être la figure d'un homme ; et tel homme pourrait avoir des traits plus fins et un contour de visage plus gracieux et plus doux, s'il ne devait représenter un homme de guerre.

Or la satisfaction attachée à la contemplation des éléments divers d'une chose, dans leur rapport avec la fin interne qui détermine la possibilité de cette chose, est une satisfaction fondée sur un concept ; celle, au contraire, qui s'attache à la beauté est telle qu'elle ne suppose point de concept, mais qu'elle est immédiatement liée à la représentation par laquelle l'objet est donné (je ne dis pas conçu). Si donc un jugement de goût, relativement à son objet, dépend d'une fin contenue dans le concept de l'objet comme dans un jugement de la raison, et s'astreint à cette condition, ce n'est plus un libre et pur jugement de goût.

Il est vrai que, par cette union de la satisfaction esthétique avec la satisfaction intellectuelle, le goût obtient l'avantage de se fixer et, sinon de devenir universel, au moins de pouvoir être soumis à des règles relativement à certains objets dont les fins sont déterminées. Mais aussi ce ne sont pas là des règles de goût, ce ne sont que des règles de l'union du goût avec la raison, c'est-à-dire du beau avec le bon, qui font de celui-là l'instrument de celui-ci, en subordonnant cette disposition de l'esprit qui se soutient elle-même et a une valeur subjective universelle à cet état de la pensée qu'on ne peut soutenir que par un difficile effort, mais qui est objectivement universel. A proprement parler, ni la beauté n'ajoute à la perfection, ni la perfection à la beauté; seulement, comme, en comparant la représentation par laquelle un objet nous est donné avec le concept de cet objet (ou de ce qu'il doit être), nous ne pouvons éviter de la rapprocher en même temps de la sensation qui se produit en nous, si ces deux états de l'esprit se trouvent d'accord, la faculté représentative ne peut qu'y gagner *dans son ensemble.*

Un jugement de goût sur un objet qui a une fin interne déterminée ne saurait être pur que si celui qui jugerait ou n'avait aucun concept de cette fin, ou en faisait abstraction dans son jugement. Mais, quoiqu'il portât un exact jugement de goût, en jugeant l'objet comme une beauté libre, celui-là pourrait être blâmé et accusé d'avoir le goût faux par un autre qui ne considérerait la beauté de cet objet que comme une qualité adhérente (qui aurait égard à la fin de l'objet). Chacun d'eux cependant jugerait bien à son point de vue : le premier, en considérant ce qu'il a devant les yeux ; le second, ce qu'il a dans la pensée. On peut avec cette distinction terminer bien des dissentiments qui s'élèvent entre les hommes au sujet de la beauté, en leur montrant que l'un parle de la beauté libre, l'autre de la beauté adhérente ; que le premier porte un pur jugement de goût, le second un jugement de goût appliqué.

§. XVII.

De l'idéal de la beauté.

Il ne peut y avoir de règle objective du goût qui détermine par des concepts ce qui est beau ; car tout jugement dérivé de cette source est esthétique, c'est-à-dire qu'il a son principe déterminant dans le sentiment du sujet, et non dans le concept d'un objet. Chercher un principe du goût qui fournisse en des concepts déterminés le criterium universel du beau, c'est peine inutile, puisque ce qu'on cherche est impossible et contradictoire en soi. La propriété qu'a la sensation (la satisfaction) d'être universellement partagée, et cela sans le secours d'aucun concept; l'accord, aussi parfait que possible de tous les temps et de tous les peuples sur le sentiment lié à la représentation de certains objets, voilà le critérium empirique, bien faible, sans doute et à peine suffisant à fonder une conjecture, au moyen duquel on peut rapporter un goût ainsi éprouvé par des exemples au principe commun à tous les hommes, mais profondément caché, de l'accord qui doit exister entre eux dans la manière de juger des formes sous lesquelles les objets leur sont donnés.

C'est pourquoi l'on considère certaines productions du goût comme *exemplaires*, ce qui ne veut pas dire que le goût puisse s'acquérir par l'imitation. Car le goût doit être une faculté originale; celui qui imite un modèle montre, en l'atteignant, de l'habileté; mais il ne fait preuve de goût qu'autant qu'il peut le juger lui-même (1). Il suit de là que le modèle suprême, le prototype du goût n'est qu'une pure idée, que chacun doit tirer de lui-même, et d'après laquelle il doit juger tout ce qui est objet

(1) Les modèles du goût, relativement aux arts de la parole,

de goût, tout ce qui est proposé comme exemple au jugement de goût, et même le goût de chacun. *Idée* signifie proprement un concept de la raison, et *idéal* la représentation de quelque chose de particulier, considéré comme adéquat à une idée. Aussi, ce prototype du goût, qui repose assurément sur l'idée indéterminée que la raison nous donne d'un maximum, mais qui ne peut être représenté par des concepts, ne pouvant l'être que dans une exhibition particulière, est-il mieux nommé idéal du beau. C'est un idéal dont nous ne sommes pas en possession, mais que nous nous efforçons de produire en nous. Mais ce ne sera qu'un idéal de l'imagination parce qu'il ne repose pas sur des concepts, mais sur l'exhibition, et que la faculté d'exhibition n'est autre que l'imagination. — Or, comment obtenons-nous un pareil idéal de la beauté ? *A priori* ou empiriquement. Et encore, quelle espèce de beau est capable d'un idéal ?

D'abord, il faut bien remarquer que la beauté à laquelle on doit chercher un idéal ne peut être la

---

ne peuvent être pris que dans une langue morte et savante ; dans une langue morte, pour n'avoir pas à souffrir les changements auxquels les langues vivantes sont inévitablement sujettes, et qui rendent plates et vieilles les expressions jadis nobles ou usitées et ne laissent qu'une courte durée aux expressions nouvellement créées ; dans une langue savante, afin qu'il y ait une grammaire qui ne soit pas soumise aux variations arbitraires de la mode, mais dont les règles soient immuables.

beauté *vague*, mais celle qui est *déterminée* par le concept d'une finalité objective ; ce ne doit pas être par conséquent celle de l'objet d'un jugement de goût entièrement pur, mais d'un jugement de goût en partie intellectuel. En d'autres termes, l'espèce de principes de jugement où on doit trouver un idéal a nécessairement pour fondement une idée de la raison s'appuyant sur des concepts déterminés et déterminant *a priori* la fin sur laquelle repose la possibilité interne de l'objet. On ne saurait concevoir un idéal de belles fleurs, d'un bel ameublement, d'une belle vue. Mais on ne peut pas se représenter davantage l'idéal de certaines beautés dépendantes de fins déterminées, par exemple l'idéal d'une belle habitation, d'un bel arbre, de beaux jardins, etc., probablement parce que les fins de ces choses ne sont pas suffisamment déterminées et fixées par leur concept, et que par conséquent la finalité y est presque aussi libre que dans la beauté *vague*. Celui qui trouve en lui-même le but de son existence, celui qui par la raison peut se déterminer à lui-même ses propres fins, ou qui, quand il doit les tirer de la perception extérieure, peut cependant les mettre d'accord avec ses fins essentielles et générales et juger esthétiquement cette harmonie ; l'*homme* seul, parmi les autres objets du monde, est capable d'un idéal de la beauté, de même que l'humanité dans sa personne, en tant qu'intelligence, est capable de l'idéal de la *perfection*.

Il y a ici deux choses à distinguer : d'abord *l'idée normale* esthétique, qui est une intuition particulière (de l'imagination), représentant la règle de notre jugement sur l'homme considéré comme appartenant à une espèce particulière d'animaux; ensuite, *l'idée de la raison* qui place dans les fins de l'humanité, en tant qu'elles ne peuvent être elles-mêmes représentées par les sens, le principe de notre jugement sur une forme par laquelle ces fins se manifestent comme par leur effet dans le monde phénoménal. L'idée normale doit tirer ses éléments de l'expérience pour composer la figure d'un animal d'une espèce particulière ; mais la plus grande finalité possible dans la construction de la figure, celle que nous pourrions prendre pour règle générale de notre jugement esthétique sur chaque individu de cette espèce, le type qui sert comme de principe intentionnel à la technique de la nature, et auquel l'espèce tout entière est seule adéquate et non tel ou tel individu en particulier, ce type n'existe que dans l'idée de ceux qui jugent, et cette idée avec ses proportions, comme idée esthétique, ne peut être pleinement représentée *in concreto* dans un modèle. Pour faire comprendre cela de quelque manière (car qui peut arracher entièrement à la nature son secret ?), nous essaierons une explication psychologique.

Il est à remarquer que, d'une manière tout à fait insaisissable pour nous, l'imagination n'a pas seulement le pouvoir de rappeler, à l'occasion, même après un long temps, les signes des concepts, mais aussi de reproduire l'image et la forme d'un objet au milieu d'un nombre inexprimable d'objets d'espèces différentes ou de la même espèce. Bien plus, quand l'esprit veut instituer des comparaisons, l'imagination, selon toute vraisemblance, quoique la conscience n'en soit pas suffisamment avertie, rappelle les images les unes sur les autres, et par cet assemblage de plusieurs images de la même espèce, fournit une moyenne qui sert de mesure commune. Chacun a vu un millier d'hommes. Or, quand on veut juger de la grandeur normale de l'homme, en l'estimant par comparaison, l'imagination, d'après mon opinion, rappelle les unes sur les autres un grand nombre d'images (peut-être toutes ces mille), et, s'il m'est permis d'emprunter ici des métaphores aux choses de la vue, c'est dans l'espace où la plupart se réunissent et dans le lieu illuminé par la plus vive couleur, qu'on reconnaît la *grandeur moyenne*, laquelle, pour la hauteur comme pour la largeur, est également éloignée des plus grandes et des plus petites statures. Et c'est là la stature d'un bel homme. (On pourrait arriver au même résultat mécaniquement, en mesurant ces mille hommes, en additionnant entre elles leurs hauteurs ainsi que leurs largeurs (et leurs épaisseurs) et en divisant la somme par mille. Or, c'est ce que fait précisément l'imagination par un effet dynamique qui résulte de l'impression de toutes ces images sur l'organe du sens intérieur.) Si maintenant on cherche d'une manière semblable pour cet homme moyen la tête moyenne, pour celle-ci le nez moyen, etc., cette figure donnera l'idée normale du bel homme dans le pays où se fait la comparaison. C'est pourquoi un nègre aura nécessairement, sous ces conditions empiriques, une autre idée normale de la beauté de la forme qu'un blanc, un Chinois qu'un Européen. Il en serait de même du modèle d'un beau cheval ou d'un beau chien (d'une certaine race). — Cette *idée normale* n'est pas dérivée de proportions tirées de l'expérience, comme de *règles déterminées;* mais c'est par cette idée même que les règles du jugement sont possibles. Elle est pour toute l'espèce l'image qui flotte entre toutes les intuitions particulières et diversement variées des individus, et que la nature a prise pour type de ses productions dans cette espèce, mais qu'elle ne paraît atteindre pleinement en aucun individu. Ce n'est pas tout le prototype de la *beauté* dans cette espèce, mais seulement la forme qui constitue la condition indispensable de toute beauté, par conséquent l'*exactitude* seulement dans l'exhibition de l'espèce. C'est la *règle*, comme on disait du célèbre *Doryphore* de *Polyclète* (on pourrait citer aussi la *Vache* de *Myron* dans son espèce). Elle ne peut rien contenir de spécifiquement caractéristique, car sinon elle ne serait pas une *idée normale* pour l'espèce. Aussi l'exhibition de cette idée ne plaît-elle pas comme belle, mais parce qu'elle ne manque à aucune des conditions sans lesquelles une chose de cette espèce ne peut être belle. Elle est simplement régulière (1).

Il faut distinguer de *l'idée normale* du beau l'*idéal* du beau, qu'on ne peut attendre que de la *figure humaine* pour des raisons déjà indiquées. Or l'idéal y consiste dans l'expression du moral; sans cette expression, l'objet ne plairait pas universellement et positivement (pas même négativement dans une exhibition régulière). L'expression sen-

---

(1) On trouvera qu'un visage parfaitement régulier, tel que le peintre pourrait désirer d'en avoir un pour modèle, ne signifie ordinairement rien; c'est qu'il ne contient rien de caractéristique; qu'ainsi il exprime plutôt l'idée de l'espèce que le caractère spécifique d'une personne. Quand ce caractère est exagéré, c'est-à-dire quand il déroge lui-même à l'idée normale (de la finalité de l'espèce), on a alors ce qu'on appelle une *caricature*. L'expérience prouve aussi que ces visages parfaitement réguliers n'annoncent ordinairement que des hommes médiocres; car (si on peut admettre que la nature exprime au dehors les proportions de l'intérieur), dès qu'aucune des qualités de l'âme ne s'élève au-dessus de la proportion exigée pour qu'un homme soit exempt de défauts, il ne faut pas attendre ce qu'on appelle le *génie*, dans lequel la nature paraît sortir de ses proportions ordinaires au profit d'une seule faculté.

sible d'idées morales, gouvernant intérieurement l'homme, peut bien être tirée de la seule expérience; mais pour que la présence de ces idées dans toutes les choses que notre raison rattache au bien moral ou à l'idée de la suprême finalité, pour que la bonté de l'âme, sa pureté, sa force ou sa tranquillité, etc., puissent devenir pour ainsi dire visibles dans une représentation corporelle (qui soit comme l'effet de l'intérieur), il faut que les idées pures de la raison et une grande puissance d'imagination s'unissent dans celui qui veut seulement en juger, et à plus forte raison dans celui qui veut en donner une exhibition. L'exactitude d'un pareil idéal de beauté se révèle à ce signe, qu'il ne permet pas aux attraits sensibles de se mêler à la satisfaction qu'il nous donne, et qu'il excite cependant un grand intérêt; ce qui montre que le jugement qui se règle sur cette mesure ne peut jamais être purement esthétique et que le jugement porté d'après un idéal de beauté n'est pas un pur jugement de goût.

DÉFINITION DU BEAU

TIRÉE DE CE TROISIÈME MOMENT.

La *beauté* est la forme de la *finalité* d'un objet, en tant qu'elle y est perçue *sans représentation de fin*(1).

(1) On pourrait objecter contre cette définition qu'il y a des choses dans lesquelles on voit une finalité sans y reconnaître une

QUATRIÈME MOMENT DU JUGEMENT DE GOUT OU DE LA MODALITÉ DE LA SATISFACTION ATTACHÉE A SES OBJETS.

§. XVIII.

Ce que c'est que la modalité d'un jugement de goût.

Je puis dire de toute représentation qu'il est au moins *possible* qu'elle soit liée (comme connaissance) à un plaisir. Quand je parle de quelque chose d'*agréable,* j'entends ce qui excite *réellement* en moi du plaisir. Mais le *beau* est conçu comme ayant un rapport nécessaire à la satisfaction. Or cette nécessité est d'une espèce particulière : ce n'est pas une nécessité théorique objective, où on puisse reconnaître *a priori* que chacun *recevra* la même satisfaction de l'objet que j'appelle beau ; ce n'est pas non plus une nécessité pratique, où, au moyen des concepts d'une volonté rationnelle pure qui sert de règle aux agents libres, la satisfaction est la conséquence nécessaire d'une loi objective, et ne signifie rien autre chose sinon qu'on doit agir

fin, et qu'on ne déclare pas beaux pour cela, par exemple, ces ustensiles de pierre qu'on trouve souvent dans les anciens tombeaux, et qui ont un trou en guise d'anse. Mais il suffit qu'on y voie des œuvres d'art, pour avouer que leur figure se rapporte à quelque dessein, à quelque fin déterminée. C'est pourquoi il n'y a pas de satisfaction immédiate attachée à l'intuition de ces objets. Au contraire, une fleur, par exemple une tulipe, est regardée comme belle, dès qu'on saisit, dans la perception de cette fleur, une certaine finalité qui, autant que nous en jugeons, ne se rapporte à aucune fin.

absolument d'une certaine manière (sans aucun autre dessein). Comme nécessité conçue dans un jugement esthétique, elle ne peut être nommée qu'*exemplaire;* c'est-à-dire, c'est la nécessité de l'assentiment de *tous* à un jugement considéré comme exemple d'une règle générale qu'on ne peut donner. Comme un jugement esthétique n'est pas un jugement objectif et de connaissance, cette nécessité ne peut être dérivée de concepts déterminés, et par conséquent elle n'est pas apodictique. On peut bien moins encore la conclure de l'universalité de l'expérience (d'un perpétuel accord des jugements sur la beauté d'un certain objet). Car, outre que l'expérience fournirait difficilement beaucoup d'exemples d'un pareil accord, ou ne peut fonder sur des jugements empiriques un concept de la nécessité de ces jugements.

§. XIX.

La nécessité subjective que nous attribuons au jugement de goût est conditionnelle.

Le jugement de goût exige le consentement universel; et celui qui déclare une chose belle prétend que chacun *doit* donner son assentiment à cette chose et la reconnaître aussi pour belle. Cette nécesité contenue dans le jugement esthétique est donc exprimée par toutes les données qu'exige le jugement, mais seulement d'une manière conditionnelle. On recherche le consentement de chacun parce qu'on a pour cela un principe qui est commun à tous; on pourrait toujours y compter, si on était toujours assuré que le cas en question fût exactement subsumé sous ce principe considéré comme règle d'assentiment.

§. XX.

La condition de la nécessité que présente un jugement de goût est l'idée d'un sens commun.

Si les jugements de goût (comme ceux de connaissance) avaient un principe objectif déterminé, celui qui les porterait d'après ce principe pourrait leur attribuer une nécessité inconditionnelle. S'ils étaient sans principe, comme ceux du simple goût des sens, on ne songerait pas même à leur reconnaître quelque nécessité. Ils doivent donc avoir un principe subjectif qui détermine par le sentiment seul et non par des concepts, mais cependant d'une manière universellement valable, ce qui plaît ou déplaît. Or un tel principe ne pourrait être considéré que comme un *sens commun*, lequel est essentiellement distinct de l'intelligence commune, qu'on appelle aussi quelquefois sens commun (*sensus communis*); celle-ci en effet ne juge point par sentiment, mais toujours d'après des concepts, quoiqu'ordinairement ces concepts ne soient pour elle que d'obscurs principes.

Ce n'est donc que dans l'hypothèse d'un sens commun (par où nous n'entendons pas un sens extérieur, mais l'effet qui résulte du libre jeu de nos facultés de connaître) qu'on peut porter un jugement de goût.

§. XXI.

Si on peut supposer avec raison un sens commun.

Les connaissances et les jugements, ainsi que la conviction qui les accompagne, doivent pouvoir être universellement partagés ; car sinon il n'y aurait rien de commun entre ces connaissances et leur objet ; elles ne seraient toutes qu'un jeu purement subjectif des facultés représentatives, précisément comme le veut le scepticisme. Mais si des connaissances doivent pouvoir être partagées, cet état de l'esprit qui consiste dans l'accord des facultés de connaître avec une connaissance en général, et cette proportion qui convient à une représentation (par laquelle un objet nous est donné) pour qu'elle devienne une connaissance, doivent aussi pouvoir être universellement partagés : car, sans cette proportion, condition subjective du connaître, la connaissance ne pourrait surgir comme effet. Aussi a-t-elle toujours lieu réellement quand un objet donné par les sens excite l'imagination à en assembler les divers éléments, et que celle-ci à son tour excite l'entendement à leur donner de l'unité ou à en faire des concepts. Mais cette concordance des facultés de connaître a, suivant la diversité des objets donnés, des proportions différentes. Toutefois elle doit toujours être telle que l'activité harmonieuse des deux facultés (dont l'une provoque l'autre) soit le plus utile à ces deux facultés relativement à la connaissance en général (d'objets donnés), et cette harmonie ne peut être déterminée que par le sentiment (et non d'après des concepts). Or, comme elle doit pouvoir être universellement partagée, et par conséquent aussi le sentiment que nous en avons (dans une représentation donnée), et que la propriété qu'a un sentiment de pouvoir être universellement partagé suppose un sens commun, on aura raison d'admettre ce sens commun sans s'appuyer pour cela sur des observations psychologiques, mais comme la condition nécessaire de cette propriété qu'a notre connaissance de pouvoir être universellement partagée, et que doit supposer toute logique et tout principe de connaissance qui n'est pas sceptique.

§. XXII.

La nécessité du consentement universel, conçue dans un jugement de goût, est une nécessité subjective, qui est représentée comme objective sous la supposition d'un sens commun.

Dans tous les jugements par lesquels nous déclarons une chose belle, nous ne permettons à personne d'être d'un autre avis, quoique nous ne fondions point notre jugement sur des concepts, mais seulement sur notre sentiment; mais aussi ce sentiment n'est point pour nous un sentiment individuel : c'est un sentiment commun. Or ce sens commun ne peut pas être fondé sur l'expérience, car il entend prononcer des jugements qui renferment une nécessité, une obligation; il ne dit pas que chacun *sera* d'accord, mais *devra* être d'accord avec nous. Ainsi le sens commun au jugement duquel mon jugement de goût sert d'exemple, et qui m'autorise à attribuer à celui-ci une valeur *exemplaire*, est une règle purement idéale, sous la supposition de laquelle un jugement qui s'accorderait avec elle, ainsi que la satisfaction attachée par ce jugement à un objet, pourrait justement servir de règle pour chacun : car le principe dont il est ici question, n'étant il est vrai que subjectif, mais étant considéré comme subjectivement universel (comme une idée nécessaire pour chacun) pourrait exiger, comme un principe objectif, l'assentiment universel aux jugements portés d'après ce principe, pourvu seulement qu'on fût bien assuré de les y avoir exactement subsumés.

Cette règle indéterminée d'un sens commun est réellement supposée par nous : c'est ce que prouve le droit que nous nous attribuons de porter des jugements de goût. Y a-t-il en effet un tel sens commun, comme principe constitutif de la possibilité de l'expérience, ou bien y a-t-il un principe plus élevé encore de la raison qui nous fasse une règle de rapporter ce sens commun à des fins plus hautes; par conséquent le goût, est-il une faculté originale et naturelle, ou bien n'est-il que l'idée d'une faculté artificielle et qu'il faut acquérir, en sorte que la prétention d'un jugement de goût à l'assentiment universel ne soit dans le fait qu'un besoin de la raison de produire cet accord de sentiment, et que la nécessité objective de l'accord du sentiment de chacun avec le nôtre ne signifie que la possibilité d'arriver à cet accord, et que le jugement de goût ne fasse que proposer un exemple de l'application de ce principe ? C'est ce que nous ne voulons ni ne pouvons rechercher ici ; il nous suffit pour le moment de décomposer le jugement du goût en ses éléments, et de les unir en définitive dans l'idée d'un sens commun.

DÉFINITION DU BEAU

TIRÉE DU QUATRIÈME MOMENT.

Le *beau* est ce qui est reconnu sans concept comme l'objet d'une satisfaction *nécessaire*.

REMARQUE GÉNÉRALE SUR LA PREMIÈRE SECTION DE L'ANALYTIQUE.

Si on tire le résultat des analyses précédentes, on trouve que tout se ramène au concept du goût, c'est-à-dire d'une faculté de juger un objet dans son rapport avec le jeu libre et légitime de l'imagination. Or, lorsque, dans un jugement de goût, l'imagination est considérée dans sa liberté, elle n'est pas regardée comme reproductive, comme quand elle est soumise aux lois de l'association, mais comme productive et spontanée (comme cause de formes arbitraires d'intuitions possibles); et, quoique, dans l'appréhension d'un objet sensible donné, elle soit liée à la forme déterminée de cet objet et n'ait pas un libre jeu (comme dans la poésie), on voit bien cependant que l'objet peut lui fournir précisément une forme, un assemblage d'éléments divers, tel que, si elle était abandonnée à elle-même, elle pourrait le produire conformément aux *lois de l'entendement* en général. Mais n'est-ce pas une contradiction que l'imagination soit libre et qu'en même temps elle se conforme d'elle-même à des lois, c'est-à-dire qu'elle renferme une autonomie ? L'entendement seul donne la loi. Mais quand l'imagination est contrainte de procéder suivant une loi déterminée, sa production est, quant à la forme, déterminée par des concepts qui indiquent ce qui doit être; et alors la satisfaction, comme nous l'avons montré plus haut, n'est pas celle du beau, mais celle du bien (de la perfection, au moins de la perfection formelle), et le jugement n'est pas un jugement de goût. Un rapport de conformité à des lois qui ne suppose aucune loi déterminée, un accord subjectif de l'imagination avec l'entendement, et non un accord objectif comme celui qui a lieu quand la représentation est rapportée au concept déterminé d'un objet, voilà donc ce qui seul peut constituer une libre conformité aux lois de l'entendement (laquelle est aussi appelée finalité sans fin), et en quoi consiste la propriété d'un jugement de goût.

Or les critiques du goût citent ordinairement comme les exemples les plus simples et les plus incontestables de la beauté les figures géométriquement régulières, comme un cercle, un carré, un cube, etc. Et cependant on ne les nomme régulières, que parce qu'on ne peut les représenter qu'en les considérant comme de simples exhibitions d'un concept déterminé (qui prescrit à la figure sa règle). Il faut donc que l'une de ces deux manières de juger soit fausse, ou celle des critiques qui attribue de la beauté à ces sortes de figures, ou la nôtre qui trouve la finalité sans concept nécessaire à la beauté.

Personne n'accordera aisément qu'il soit nécessaire d'avoir du goût, pour attacher plus de satisfaction à un cercle qu'à la première figure venue, à un quadrilatère dont les côtés et les angles sont égaux qu'à un quadrilatère dont les angles sont aigus et les côtés irréguliers et qui est comme boiteux, car cela ne regarde que l'intelligence commune et non le goût. Là où il y a un but, celui, par exemple, de déterminer la grandeur d'un lieu ou de montrer dans un dessin le rapport des parties entre elles et avec le tout, il faut que les figures soient régulières, même les plus simples; et la satisfaction ne repose pas immédiatement sur l'intuition de la forme, mais sur son utilité relativement à telle ou telle fin possible. Une chambre dont les murs forment des angles aigus, un parterre de cette espèce, toute violation en général de la symétrie, aussi bien dans la figure des animaux (par exemple la privation d'un œil) que dans celle des bâtiments ou des parterres de fleurs, déplaît, parce qu'elle est contraire aux fins de ces choses, et je ne parle pas seulement de l'usage déterminé qu'on en peut faire pratiquement, mais de toutes les fins qu'on y peut considérer. Or cela ne s'applique pas au jugement de goût, qui, lorsqu'il est pur, attache immédiatement la satisfaction à la simple *considération* de l'objet, sans égard à aucun usage ou à aucune fin.

La régularité, qui conduit au concept d'un objet, est la condition indispensable (*conditio sine qua non*) pour saisir l'objet en une seule représentation et déterminer les éléments divers qui constituent sa forme. Cette détermination est un but relativement à la connaissance, et sous ce rapport même, elle est toujours liée à la satisfaction (qui accompagne l'exécution de tout dessein même problématique). Mais il n'y a là qu'une approbation donnée à la solution d'un problème, et non pas un libre exercice, une finalité indéterminée des facultés de l'esprit qui a pour objet ce que nous appelons beau, et où l'intelligence est au service de l'imagination et non celle-ci au service de celle-là.

Dans une chose qui n'est possible que par une fin, comme un édifice, même un animal, la régularité qui consiste dans la symétrie, doit exprimer l'unité de l'intuition qui accompagne le concept de la fin, et elle appartient à la connaissance. Mais là où il ne doit y avoir qu'un libre jeu des facultés représentatives (sous la condition, toutefois, que l'entendement n'en souffre aucune atteinte), dans les jardins de plaisance, les ornements de chambre, les meubles élégants, etc., on évite autant que possible la régularité qui révèle une contrainte. Aussi le goût des jardins anglais, celui des meubles gothiques pousse-t-il la liberté de l'imagination jusqu'aux limites du grotesque, et c'est précisément dans cette absence de toute contrainte, de toute règle, que le goût, s'appliquant aux fantaisies de l'imagination, peut montrer toute sa perfection.

Tout objet exactement régulier (qui se rapproche de la régularité mathématique) a quelque chose en soi qui répugne au goût ; la contemplation n'en occupe pas longtemps l'esprit, et, à moins que celui-ci n'ait expressément pour fin la connaissance ou quelque but pratique déterminé, il y trouve un grand ennui. Au contraire, ce en quoi l'imagination peut se jouer librement et harmonieusement est toujours nouveau pour nous et on ne se fatigue pas de le regarder. *Marsden*, dans sa description de Sumatra, remarque que dans ce pays les libres beautés de la nature entourent le spectateur de toutes parts, et ont à cause de cela peu d'attrait pour lui, tandis qu'il était bien plus frappé lorsqu'au milieu d'une forêt il trouvait un champ de poivre où les perches sur lesquelles s'appuie cette plante, formaient des allées parallèles ; il en conclut que la beauté sauvage, irrégulière en apparence, ne plaît qu'à cause du contraste à celui qui est rassasié de la régulière. Mais il n'avait qu'à essayer de rester un jour dans son champ de poivre pour s'apercevoir que, quand l'entendement s'est mis d'accord au moyen de la régularité avec l'ordre dont il a toujours besoin, l'objet ne le retient pas davantage, et qu'il impose au contraire à l'imagination une contrainte pénible, tandis que la nature, riche et variée en ce pays jusqu'à la prodigalité, et n'étant soumise à la contrainte d'aucune règle d'art, pouvait fournir à son goût une nourriture durable. — Le chant même des oiseaux que nous ne pouvons ramener à des règles musicales paraît annoncer plus de liberté, et par conséquent mieux convenir au goût que celui des hommes, qui est soumis à toutes les règles de la musique; on est bien plus tôt fatigué de ce dernier, quand il est souvent et longtemps renouvelé. Mais ici, nous prenons sans doute la sympathie qu'excite en nous la gaieté d'un petit animal que nous aimons pour la beauté de son chant, car quand ce chant est bien exactement imité par l'homme (comme quelquefois le chant de la cigale), il semble tout à fait insipide à notre oreille.

Il faut encore distinguer les belles choses des beaux aspects que nous prêtons aux objets (que leur éloignement nous empêche souvent de connaître plus distinctement). Dans ce dernier cas, le goût semble moins s'attacher à ce que l'imagination saisit dans ce champ qu'y chercher pour celle-ci une occasion de fiction, c'est-à-dire ces fantaisies particulières dont s'entretient l'esprit continuellement excité par une variété de choses qui frappent l'œil: tel est l'aspect des formes changeantes du feu d'une cheminée ou d'un ruisseau qui murmure; ces choses ne sont pas des beautés, mais elles ont un attrait pour l'imagination, en entretenant son libre jeu.

DEUXIÈME LIVRE.

Analytique du sublime.

§ XXIII.

Passage de la faculté de juger du beau à celle de juger du sublime.

Le beau et le sublime s'accordent en ce que tous deux plaisent par eux-mêmes. En outre, ni l'un ni l'autre ne supposent de jugement sensible ni de jugement logiquement déterminant, mais un jugement de réflexion; par conséquent la satisfaction qui s'y attache ne dépend pas d'une sensation, comme celle de l'agréable, ni d'un concept déterminé, comme celle du bien, quoiqu'elle se rapporte à des concepts, mais qui restent indéterminés; elle est liée à la simple exhibition ou à la faculté d'exhibition; elle exprime l'accord de cette faculté ou de l'imagination dans une intuition donnée avec le *pouvoir* de fournir des *concepts* que possèdent l'entendement et la raison. Aussi le beau et le sublime ne donnent-ils lieu qu'à des jugements *particuliers*, mais qui s'attribuent une valeur universelle, quoiqu'ils ne prétendent qu'au sentiment de plaisir, et non point à une connaissance de l'objet.

Mais il y a entre l'un et l'autre des différences considérables. Le beau de la nature concerne la forme de l'objet, laquelle consiste dans la limitation ; le sublime, au contraire, doit être cherché dans un objet sans forme, en tant qu'on se représente dans cet objet ou, à son occasion, l'*illimitation**, en concevant en outre dans celle-ci la totalité. D'où il suit que nous regardons le beau comme l'exhibition d'un concept indéterminé de l'entendement, le sublime, comme l'exhibition d'un concept indéterminé de la raison. D'un côté, la satisfaction est liée à la représentation de la *qualité;* de l'autre, à celle de la *quantité*. Autre différence entre ces deux espèces de satisfaction : la première contient le sentiment d'une excitation directe des forces vitales, et, pour cette raison, elle n'est pas incompatible avec les charmes qui attirent la sensibilité et avec les jeux de l'imagination ; la seconde est un plaisir qui ne se produit qu'indirectement, c'est-à-dire qui n'est excité que par le sentiment d'une suspension momentanée des forces vitales et de l'effusion qui la suit et qui en est devenue plus forte; ce n'est plus par conséquent l'émotion d'un jeu, mais quelque chose de sérieux produit par l'occupation de l'imagination. Aussi le sentiment du sublime est-il incom-

---

* *Unbegrenzedtheit.*

patible avec toute espèce de charmes, et comme l'esprit ne s'y sent pas seulement attiré par l'objet, mais aussi repoussé, cette satisfaction est moins un plaisir positif qu'un sentiment d'admiration ou de respect, c'est-à-dire, pour lui donner le nom qu'elle mérite, un plaisir négatif.

Mais voici la différence la plus importante, la différence essentielle entre le sublime et le beau. Considérons, comme il est juste, le sublime dans les objets de la nature (le sublime dans l'art est toujours soumis à la condition de s'accorder avec la nature) et plaçons à côté la beauté naturelle (celle qui existe par elle-même) : celle-ci renferme une finalité de forme, par laquelle l'objet paraît avoir été prédéterminé pour notre imagination, et elle constitue ainsi en soi un objet de satisfaction ; mais l'objet qui excite en nous, sans le secours d'aucun raisonnement, par la simple appréhension que nous en avons, le sentiment du sublime, peut paraître, quant à la forme, discordant avec notre faculté de juger et avec notre faculté d'exhibition, et être jugé cependant d'autant plus sublime qu'il semble faire plus de violence à l'imagination.

On voit par là que nous nous exprimons en général d'une manière inexacte, en appelant sublime un *objet de la nature*, quoique nous puissions justement nommer beaux un grand nombre de ces objets ; car comment peut-on désigner par une expression qui marque l'assentiment ce qui en soi est saisi comme discordant? Tout ce que nous pouvons dire de l'objet, c'est qu'il est propre à servir d'exhibition à une sublimité qui peut être trouvée dans l'esprit; car nulle forme sensible ne peut contenir le sublime proprement dit : il repose uniquement sur des idées de la raison, qui, bien qu'on ne puisse trouver une exhibition qui leur convienne, sont arrêtées et rappelées dans l'esprit par cette disconvenance même que nous trouvons entre elles et les choses sensibles. Ainsi, le vaste Océan, soulevé par la tempête, ne peut être appelé sublime. Son aspect est terrible, et il faut que l'esprit soit déjà rempli de diverses idées pour qu'une telle intuition détermine en lui un sentiment qui lui-même est sublime, puisqu'il le pousse à négliger la sensibilité et à s'occuper d'idées qui ont une plus haute destination.

La beauté de la nature (celle qui existe par elle-même) nous découvre une technique naturelle, et nous la représente comme un système de lois dont nous ne trouvons pas le principe dans notre entendement ; ce principe, c'est celui d'une finalité relative à l'usage du Jugement dans son application aux phénomènes, et de là vient que nous ne les rapportons plus à la nature comme à un mécanisme sans but, mais comme à un art. Par là, il est vrai, notre connaissance des objets de la nature ne se trouve point étendue, mais notre concept de la nature cesse d'être le concept d'un pur mécanisme, il devient celui d'un art, et cela nous invite à entreprendre de profondes recherches sur la possibilité d'une telle forme. Mais dans ce que nous avons coutume d'appeler sublime de la nature, il n'y a rien qui nous conduise à des principes objectifs particuliers et à des formes de la nature conformes à ces principes, car la nature éveille surtout les idées du sublime par le spectacle du chaos, du désordre et de la dévastation, pourvu qu'elle y montre de la grandeur et de la puissance. On voit que le concept du sublime de la nature n'est pas à beaucoup près aussi important et aussi riche en conséquences que celui du beau, et qu'il ne révèle en général aucune finalité dans la nature même, mais seulement dans l'*usage* que nous pouvons faire des intuitions de la nature, pour nous rendre sensible une finalité tout à fait indépendante de celle-ci. Le principe du beau de la nature doit être cherché hors de nous, celui du sublime en nous-mêmes, dans une disposition de l'esprit qui donne à la représentation de la nature un caractère sublime. Cette observation préliminaire est très-importante ; elle sépare entièrement les idées du sublime de celle d'une finalité de la *nature*, et elle fait de la théorie du sublime un simple appendice au jugement esthétique de la finalité de la nature, puisque ces idées du sublime ne représentent dans la nature aucune forme particulière, mais qu'elles consistent dans un certain usage supérieur que l'imagination fait de ses représentations.

§. XXIV.

Division d'un examen du sentiment du sublime.

La division des moments du jugement esthétique des objets, relativement au sentiment du sublime, doit être fondée sur le même principe que celle des jugements de goût. Car le jugement esthétique réfléchissant doit représenter la satisfaction du sublime aussi bien que celle du beau, comme universellement valable, quant à la *quantité*, comme désintéressée quant à la *qualité*, comme le sentiment d'une finalité subjective quant à la *relation*, et le sentiment de cette finalité comme nécessaire quant à la *modalité*. L'analytique ne s'écartera donc pas ici de la méthode qu'elle a suivie dans le livre précédent, à moins qu'on ne compte pour quelque chose cette différence que là, le jugement esthétique concernant la forme de l'objet, nous devions commencer par l'examen de sa qualité, tandis qu'ici, à cause de cette absence de forme qui est le propre des objets appelés sublimes, nous commencerons par la quantité. C'est là en effet le premier moment du jugement esthétique sur le sublime; on en peut voir la raison dans le paragraphe précédent.

Mais l'analyse du sublime entraîne une division dont n'a pas besoin celle du beau, à savoir la division en sublime *mathématique* et en sublime *dynamique*.

En effet, comme le sentiment du sublime a pour caractère de produire un *mouvement* de l'esprit lié au jugement de l'objet, tandis que le goût du beau suppose et retient l'esprit dans une *calme* contemplation, et qu'on doit attribuer à ce mouvement une finalité subjective (puisque le sublime plaît), l'imagination le rapporte ou bien à la *faculté de connaître* ou bien à la *faculté de désirer*. Dans l'un comme dans l'autre cas, la représentation donnée ne doit être jugée que relativement à ces *facultés* (sans but ni intérêt); mais dans le premier cas, la finalité est attribuée à l'objet, comme une détermination *mathématique*, dans le second cas, comme une détermination *dynamique* de l'imagination ; et de là deux manières de concevoir le sublime.

A.

Du sublime mathématique.

§. XXV.

Définition du mot sublime.

Nous appelons sublime *ce qui est absolument grand*. Mais parler d'une chose grande et d'une grandeur, c'est exprimer deux concepts tout à fait différents (*magnitudo et quantitas*). De même, dire *simplement* (*simpliciter*) qu'une chose est grande, ce n'est pas dire qu'elle est *absolument grande* (*absolutè, non comparativè magnum*). Dans ce dernier cas, la chose est *grande au-dessus de toute comparaison*. — Mais que signifie cette expression qu'une chose est grande, ou petite, ou moyenne ? Ce n'est pas un concept pur de l'entendement, encore moins une intuition des sens, et pas davantage un concept rationnel, car il n'y a ici aucun principe de connaissance. Il faut donc que ce soit un concept du Jugement, ou qui en dérive, et qui ait son principe dans une finalité subjective de la représentation pour le Jugement. Pour dire qu'une chose est une grandeur (un *quantum*) , nous n'avons pas besoin de la comparer avec d'autres, il nous suffit de reconnaître que la pluralité des éléments qui la composent constitue une unité. Mais pour savoir *combien* la chose est *grande*, il faut toujours quelque autre chose qui soit aussi une grandeur et qui serve de mesure. Or, comme dans le jugement de la grandeur, il ne s'agit pas seulement de la pluralité (du nombre), mais aussi de la grandeur de l'unité (de la mesure), et que la grandeur de cette dernière a toujours besoin de quelque autre chose encore qui lui serve de mesure et avec laquelle elle puisse être comparée, on voit que toute détermination de la grandeur des phénomènes ne peut fournir un concept absolu de la grandeur, mais seulement un concept de comparaison.

Quand je dis simplement qu'une chose est grande, il semble que je ne fasse point de comparaison, du moins avec une mesure objective, puisque je ne détermine point par là combien la chose est grande. Or, quoique la mesure de comparaison soit purement subjective, le jugement n'en prétend pas moins à une approbation universelle. Ces jugements, cet homme est beau, il est grand, n'ont pas seulement de valeur pour celui qui les porte ; comme les jugements théoriques, ils réclament l'assentiment de chacun.

Comme en jugeant simplement qu'une chose est grande, nous ne voulons pas dire seulement que cette chose a une grandeur, mais que cette grandeur est supérieure à celle de beaucoup d'autres choses de la même espèce, sans déterminer davantage cette supériorité, nous donnons pour principe à notre jugement une mesure à laquelle nous croyons pouvoir attribuer une valeur universelle, et qui cependant ne nous sert point à former un jugement logique (mathématiquement déterminé) sur la grandeur, mais seulement un jugement esthétique, puisqu'elle n'est qu'un principe subjectif pour le jugement réfléchissant sur la grandeur. Cette mesure d'ailleurs peut être ou une mesure empirique, comme par exemple la grandeur moyenne des hommes que nous connaissons, des animaux d'une certaine espèce, des arbres, des maisons, des montagnes, etc.; ou une mesure donnée *a priori*, et que la faiblesse de notre esprit astreint aux conditions subjectives d'une exhibition *in concreto*, comme, dans la sphère pratique, la grandeur d'une certaine vertu, de la liberté publique, de la justice dans un pays, ou, dans la sphère théorique, la grandeur de l'exactitude ou de l'inexactitude d'une observation ou d'une mesure établie, etc.

Or il est remarquable que, bien que nous n'attachions aucun intérêt à l'objet, c'est-à-dire bien que son existence nous soit indifférente, sa seule grandeur, même quand nous le considérons comme informe, peut produire en nous une satisfaction universelle, et par conséquent la conscience d'une finalité subjective dans l'usage de nos facultés de connaître. Mais cette satisfaction n'est pas attachée à l'objet (puisque cet objet peut être informe) comme cela est vrai du beau, où le Jugement réfléchissant se trouve déterminé d'une manière qui concorde avec la connaissance en général; elle est attachée à l'extension de l'imagination par elle-même.

Quand nous disons simplement d'un objet qu'il est grand, nous ne portons pas un Jugement mathématiquement déterminé, mais un simple Jugement de réflexion sur la représentation de cet objet, laquelle s'accorde subjectivement avec un certain usage de nos facultés de connaître relatif à l'estimation de la grandeur; et nous attachons toujours à cette représentation une espèce d'estime, comme à ce que nous appelons simplement petit, une espèce de mépris. Au reste, les Jugements par lesquels nous considérons les choses comme grandes ou comme petites portent sur tout, même sur toutes leurs qualités; c'est pourquoi nous appelons la beauté grande ou petite : la raison en est que, quelle que soit la chose dont nous trouvions une exhibition dans l'intuition (que par conséquent nous nous représentions esthétiquement), c'est toujours un phénomène, par conséquent un *quantum*.

Mais quand nous disons qu'une chose est non-seulement grande, mais grande absolument et à tous égards (au-dessus de toute comparaison), c'est-à-dire sublime, nous ne permettons pas, comme on le voit aisément, qu'on cherche en dehors d'elle une mesure qui lui convienne; nous voulons qu'on la trouve en elle-même. C'est une grandeur qui n'est égale qu'à elle-même. Il suit de là qu'il ne faut pas chercher le sublime dans les choses de la nature, mais seulement dans nos idées; quant à la question de savoir dans quelles idées il réside, nous devons la réserver pour la déduction.

La définition que nous avons donnée tout à l'heure peut aussi s'exprimer de cette manière :

le sublime est ce en comparaison de quoi toute autre chose est petite. Il est aisé de voir ici qu'on ne peut rien trouver dans la nature, si grand que nous le jugions, qui, considéré sous un autre point de vue, ne puisse descendre jusqu'à l'infiniment petit, et que réciproquement il n'y a rien de si petit qui, relativement à des mesures plus petites encore, ne puisse s'élever aux yeux de notre imagination jusqu'à la grandeur d'un monde. Les télescopes ont fourni une riche matière à la première observation, les microscopes à la seconde. Il n'y a donc pas d'objet des sens qui, considéré sur ce pied, puisse être appelé sublime. Mais précisément parce qu'il y a dans notre imagination un effort vers un progrès à l'infini, et dans notre raison une prétention à l'absolue totalité comme à une idée réelle, cette disconvenance même qui se manifeste entre notre faculté d'estimer la grandeur des choses du monde sensible et cette idée éveille en nous le sentiment d'une faculté suprasensible ; et c'est l'usage que le Jugement fait naturellement de certains objets en faveur de ce sentiment, et non l'objet des sens, qui est absolument grand, tandis qu'en comparaison tout autre usage est petit. Par conséquent, ce que nous nommons sublime, ce n'est pas l'objet, mais la disposition d'esprit produite par une certaine représentation occupant le Jugement réfléchissant.

Nous pouvons donc encore ajouter cette formule

aux précédentes définitions du sublime : *Le sublime est ce qui ne peut être conçu sans révéler une faculté de l'esprit qui surpasse toute mesure des sens.*

§. XXVI.

De l'estimation de la grandeur des choses de la nature que suppose l'idée du sublime.

L'estimation de la grandeur par des concepts de nombres (ou par leurs signes algébriques) est mathématique ; celle qui se fait par la seule intuition (à vue d'œil) est esthétique. Or nous ne pouvons, il est vrai, sur la question de savoir *combien* une chose est *grande*, arriver à des concepts déterminés que par des nombres, dont la mesure est l'unité (tout au moins par des approximations formées par des séries numériques à l'infini); et ainsi toute estimation logique est mathématique. Mais comme la grandeur de la mesure doit être acceptée comme connue, si celle-ci ne pouvait être appréciée que mathématiquement, c'est-à-dire au moyen de nombres, dont l'unité serait une autre mesure, nous ne pourrions jamais avoir une mesure première ou fondamentale, par conséquent un concept déterminé d'une grandeur donnée. L'estimation de la grandeur d'une mesure fondamentale a donc pour caractère de pouvoir être immédiatement saisie dans une intuition et appliquée par l'imagination à l'exhibition des concepts de nombre; c'est-à-dire que toute estimation de la grandeur des objets de la nature est en définitive esthétique (ou subjectivement et non objectivement déterminée).

Maintenant, il n'y a pas de maximum pour l'estimation mathématique de la grandeur (car la puissance des nombres s'étend à l'infini); mais il y en a certainement un pour l'estimation esthétique, et ce maximum, considéré comme une mesure absolue, au-dessus de laquelle aucune autre n'est subjectivement possible (pour l'esprit qui juge), contient l'idée du sublime, et produit cette émotion que ne peut jamais produire l'estimation mathématique de la grandeur (à moins que cette mesure esthétique ne reste présente à l'imagination). Cette dernière, en effet, n'exprime jamais que la grandeur relative ou établie par comparaison avec d'autres de la même espèce, tandis que la première exprime la grandeur absolument, telle que l'esprit peut la saisir dans une intuition.

Pour trouver dans l'intuition un quantum dont elle puisse servir comme de mesure ou d'unité dans l'estimation mathématique de la grandeur, l'imagination a besoin de deux opérations, l'*appréhension (apprehensio)* et la *compréhension (comprehensio œsthetica)*. L'appréhension ne présente pas de difficulté, car on peut la continuer à l'infini; mais la compréhension devient d'autant plus difficile que l'appréhension est poussée plus loin, et elle parvient bientôt à son maximum, à savoir à la plus grande mesure esthétique possible de l'estimation de la grandeur. Car, lorsque l'appréhension est allée si loin que les premières représentations partielles de l'intuition sensible commencent déjà à s'éteindre dans l'imagination, tandis que celle-ci continue toujours son appréhension, elle perd d'un côté ce qu'elle gagne de l'autre, et la compréhension retombe toujours sur un maximum qu'elle ne peut dépasser.

On peut s'expliquer par là ce que remarque *Savary* dans ses Lettres sur l'Égypte, qu'il ne faut ni trop s'approcher ni trop s'éloigner des pyramides pour éprouver toute l'émotion que cause leur grandeur. Car si on s'en éloigne trop, les parties perçues (les pierres superposées) sont obscurément représentées, et cette représentation ne produit aucun effet sur le jugement esthétique. Si au contraire on s'en approche trop, l'œil a besoin de quelque temps pour continuer son appréhension de la base au sommet, et dans cette opération, les premières représentations s'éteignent toujours en partie avant que l'imagination ait reçu les dernières, en sorte que la compréhension n'est jamais complète. — On expliquera aussi de la même manière le trouble ou l'espèce d'embarras qui saisit, à ce qu'on raconte, celui qui entre pour la première fois dans l'église de Saint-Pierre de Rome. C'est ici en effet le sentiment de l'incapacité de notre imagination à se former une exhibition des idées d'un tout ; elle a atteint son maximum, et en s'efforçant de l'étendre elle retombe sur elle-même, ce qui produit une certaine satisfaction qui nous émeut.

Je ne veux point parler encore du principe de cette satisfaction liée à une représentation dont, ce semble, on ne devrait guère l'attendre, c'est-à-dire à une représentation dont nous saisissons la disconvenance subjective avec l'imagination ; je ferai seulement remarquer que, si on veut un jugement esthétique *pur* (qui ne soit point *mêlé* avec un jugement *téléologique* ou un jugement rationnel), pour le proposer comme un exemple tout à fait propre à la critique du jugement esthétique, il ne faut pas chercher le sublime dans les productions de l'art (par exemple dans des édifices, des colonnes, etc.), où un but humain détermine la forme aussi bien que la grandeur, ni dans les choses de la nature *dont le concept contient déjà un but déterminé* (par exemple dans les animaux d'une destination connue); mais dans la nature sauvage (et encore, à condition qu'elle n'offre aucun attrait et n'excite aucune crainte par quelque danger réel), en tant seulement qu'elle contient de la grandeur. Dans cette espèce de représentation, la nature ne renferme rien de monstrueux (de magnifique ou de terrible); la grandeur qu'on y saisit peut être étendue à volonté, pourvu que l'imagination puisse en former un tout. Un objet est *monstrueux* * quand il détruit par sa grandeur la fin qui constitue son concept. On appelle *colossale* l'exhibition d'un concept, quand elle est presque trop grande pour toute exhibition (quand elle touche au monstrueux relatif); car le but de l'exhibition d'un concept est manqué, par cela même que l'intuition de l'objet est presque trop grande pour notre faculté d'appréhension. Mais un pur jugement sur le sublime ne doit point être fondé sur le concept d'une fin de l'objet, sous peine de n'être pas esthétique, et de se mêler avec quelque jugement de l'entendement ou de la raison.

*   *

*

Puisque la représentation de toute chose qui plaît sans intérêt au jugement réfléchissant contient nécessairement une finalité subjective et universelle, mais qu'ici le jugement ne se fonde point (comme pour le beau) sur une finalité de la *forme* de l'objet, on demande quelle est cette finalité subjective, et d'où vient qu'elle est pour nous une règle qui nous fait attacher une satisfaction agréable à un simple jugement de grandeur, et à un jugement où notre

---

* Ungeheuer.

faculté d'imagination se trouve impuissante à l'endroit de l'exhibition du concept d'une grandeur.

L'imagination dans la compréhension qu'exige la représentation de la grandeur s'avance d'elle-même indéfiniment, sans que rien lui fasse obstacle ; mais l'entendement la conduit au moyen des concepts de nombre dont elle doit fournir le schème ; et comme cette opération se rapporte à l'estimation logique de la grandeur, elle a une finalité objective, elle se fonde sur le concept d'une fin (comme est toute mesure) : il n'y a rien là qui s'adresse et qui plaise au jugement esthétique. Il n'y a rien non plus qui oblige à pousser la grandeur de la mesure, par conséquent celle de la *compréhension* de la pluralité en une intuition jusqu'aux limites de la faculté d'imagination, jusqu'où celle-ci peut étendre son exhibition. Car dans l'estimation intellectuelle (arithmétique) des grandeurs, qu'on pousse la compréhension des unités jusqu'au nombre 10 (comme dans la décade), ou seulement jusqu'à 4 (comme dans la tétrade), cela revient au même ; mais la compréhension, ou, quand l'intuition fournit le quantum, l'appréhension ne peut être poussée plus loin que progressivement (non d'une manière compréhensive), suivant un principe donné de progression. Dans cette estimation mathématique de la grandeur, l'entendement est également satisfait, quand l'imagination choisit pour unité une grandeur qu'on peut saisir d'un coup d'œil, comme un pied ou une perche, ou quand elle choisit un mille allemand, ou même le diamètre de la terre dont l'appréhension est possible dans une intuition de l'imagination, mais non la compréhension (je parle de la *comprehensio esthetica*, non de la *comprehensio logica* dans un concept de nombre). Dans les deux cas, l'estimation logique de la grandeur s'étend sans obstacle jusqu'à l'infini.

Mais l'esprit entend en lui-même la voix de la raison, qui, pour toutes les grandeurs données, même pour celles que l'appréhension ne peut jamais entièrement saisir, mais qu'on doit pourtant juger (dans la représentation sensible) comme entièrement données, exige la totalité, par conséquent la compréhension dans *une* intuition, et pour tous ces membres d'une série croissante de nombres *l'exhibition*, et qui même n'exclut pas l'infini (l'espace et le temps écoulé) de cette exigence, mais nous oblige au contraire à le concevoir (dans le jugement de la raison commune) comme *donné en entier* (dans sa totalité).

Or l'infini est absolument (non pas seulement comparativement) grand ; toute autre chose (de la même espèce de grandeur) est petite en comparaison. Mais, ce qui est l'important, le pouvoir que nous avons de le concevoir au moins comme *un tout* révèle une faculté de l'esprit qui dépasse toute mesure des sens. Car on ne peut admettre qu'une compréhension nous fournisse pour unité une mesure qui aurait un rapport déterminé, exprimable en nombres, avec l'infini. Si donc il est *possible au moins de concevoir* l'infini sans contradiction, il faut admettre pour cela dans l'esprit humain une faculté qui elle-même soit supra-sensible. C'est à cette faculté et à l'idée qu'elle nous fournit d'un noumène, qui ne donne lieu lui-même à aucune intuition, mais qui sert de substratum à l'intuition du monde, considéré comme phénomène, c'est à cette idée que nous devons de comprendre *tout entier sous* un concept l'infini du monde sensible, dans une estimation pure et intellectuelle de la grandeur, quoique nous ne puissions jamais le concevoir mathématiquement, *par des concepts de nombre.* Cette faculté que nous avons de concevoir comme donné (dans son substratum intelligible) l'infini de l'intuition supra-sensible dépasse toute mesure de la sensibilité, et elle est même plus grande, sans aucune comparaison possible, que la faculté d'estimation mathématique. Ce n'est pas qu'au point de vue théorique elle vienne au secours de la faculté de connaître, mais elle donne de l'extension à l'esprit qui se sent capable, à un autre point de vue (au point de vue pratique), de dépasser les limites de la sensibilité.

La nature est donc sublime dans ceux de ses

phénomènes dont l'intuition entraîne l'idée de son infinité, ce qui ne peut arriver qu'à cause du défaut et par suite d'un très-grand effort de l'imagination dans l'estimation de la grandeur d'un objet. Or, dans l'estimation mathématique des grandeurs, l'imagination est capable de donner pour chaque objet une mesure suffisante, car les concepts numériques de l'entendement peuvent, par progression, adapter toute mesure à toute grandeur. C'est donc dans l'estimation *esthétique* de la grandeur que l'effort tenté pour atteindre la compréhension dépasse le pouvoir de l'imagination ; c'est là qu'avec le sentiment d'une appréhension qui tend progressivement à un tout d'intuition, nous apercevons l'inaptitude de l'imagination, dont le progrès n'a pas de limites, à saisir et à appliquer une mesure capable de servir à l'estimation de la grandeur, sans donner aucune peine à l'entendement. Or la vraie mesure immuable de la nature est son absolue totalité, c'est-à-dire la compréhension de l'infinité de la nature envisagée comme phénomène. Mais comme cette mesure est un concept contradictoire en soi (à cause de l'impossibilité de l'absolue totalité d'un progrès sans fin), la grandeur d'un objet de la nature pour laquelle l'imagination dépense en vain toute sa faculté de compréhension conduira nécessairement du concept de la nature à un substratum supra-sensible (servant à la fois de fondement à la nature et notre faculté de penser), qui est grand au delà de toute mesure des sens, et par conséquent ce sera moins l'objet qu'elle nous fera regarder comme *sublime* que l'état de l'esprit dans l'estimation de cet objet.

Ainsi, de même que le jugement esthétique en matière de beau rapporte le libre jeu de l'imagination à *l'entendement* pour la mettre d'accord avec des concepts intellectuels en général (sans les déterminer), de même, en matière de sublime, il rapporte cette même faculté à la *raison* pour l'accorder subjectivement avec des *idées* rationnelles (indéterminées), c'est-à-dire pour produire un état de l'esprit conforme à celui que produirait sur le sentiment l'influence d'idées déterminées (pratiques) et très-conciliable avec lui.

On voit aussi par là que la véritable sublimité ne doit être cherchée que dans l'esprit de celui qui juge, non dans l'objet de la nature, dont le jugement occasionne cet état. Qui voudrait appeler sublimes des montagnes informes, entassées les unes sur les autres dans un désordre sauvage, avec leurs pyramides de glace, ou une mer sombre et orageuse, ou d'autres choses de cette espèce? Mais l'esprit se sent élevé dans sa propre estime, lorsque, contemplant ces choses sans avoir égard à leur forme, il s'abandonne à l'imagination et à la raison, laquelle tout en s'unissant à la première sans but déterminé a pour effet de l'étendre, et qu'il sent combien toute la puissance de son imagination est inférieure aux idées de sa raison.

Les exemples du sublime mathématique de la nature, dans la simple intuition que nous en avons, nous présentent tous des cas où on donne moins pour mesure à l'imagination un grand concept numérique qu'une grande unité (afin d'abréger les séries numériques). Nous estimons la grandeur d'un arbre d'après celle de l'homme; cette grandeur sert sans doute ensuite de mesure pour une montagne, et si celle-ci est haute d'un mille, elle peut servir d'unité pour le nombre qui exprime le diamètre de la terre, et faire de celui-ci un objet d'intuition. A son tour ce diamètre peut servir pour tout le système planétaire que nous connaissons; celui-ci pour celui de la Voie Lactée, et pour l'innombrable quantité de ces voies lactées appelées étoiles nébuleuses, qui constituent probablement entre elles un semblable système, et il n'y a pas ici de limites à chercher. Or le sublime, dans le Jugement esthétique que nous portons sur un tout aussi immense, consiste moins dans la grandeur du nombre qu'en ce qu'en avançant nous arrivons toujours à des unités plus grandes, en quoi nous sommes aidés par la description systématique du monde. C'est ainsi que toute la nature nous paraît petite à son tour, et que notre imagination, malgré toute son infinité, et la nature avec elle s'évanouissent devant les idées de la raison, quand on veut trouver une exhibition qui leur convienne.

§. XXVII.

De la qualité de la satisfaction attachée au jugement du sublime.

Le sentiment de notre incapacité à atteindre une idée, *qui est pour nous une loi*, c'est l'*estime*. Or l'idée de la compréhension de tout phénomène possible dans l'intuition d'un tout, nous est prescrite par une loi de la raison, qui ne reconnaît d'autre mesure universelle et immuable que le tout absolu. Mais notre imagination, même dans son plus grand effort, montre ses limites et son inaptitude à l'égard de cette compréhension d'un objet donné en un tout d'intuition qu'on attend d'elle (par conséquent à l'égard de l'exhibition de l'idée de la raison), mais en même temps aussi elle montre que sa destination est de chercher à s'approprier à cette idée comme à une loi. Ainsi le sentiment du sublime dans la nature est un sentiment d'estime pour notre propre destination; mais par une sorte de substitution (en convertissant en estime pour l'objet celle que nous éprouvons pour l'idée de l'humanité en nous), nous rapportons ce sentiment à un objet de la nature qui nous rend comme visible la supériorité de la destination rationnelle de nos facultés de connaître sur le plus grand pouvoir de la sensibilité.

Le sentiment du sublime est donc à la fois un sentiment de peine qui naît de la disconvenance de l'imagination, dans l'estimation esthétique de la grandeur, avec l'estimation rationnelle, et un sentiment de plaisir produit par l'accord de ce même jugement, que nous portons sur l'impuissance des plus grands efforts de la sensibilité, avec des idées de la raison, en tant que c'est pour nous une loi de ne pas laisser de tendre à ces idées. C'est en effet pour nous une loi (de la raison), et il est dans notre destination de regarder comme petit, en comparaison des idées de la raison, tout ce que la nature, en tant qu'objet des sens, contient de grand pour nous ; et ce qui excite en nous le sentiment de cette destination supra-sensible s'accorde avec cette loi. Or l'effort extrême que fait l'imagination pour arriver à l'exhibition de l'unité dans l'estimation de la grandeur indique une relation à quelque chose d'*absolument grand*, par conséquent aussi une relation à cette loi de la raison qui ne permet pas une autre mesure suprême des grandeurs. Ainsi, la perception intérieure de la disconvenance de toute mesure sensible avec l'estimation rationnelle de la grandeur suppose une conformité aux lois de la raison ; elle contient une peine excitée en nous par le sentiment de notre destination supra-sensible, d'après laquelle il convient, et par conséquent c'est un plaisir de trouver toute mesure de la sensibilité inférieure aux idées de l'entendement.

Dans la représentation du sublime de la nature l'esprit se sent ému, tandis que dans ses jugements esthétiques sur le beau de la nature, il reste dans une calme contemplation. Cette émotion (surtout à son début) est comme un ébranlement dans lequel nous nous sentons alternativement et rapidement attirés et repoussés par le même objet. Le transcendant est pour l'imagination (qui y est poussée dans l'appréhension de l'intuition) comme un abîme où elle craint de se perdre; mais pour l'idée rationnelle du supra-sensible, il n'y a rien de transcendant, il n'y a rien que de légitime à tenter un pareil effort d'imagination : par conséquent il y a ici une attraction précisément égale à la répulsion qui agit sur la pure sensibilité. Mais le jugement même n'est toujours qu'esthétique, parce que, sans se fonder sur aucun concept déterminé de l'objet, il se borne à représenter le jeu subjectif des facultés de l'esprit (l'imagination et la raison) comme harmonieux dans leur contraste même. Car l'imagination et la *raison*, par leur opposition, comme, dans le jugement du beau, l'imagination et l'*entendement*, par leur accord, produisent une finalité subjective des facultés de l'esprit, c'est-à-dire le sentiment que nous avons une raison pure indépendante, ou une faculté d'estimer la grandeur dont la supériorité ne peut être rendue sensible qu'au moyen de l'insuffisance de l'imagination, qui est elle-même illimitée dans l'exhibition des grandeurs (des objets sensibles).

La mesure d'un espace (en tant qu'appréhension) est en même temps une description de cet espace, par conséquent un mouvement objectif de l'imagination, et une *progression* [1]; la compréhension de la pluralité dans l'unité, non par la pensée, mais par l'intuition, par conséquent la compréhension en un moment des éléments successivement saisis est au contraire une *régression* [2] qui supprime la condition du temps dans la progression de l'imagination et nous donne la *coexistence*. C'est donc (puisque la succession du temps est une condition subjective de l'imagination) un mouvement subjectif de l'imagination, par lequel cette faculté fait violence au sens intime et qui doit être d'autant plus remarquable, que le quantum compris par l'imagination dans une intuition est plus grand. Ainsi, l'effort tenté pour saisir dans une intuition unique une mesure de grandeur dont l'appréhension exige beaucoup de temps est un mode de représentation, qui, subjectivement

---

[1] *Progressus.*
[2] *Regressus.*

considéré, ne s'accorde pas avec le but qu'il se propose, mais qui contient une finalité objective, puisqu'il est nécessaire à l'estimation de la grandeur, et cette violence même que l'imagination fait au sujet est jugée conforme à *toute la destination* de l'esprit.

La qualité du sentiment du sublime consiste en ce qu'il est le sentiment d'un déplaisir qui se lie à la faculté de juger esthétiquement d'un objet, et dans lequel nous nous représentons en même temps une finalité. C'est qu'en effet la conscience de notre propre impuissance éveille celle d'une faculté illimitée, et que l'esprit ne peut juger esthétiquement de celle-ci que par celle-là.

Dans l'estimation logique de la grandeur, l'impossibilité d'arriver à l'absolue totalité par la progression de la mesure des choses du monde sensible dans le temps et dans l'espace, était regardée comme objective, c'est-à-dire comme une impossibilité de *concevoir* l'infini comme donné tout entier, et non pas comme purement subjective, c'est-à-dire comme une impuissance à le *saisir*, car il ne s'agit pas là du degré de la compréhension dans une intuition prise pour mesure, mais tout se rapporte à un concept de nombre. Mais dans une estimation esthétique de la grandeur, le concept de nombre doit être écarté ou modifié, et la compréhension de l'imagination comme unité de mesure (abstraction faite par conséquent des concepts d'une loi de la génération successive des concepts de grandeur) est seule conforme à ce genre d'estimation. — Or, quand une grandeur touche presque la limite de notre faculté de compréhension par intuition, et que l'imagination est provoquée par des quantités numériques (dans lesquelles nous sentons que notre puissance n'a pas de limites) à chercher la compréhension esthétique d'une plus grande unité, nous nous sentons alors esthétiquement renfermés dans des limites ; mais en même temps, en considérant l'extension que cherche à prendre l'imagination pour s'approprier à ce qui est illimité dans notre faculté de raison, c'est-à-dire à l'idée de la totalité absolue, nous trouvons une certaine finalité dans la peine que nous éprouvons, et par conséquent dans la disconvenance de l'imagination avec les idées rationnelles que cette disconvenance même a pour effet d'éveiller. Voilà comment le jugement esthétique renferme une finalité subjective pour la raison, en tant que source d'idées, c'est-à-dire d'une compréhension intellectuelle auprès de laquelle toute compréhension esthétique est petite, et c'est ainsi qu'en déclarant un objet sublime nous éprouvons un sentiment de plaisir, qui n'est possible qu'au moyen d'un sentiment de peine.

B.

Du sublime dynamique de la nature.

§. XXVIII.

De la nature considérée comme une puissance.

On appelle *puissance* [1] un pouvoir supérieur à de grands obstacles. On dit que cette puissance a de *l'empire* [2] quand elle est supérieure à la résistance que lui oppose une autre puissance. La nature considérée dans le jugement esthétique comme une puissance qui n'a aucun empire sur nous est *dynamiquement sublime*.

Pour juger la nature dynamiquement sublime, il faut se la représenter comme excitant la crainte (quoique la réciproque ne soit pas vraie, c'est-à-dire que tout objet qui excite la crainte ne soit pas sublime). En effet, dans le jugement esthétique (sans concept), on ne peut juger de la supériorité sur des obstacles que d'après la grandeur de la résistance. Or toute chose à laquelle nous nous efforçons de résister est un mal, et si nous trouvons que nos forces sont au-dessous de cette chose, elle est pour nous un objet de crainte. Ainsi, pour le

---

[1] *Macht.*
[2] *Gewalt.* Il est difficile de rendre en français la distinction subtile établie ici par Kant entre *Macht* et *Gewalt*. J. B.

jugement esthétique, la nature ne peut être considérée comme une puissance, par conséquent comme dynamiquement sublime, qu'autant qu'elle est considérée comme un objet de crainte.

Mais on peut considérer un objet comme *redoutable* [1] sans avoir peur *devant* lui ; c'est à savoir quand nous le jugeons de telle sorte que nous nous bornons à *concevoir* le cas où nous voudrions lui faire quelque résistance, et que nous voyons qu'alors toute résistance serait vaine. Ainsi, l'homme vertueux craint Dieu sans avoir peur devant lui, parce qu'il ne pense pas avoir à craindre un cas où il voudrait résister à Dieu et à ses ordres. Mais pour toute cette sorte de cas qu'il ne regarde pas comme impossible en soi, il déclare Dieu redoutable.

Celui qui a peur ne peut pas plus juger du sublime de la nature, que celui qui est dominé par l'inclination et le désir ne peut juger du beau. Il fuit l'aspect de l'objet qui lui inspire cette crainte, car il est impossible de trouver de la satisfaction dans une crainte sérieuse. Aussi le sentiment que nous éprouvons quand nous nous sentons délivrés d'un danger est-il un sentiment de *joie* [2]. Mais cette joie suppose que nous ne serons plus exposés à ce

---

[1] *Furchtbar.*
[2] *Frohseyn.*

danger, et, bien loin de chercher l'occasion de nous rappeler la sensation que nous avons éprouvée, nous la repoussons de notre esprit.

Des rochers audacieux suspendus dans l'air et comme menaçants, des nuages orageux se rassemblant au ciel au milieu des éclairs et du tonnerre, des volcans déchaînant toute leur puissance de destruction, des ouragans semant après eux la dévastation, l'immense océan soulevé par la tempête, la cataracte d'un grand fleuve, etc.; ce sont là des choses qui réduisent à une insignifiante petitesse notre pouvoir de résistance, comparé avec de telles puissances. Mais l'aspect en est d'autant plus attrayant qu'il est plus terrible, pourvu que nous soyons en sûreté; et nous nommons volontiers ces choses sublimes, parce qu'elles élèvent les forces de l'âme au-dessus de leur médiocrité ordinaire, et qu'elles nous font découvrir en nous-mêmes un pouvoir de résistance d'une tout autre espèce, qui nous donne le courage de nous mesurer avec la toute-puissance apparente de la nature.

En effet, de même que l'immensité de la nature et notre incapacité à trouver une mesure propre à l'estimation esthétique de la grandeur de son *domaine* nous ont révélé notre propre limitation, mais nous ont fait découvrir en même temps, dans notre faculté de raison, une autre mesure non sensible, qui comprend en elle cette infinité même comme une unité, et devant laquelle tout est petit dans la nature, et nous ont montré par là, dans notre esprit, une supériorité sur la nature considérée dans son immensité; de même, l'impossibilité de résister à sa puissance nous fait reconnaître notre faiblesse en tant qu'êtres de la nature, mais elle nous découvre en même temps une faculté par laquelle nous nous jugeons indépendants de la nature, et elle nous révèle ainsi une nouvelle supériorité sur elle : cette supériorité est le principe d'une espèce de conservation de soi-même bien différente de celle qui peut être attaquée et mise en danger par la nature extérieure, car l'humanité dans notre personne reste ferme, alors même que l'homme cède à cette puissance. Ainsi, dans nos jugements esthétiques, la nature n'est pas jugée sublime en tant qu'elle est terrible, mais parce qu'elle engage la force que nous sommes (qui n'est pas la nature) à regarder comme rien les choses dont nous nous inquiétons (les biens, la santé et la vie); et à considérer cette puissance de la nature (à laquelle, il est vrai, nous sommes soumis relativement à ces choses) comme n'ayant aucun empire sur nous-mêmes, sur notre personnalité, dès qu'il s'agit de nos principes suprêmes, de l'accomplissement ou de la violation de ces principes. La nature n'est donc ici nommée sublime que par l'imagination qui l'élève jusqu'à en faire une exhibition de ces cas où l'esprit peut se rendre sensible sa propre sublimité ou la supériorité de sa propre destination sur la nature.

Cette estime de soi-même ne perd rien à cette condition qui exige que nous soyons en sûreté pour éprouver cette satisfaction vivifiante, et que, comme il ne doit y avoir rien de sérieux dans le danger, il n'y ait rien (en apparence) de plus sérieux dans la sublimité de la faculté de notre esprit. C'est qu'en effet la satisfaction ne s'adresse ici qu'à la découverte de la *destination* de cette faculté, en tant que notre nature y est propre, tandis que le développement et l'exercice de cette faculté nous sont confiés et sont obligatoires. Et c'est la vérité, quelque claire conscience que l'homme puisse avoir de son impuissance présente et réelle, quand il pousse sa réflexion jusque-là.

Ce principe paraît tiré de bien loin, bien subtil, et par conséquent au-dessus de la portée d'un jugement esthétique; mais l'observation de l'homme prouve le contraire, et montre qu'il sert de base aux jugements les plus vulgaires, quoiqu'on n'en ait pas toujours conscience. Quel est en effet même pour le sauvage le plus grand objet d'étonnement? Un homme inaccessible à la crainte, qui par conséquent ne recule pas devant le danger, mais qui en même temps agit avec réflexion. Même dans la plus grande civilisation, la plus haute estime est pour le guerrier, mais à une condition : c'est qu'il montre aussi toutes les vertus de la paix, la douceur, la pitié et même un soin convenable de sa propre personne; car c'est par là précisément qu'il fait paraître toute la force de son âme contre le danger. Aussi, qu'on dispute tant qu'on voudra sur la question de savoir lequel, de l'homme d'État ou du chef d'armée, mérite la préférence dans notre estime; le jugement esthétique décide en faveur de ce dernier. La guerre même, quand elle est faite avec ordre et respect pour le droit des gens, a quelque chose de sublime, et elle rend l'esprit du peuple, qui la fait ainsi, d'autant plus sublime qu'il y est exposé à plus de dangers et qu'il s'y soutient courageusement : au contraire, une longue paix a ordinairement pour effet d'amener la domination de l'esprit mercantile, des plus bas intérêts personnels, de la lâcheté et de la mollesse, et elle abaisse l'esprit public.

A cette explication du concept du sublime, qui consiste à l'attribuer à la puissance, on pourrait objecter que nous avons coutume de nous représenter Dieu montrant sa colère et révélant sa sublimité dans les tempêtes, dans les orages, dans les tremblements de terre, et que, dans ces cas, il y aurait témérité et folie à imaginer une supériorité de notre esprit sur les effets, et, à ce qu'il semble, sur les fins d'une telle puissance. Ce n'est pas, dit-on, le sentiment de la sublimité de notre propre nature, mais bien plutôt l'abattement, le sentiment de notre entière impuissance qui semble être l'état convenable en présence d'un tel être, et qui accompagne ordinairement l'idée que nous nous faisons de cet être en présence de ces sortes d'événements de la nature. Dans les religions, en général, la seule manière d'être qui convienne en présence de la Divinité, c'est de se prosterner, d'adorer en baissant la tête, avec un visage triste, une voix tremblante : aussi la plupart des peuples l'ont-ils adoptée et l'observent-ils encore. Mais cette disposition d'esprit est loin d'être liée par elle-même et nécessairement à l'idée de la *sublimité* de la religion et de l'objet de la religion. L'homme, qui craint réellement, parce qu'il en trouve le sujet en lui-même, ayant conscience de pécher par de coupables pensées envers une puissance dont la volonté est irrésistible mais juste, celui-là n'est pas dans la disposition d'esprit convenable pour admirer la grandeur divine : il faut pour cela se sentir disposé à une calme contemplation et avoir le jugement tout à fait libre. Mais quand l'homme a conscience de la droiture de ses sentiments et les sait agréables à Dieu, alors seulement les effets de la puissance divine servent à réveiller en lui l'idée de la sublimité de cet être, car alors il sent en lui-même une sublimité de cœur conforme à sa volonté, et par là il est délivré de toute crainte en présence de ces effets de la nature qu'il ne regarde plus comme des effets de la colère divine. L'humilité même, ou la condamnation sévère de ces défauts, qui peuvent d'ailleurs aisément trouver leur excuse, même aux yeux d'une conscience pure, dans la fragilité de la nature humaine, est une sublime disposition d'esprit qui consiste à se soumettre volontairement à la douleur des remords pour en détruire la cause peu à peu. C'est par là seulement que la religion se distingue essentiellement de la superstition ; celle-ci n'inspire pas à l'esprit le sentiment du respect pour le sublime, mais elle le jette, plein de crainte et d'angoisse, aux pieds d'un être tout-puissant, à la volonté duquel l'homme effrayé se voit soumis, sans pourtant lui accorder son respect; aussi la flatterie et les hommages intéressés prennent-ils alors la place de la religion qui convient à une bonne vie.

La sublimité ne réside donc en aucun objet de la nature, mais seulement dans notre esprit, en tant que nous pouvons avoir conscience d'être supérieurs à la nature qui est en nous, et par là aussi à la nature qui est hors de nous (en tant qu'elle a de l'influence sur nous). Toutes les choses qui excitent ce sentiment, et de ce nombre est la *puissance* de la nature qui provoque nos forces, s'appelle alors (quoique improprement) sublime; ce n'est qu'en supposant cette idée en nous, et relativement à elle, que nous sommes capables d'arriver à l'idée de la sublimité de cet être qui ne produit pas seulement en nous un respect intérieur par la puissance qu'il révèle dans la nature, mais bien plutôt par le pouvoir qui est en nous de regarder celle-ci sans crainte, et de concevoir la supériorité de notre destination.

§. XXIX.

De la modalité du jugement sur le sublime de la nature.

Il y a dans la nature une infinité de choses belles pour lesquelles nous supposons et pouvons même attendre, sans nous tromper, un parfait accord entre le jugement d'autrui et le nôtre; mais dans notre jugement sur le sublime de la nature, nous ne pouvons pas nous promettre aussi facilement l'assentiment d'autrui. En effet une culture beaucoup plus grande, non-seulement du Jugement esthétique, mais aussi des facultés de connaître qui en sont le principe, semble nécessaire pour qu'on puisse porter un jugement sur l'excellence des objets de la nature.

La disposition d'esprit qui convient au sentiment du sublime est une disposition particulière pour les idées, car c'est précisément dans la disconvenance de la nature avec les idées, dans l'effort tenté par l'imagination pour traiter la nature comme un schème relativement aux idées, que consiste pour la sensibilité le terrible qui, en même temps, est attrayant. Il est attrayant pour elle en même temps que terrible, car il y a là une influence que la raison exerce sur elle afin de l'étendre conformément à son propre domaine (le domaine pratique), et de lui faire entrevoir l'infini qui est un abîme pour elle. Et, dans le fait, ce qu'un esprit, préparé par une certaine culture, appelle sublime ne se présente à l'homme grossier, en qui les idées morales ne sont pas développées, que comme terrible. Dans ces désastres où la nature montre une si grande puissance de dévastation, et devant lesquels sa propre puissance est comme anéantie, il ne voit que les misères, les dangers, les peines dont serait entouré l'homme qui y serait exposé. C'est ainsi que ce bon et fin paysan de la Savoie, dont parle M. de Saussure, traitait de fous tous les amateurs des montagnes de glace; et je n'oserais lui donner tout à fait tort si cet observateur avait affronté les dangers auxquels il s'exposait, uniquement, comme la plupart des voyageurs, par curiosité, ou bien pour avoir le plaisir d'en faire dans la suite de pathétiques descriptions. Mais son but était d'instruire les autres, et cet excellent homme avait et inspirait, par-dessus le marché, aux lecteurs de ses voyages les sentiments qui élèvent l'âme.

Mais si le jugement sur le sublime de la nature suppose une certaine culture (beaucoup plus que le jugement sur le beau), il n'est pas originairement né de cette culture, et ce n'est point une convention qui l'a introduit dans la société, mais il a son fondement dans la nature humaine, dans une qualité qu'on peut exiger de tous avec l'intelligence commune, à savoir dans cette disposition de notre nature sur laquelle se fonde le sentiment des idées (pratiques), c'est-à-dire le sentiment moral.

Or là est précisément le principe de la nécessité que nous attribuons à nos jugements sur le sublime en exigeant l'assentiment d'autrui. De même en effet que nous reprochons un manque de *goût* à celui qui reste indifférent en présence d'un objet de la nature que nous trouvons beau, nous disons de celui qui n'éprouve aucune émotion devant quelque chose que nous jugeons sublime, qu'il n'a pas de *sentiment*. Nous exigeons ces deux choses de tout homme, et s'il a quelque culture, nous les y supposons. Il n'y a ici d'autre différence sinon que, dans la première le Jugement se bornant à rapporter l'imagination à l'entendement comme à la faculté des concepts, nous l'exigeons directement de chacun, tandis que, dans la seconde le Jugement rapportant l'imagination à la raison comme à la faculté des idées, nous ne l'exigeons que sous une condition subjective (mais que nous nous croyons le droit de demander à chacun), à savoir celle du sentiment moral, car c'est pour cela que nous attribuons de la nécessité à ce jugement esthétique.

Cette modalité des jugements esthétiques ou cette nécessité qu'on leur accorde est un moment important pour la critique du Jugement. En effet cette qualité nous découvre dans ces jugements un principe *a priori*, et par là elle les enlève à la psychologie empirique dans laquelle ils resteraient ensevelis parmi les sentiments du plaisir et de la peine (n'ayant pour se distinguer que l'insignifiante épithète de sentiments plus *délicats*), et elle nous oblige à les rapporter, ainsi que la faculté de juger, à la classe de ces jugements qui s'appuient sur des principes *a priori*, et à les faire rentrer, comme tels, dans la philosophie transcendentale.

REMARQUE GÉNÉRALE SUR L'EXPOSITION DES JUGEMENTS ESTHÉTIQUES RÉFLÉCHISSANTS.

Relativement au sentiment du plaisir, un objet doit être rapporté ou à l'*agréable*, ou au *beau*, ou au *sublime*, ou au *bien* (absolu) (*jucundum, pulchrum, sublime, honestum*).

L'*agréable*, en tant que mobile des désirs, est toujours de la même espèce, de quelque source qu'il vienne et quelque différentes que soient spécifiquement les représentations (du sens et de la sensation objectivement considérés). Aussi, quand il s'agit de juger de l'influence de l'agréable sur l'esprit, ne considère-t-on que le nombre des attraits (simultanés et successifs) et pour ainsi dire la masse des sensations agréables; et c'est pourquoi ce jugement n'est possible qu'au moyen du concept de la *quantité*. Il n'y a point de culture à attendre ici, tout se rapporte à la jouissance. — Le *beau* exige au contraire la représentation d'une certaine *qualité* de l'objet, qu'on peut aussi rendre intelligible et ramener à des concepts (quoiqu'on n'y ait pas recours dans le jugement esthétique), et qui cultive l'esprit en appelant son attention sur la finalité qui se manifeste dans le sentiment du plaisir. — Le *sublime* consiste uniquement dans la *relation* d'après laquelle nous jugeons le sensible dans la représentation de la nature comme propre à un certain usage supra-sensible possible. Le *bien absolu*, considéré subjectivement, d'après le sentiment qu'il inspire (ou comme objet du sentiment moral), en tant qu'il est capable de déterminer les facultés du sujet par la représentation d'une loi *absolument nécessaire*, a surtout pour caractère distinctif la *modalité* d'une nécessité reposant *a priori* sur des concepts, qui ne *prétend* pas seulement à l'assentiment de chacun, mais qui l'*ordonne*, qui n'appartient pas en soi au Jugement esthétique (mais au Jugement intellectuel pur), et qui est attribuée à la liberté, et non à la nature, par un jugement déterminant, et non par un jugement réfléchissant. Mais la *possibilité d'être déterminé* * par cette idée pour un sujet qui peut trouver des *obstacles* en lui-même, dans la sensibilité, mais qui en même temps peut sentir sa supériorité sur ces obstacles en en triomphant, en *modifiant son état,* le sentiment moral, en un mot, est lié au Jugement esthétique et à ses *conditions formelles,* en ce sens qu'on peut se représenter comme esthétique, c'est-à-dire comme sublime ou même comme belle, la moralité de l'action faite par devoir, sans altérer en rien sa pureté, ce qui n'aurait pas lieu, si on cherchait à l'unir par un lien naturel au sentiment de l'agréable.

Si on veut tirer le résultat de la précédente exposition des deux espèces de jugements esthétiques, voici les courtes définitions qui en sortiront :

Le *beau* est ce qui plaît dans le seul jugement (et non pas par conséquent au moyen de la sensation ou suivant un concept de l'entendement). Il suit de là naturellement qu'il doit plaire sans aucun intérêt.

Le *sublime* est ce qui plaît immédiatement par son opposition à l'intérêt des sens.

---

* *Bestimmbarkeit.*

Tous deux, comme expressions de jugements esthétiques universels, se rapportent à des principes subjectifs, soit que la sensibilité se trouve satisfaite en même temps que l'entendement contemplatif, ou qu'elle se trouve contrariée, mais au profit des fins de la raison pratique, et tous deux, unis dans le même sujet, ont un rapport avec le sentiment moral. Le beau nous prépare à aimer quelque chose, même la nature, sans intérêt; le sublime à l'estimer, même contre notre intérêt (sensible).

On peut définir ainsi le sublime : c'est un objet (de la nature) *dont la représentation détermine l'esprit à concevoir comme une exhibition d'idées l'impossibilité d'atteindre la nature.*

A la lettre et logiquement parlant, il n'y a pas pour des idées d'exhibition possible. Mais lorsque nous étendons notre faculté empirique de représentation (mathématiquement ou dynamiquement) dans l'intuition de la nature, la raison intervient infailliblement qui proclame l'indépendance de la totalité absolue, et pousse l'esprit à faire effort, quoique inutilement, pour approprier aux idées la représentation des sens. Cet effort et le sentiment de l'impuissance de l'imagination à atteindre les idées est lui-même une exhibition de la finalité subjective de notre esprit, dans l'emploi de l'imagination, pour sa destination supra-sensible, et il nous force à *concevoir* subjectivement la nature même dans sa totalité comme une exhibition de quelque chose de supra-sensible, quoique nous ne puissions pas arriver *objectivement* à cette exhibition.

En effet nous remarquons bientôt qu'à la nature considérée dans l'espace et dans le temps manque entièrement l'inconditionnel, par conséquent aussi l'absolue grandeur que réclame cependant la raison la plus vulgaire. C'est précisément par là que nous sommes avertis que la nature n'est pour nous qu'un phénomène, et que nous ne devons la considérer que comme la simple exhibition d'une nature en soi (dont la raison a l'idée). Or cette idée du supra-sensible, que nous ne déterminons pas davantage, en sorte que nous ne pouvons *connaître* mais seulement *concevoir* la nature comme son exhibition, cette idée est éveillée en nous par un objet tel que le jugement esthétique, qui s'y applique, porte l'imagination jusqu'aux dernières limites, soit de son extension (mathématiquement), soit de sa puissance sur l'esprit (dynamiquement), en se fondant sur le sentiment d'une destination de l'esprit qui dépasse tout-à-fait le domaine de l'imagination (sur le sentiment moral), et en trouvant à la représentation de l'objet une finalité subjective pour ce sentiment.

Dans le fait il est impossible de concevoir un

sentiment pour le sublime de la nature sans y joindre une disposition d'esprit semblable à celle qui convient au sentiment moral. Le plaisir immédiatement lié au beau de la nature suppose et cultive également une certaine *libéralité* de pensée, c'est-à-dire une satisfaction indépendante de la pure jouissance des sens, mais ici c'est plutôt un *jeu* pour la liberté qu'une occupation sérieuse ; or, c'est là au contraire le caractère propre du sublime comme celui de la moralité humaine où la raison fait nécessairement violence à la sensibilité ; seulement dans le jugement esthétique sur le sublime, cette violence est exercée par l'imagination même comme par un instrument de la raison.

La satisfaction attachée au sublime de la nature est donc simplement négative (tandis que celle qui s'attache au beau est positive) ; c'est le sentiment de l'imagination se privant elle-même de sa liberté et agissant conformément à une autre loi que celle de son exercice empirique. Par là elle reçoit une extension et une puissance plus grandes que celles qu'elle sacrifie, mais le principe lui en est cachée, tandis qu'elle *sent* le sacrifice ou la privation et en même temps la *cause* à laquelle elle est soumise. L'*étonnement,* voisin de la terreur, le frissonnement, la sainte horreur qu'on éprouve en voyant des montagnes qui s'élèvent jusqu'au ciel, de profonds abîmes où les eaux se précipitent en mugissant, une solitude profonde et qui dispose aux méditations mélancoliques, etc., ce sentiment n'est pas, si nous nous savons en sûreté, une crainte réelle, mais seulement un essai que nous tentons sur notre imagination pour sentir la puissance de cette faculté, pour accorder avec le calme de l'esprit le mouvement excité par ce spectacle, et pour nous montrer par là supérieurs à la nature intérieure, et par conséquent à la nature extérieure, en tant qu'elle peut avoir de l'influence sur le sentiment de notre bien-être. En effet, quand l'imagination s'exerce suivant la loi d'association, elle fait dépendre notre satisfaction de conditions physiques; mais, quand elle se conforme aux principes du schématisme du Jugement (par conséquent quand elle se soumet à la liberté), elle est un instrument de la raison et de ses idées, et à ce titre elle éveille en nous cette puissance qui proclame notre indépendance à l'égard des influences de la nature, qui regarde comme rien tout ce qui est grand comme objet de la nature, et qui ne place l'absolue grandeur que dans notre propre destination (la destination du sujet). Cette réflexion du Jugement esthétique, par laquelle nous cherchons à mettre l'imagination d'accord avec la raison (mais sans aucun concept déterminé de cette faculté) nous montre une finalité subjective pour la raison (comme faculté des idées) dans certains objets, à cause de cette disconvenance même qu'ils nous font découvrir entre la raison et l'imagination considérée dans sa plus grande extension.

N'oublions pas ici la remarque que nous avons déjà faite, à savoir que, dans l'esthétique transcendentale du Jugement, il ne doit être question que des jugements esthétiques purs, et que par conséquent les exemples ne peuvent pas être empruntés aux objets beaux et sublimes de la nature qui supposent le concept d'une fin, car alors la finalité serait ou téléologique ou fondée sur de simples sensations causées par un objet (le plaisir ou la douleur), et elle ne serait point par conséquent, dans le premier cas, purement esthétique, dans le second cas, purement formelle. Quand donc nous appelons *sublime* la vue du ciel étoilé, nous n'avons pas besoin, pour le juger ainsi, de concevoir des mondes habités par des êtres raisonnables et de considérer les points lumineux dont nous voyons l'espace rempli au-dessus de nous comme les soleils de ces mondes, se mouvant dans des cercles parfaitement appropriés à ces derniers; il suffit de le voir tel qu'il nous apparaît, comme une immense voûte qui embrasse tout; et ce n'est qu'à cette condition que nous pourrons lui attribuer la sublimité, qui est l'objet d'un pur jugement esthétique. De même pour trouver sublime la vue de l'océan, nous ne nous le représentons pas tel que le conçoit un esprit enrichi de toutes sortes de connaissances (que ne donne pas l'intuition immédiate), par exemple comme un vaste royaume peuplé de créatures aquatiques, ou comme un grand réservoir destiné à fournir les vapeurs qui chargent l'air de nuages au profit de la terre, ou encore comme un élément qui sépare les diverses parties de la terre, mais en leur permettant de communiquer entre elles, car ce sont là de véritables jugements téléologiques; il faut se le représenter, ainsi que font les poètes, d'après ce que nous montre la vue, par exemple, quand il est calme, comme un miroir liquide qui n'est borné que par le ciel, ou quand il est orageux, comme un abîme qui menace de tout engloutir. Cela s'applique aussi aux jugements sur le sublime ou sur le beau dans la forme humaine : nous n'en devons pas chercher les principes dans les concepts des fins auxquelles sont *destinées* toutes les parties qui la composent, et permettre à la considération de l'appropriation de ces parties avec leurs fins d'*influer* sur notre jugement esthétique (car alors ce ne serait plus un jugement esthétique pur, bien que ce soit pour la satisfaction une condition nécessaire qu'il n'y ait pas de disconvenance entre les unes et les autres. La finalité esthétique est la légalité dans la *liberté* du Jugement. La satisfaction liée à l'objet dépend de la relation dans laquelle nous voulons placer l'imagination ; mais il faut toujours qu'elle entretienne l'esprit par elle-même dans une libre occupation. Si au contraire le jugement est déterminé par quelque autre chose, soit par une sensation, soit par un concept de l'entendement, il peut être alors légitime, mais ce n'est pas un libre jugement.

Quand donc on parle de beauté ou de sublimité intellectuelle, *d'abord,* on se sert d'expressions qui ne sont pas tout-à-fait exactes, car la beauté et la sublimité sont des modes esthétiques de représentation, qui ne se rencontreraient pas en nous si nous étions de pures intelligences (ou si nous nous supposions tels par la pensée); *ensuite,* quoique toutes deux, comme objets d'une satisfaction intellectuelle (morale), soient conciliables avec la satisfaction esthétique en ce sens qu'elles ne *reposent* sur aucun intérêt, il est difficile cependant de les concilier avec cette satisfaction, car elles doivent en *produire* un, et s'il faut que l'exhibition s'accorde ici avec la satisfaction du jugement esthétique, cela ne pourrait avoir lieu qu'au moyen d'un intérêt sensible lié à cette satisfaction, mais cela fait tort à la finalité intellectuelle et lui ôte sa pureté.

L'objet d'une satisfaction intellectuelle, pure et inconditionnelle, est la loi morale considérée dans la puissance qu'elle exerce en nous sur tous les mobiles de l'esprit *qui la précèdent;* et comme, à proprement parler, cette puissance ne se révèle esthétiquement que par des sacrifices (ce qui suppose une privation, mais au profit de la liberté intérieure, et ce qui nous découvre en même temps en nous l'immense profondeur de cette faculté supra-sensible avec ses conséquences qui s'étendent à l'infini), la satisfaction, au point de vue esthétique (relativement à la sensibilité) est négative, c'est-à-dire contraire à l'intérêt des sens, et, au point de vue intellectuel, positive et liée à un intérêt. Il suit de là qu'à juger esthétiquement, on doit moins se représenter le bien intellectuel, qui contient une finalité absolue (le bien moral), comme beau que comme sublime, et qu'il excite plutôt le sentiment du respect (qui méprise l'attrait) que celui de l'amour et d'une douce inclination : car la nature humaine ne s'attache pas à ce bien par elle-même, mais par la violence que la raison fait à la sensibilité. Réciproquement, ce que nous appelons sublime dans la nature, soit au dehors, soit en nous-mêmes (par exemple certaines affections), nous ne nous le représentons que comme une puissance qu'a l'esprit de s'élever, par des principes humains, au-dessus de *certains* obstacles de la sensibilité, et c'est par là qu'il est intéressant.

Arrêtons-nous un peu sur ce dernier point. L'idée du bien jointe à l'affection s'appelle *enthousiasme*. Cet état de l'esprit paraît tellement sublime, qu'on dit ordinairement que sans lui rien de grand ne peut être fait. Or toute affection (1) est aveugle ou dans le choix de sa fin, ou, quand cette fin est donnée par la raison, dans son accomplissement ; car c'est un mouvement de l'esprit qui nous rend incapables de toute libre réflexion sur les principes d'après lesquels nous devons nous déterminer. Il ne peut donc en aucune manière mériter une satisfaction de la raison. Cependant, esthétiquement, l'enthousiasme est sublime, car c'est une tension des forces produite par des idées qui donnent à l'esprit un élan beaucoup plus puissant et plus durable que ne peut faire l'attrait des représentations sensibles. Mais (ce qui paraît étrange) *l'absence de toute affection* * (*apathia, phlegma in significatu bono*) dans un esprit qui suit rigoureusement ses principes immuables, est sublime, et d'une espèce de sublimité bien plus grande, car elle a aussi pour elle la satisfaction de la raison. Cet état de l'esprit s'appelle *noble*, et cette expression s'applique ensuite aux choses, par exemple à un édifice,

(1) Les *affections* sont spécifiquement différentes des *passions*. Les premières ne se rapportent qu'au sentiment ; les secondes appartiennent à la faculté de désirer, et sont des inclinations qui rendent difficile ou impossible toute détermination de la volonté par des principes. Celles-là sont impétueuses et irréfléchies, celles-ci durables et réfléchies. Ainsi le ressentiment, comme colère, est une affection ; mais comme haine (désir de vengeance), c'est une passion. La passion ne peut jamais et sous aucun rapport être appelée sublime, car si dans l'affection la liberté de l'esprit est empêchée, elle est supprimée dans la passion.

* *Affectlosigkeit*.

à un vêtement, à un certain genre de style, à un certain maintien du corps, et à d'autres choses de ce genre, quand elles excitent moins *l'étonnement* [1] (l'affection produite par la représentation d'une nouveauté qui surpasse notre attente) que *l'admiration* [2] (espèce d'étonnement qui ne cesse pas lorsque la nouveauté disparaît), ce qui arrive, lorsqu'on voit une exhibition d'idées s'accorder sans dessein et sans art avec la satisfaction esthétique.

Toute affection du genre *courageux* [3] [à savoir celle qui excite la conscience de nos forces à vaincre toute résistance (*animi strenui*)] est *esthétiquement sublime*, par exemple la colère, le désespoir même (j'entends celui où domine *l'emportement* et non la *lâcheté*). L'affection du genre *languissant* [4] [qui fait de l'effort de la résistance un objet de peine (*animum languidum reddit*)] n'a rien de *noble* en soi, mais peut se rapporter au beau du genre sensible. Les *émotions* qui peuvent s'élever jusqu'au rang d'affections sont donc très-différentes. Il y en a de vives, il y en a de tendres. Quand ces dernières montent jusqu'à l'affection, elles ne valent plus rien ; le penchant pour cette espèce d'affection s'appelle *sensiblerie*. La douleur qui vient de la

[1] *Verwunderung.*
[2] *Bewunderung.*
[3] *Von der wackern Art.*
[4] *Von der schmelzenden Art.*

compassion pour le malheur d'autrui, et qui n'a pas besoin de consolation, ou quand il s'agit d'un malheur imaginaire, celle où nous nous livrons volontairement à l'illusion de la fantaisie, comme s'il s'agissait de choses réelles, cette douleur indique et rend une âme tendre, mais faible en même temps, qui montre un beau côté et en qui on peut reconnaître de l'imagination, mais non de l'enthousiasme. Des pièces de théâtre romanesques et larmoyantes ; de fades préceptes de morale qui traitent comme un jeu ce qu'on appelle (à tort) les nobles sentiments, mais qui, en réalité, amollissent le cœur, le rendent insensible à la sévère loi du devoir, incapable de tout respect pour la dignité de l'humanité dans notre personne, et pour le droit des hommes (ce qui est tout autre chose que leur bonheur), et, en général, incapable de tout ferme principe ; un discours religieux même, qui nous engage à captiver la faveur divine par des moyens bas et humiliants, et nous fait perdre par là toute confiance en notre propre pouvoir de résister au mal, au lieu de nous inspirer la ferme résolution d'employer, à dompter nos passions, les forces qui nous restent encore, malgré notre fragilité ; une fausse humilité, qui voit dans le mépris de soi-même, dans un repentir bruyant et intéressé, dans une disposition d'esprit toute passive, le seul moyen d'être agréable à l'Être suprême : ce sont là des choses qui ne vont guère avec ce qu'on peut regarder comme la beauté, et bien moins encore avec ce qu'on peut regarder comme la sublimité de l'esprit.

Mais aussi les mouvements impétueux de l'esprit, soit qu'ayant pour but l'édification, ils se lient aux idées de la religion, soit que, se bornant à la culture de l'âme, ils se lient à des idées qui renferment un intérêt commun, ces mouvements, quelque essor qu'ils donnent à l'imagination, ne peuvent prétendre au rang du *sublime*, s'ils ne laissent après eux dans l'esprit une disposition qui ait une influence indirecte sur la conscience de ses forces et sur sa résolution relativement à ce qui renferme une finalité intellectuelle pure (le suprasensible). Car, sinon, tous ces mouvements se rapportent au genre d'émotion qu'on aime à cause de la santé. La langueur agréable, qui suit une secousse produite par le jeu des affections, est une jouissance du bien-être qui résulte du rétablissement de l'équilibre dans nos forces diverses. C'est, en définitive, quelque chose comme cette jouissance que les voluptueux de l'Orient trouvent si agréable, quand ils se font masser le corps, presser et plier doucement les muscles et les articulations; seulement là le principe moteur est en grande partie en nous, tandis qu'ici au contraire il est tout-à-fait hors de nous. Tel se croit édifié par un sermon où il n'y a rien d'édifiant (où on chercherait en vain un ensemble de bonnes maximes), ou amélioré par une pièce de théâtre, qui est tout simplement joyeux d'avoir bien employé son loisir. Il faut toujours que le sublime ait un rapport avec la *manière de penser*, c'est-à-dire avec les maximes qui assurent à l'intellectuel et aux idées de la raison la supériorité sur la sensibilité.

Il n'y a pas à craindre que le sentiment du sublime perde quelque chose à ce mode abstrait d'exhibition, qui est tout-à-fait négatif relativement au sensible; car, quoique l'imagination ne trouve rien au delà du sensible à quoi elle puisse se fixer, elle se sent cependant illimitée par cela même qu'on enlève ses bornes, et, par conséquent, cette abstraction est une exhibition qui, à la vérité, est purement négative, mais qui étend l'âme. Peut-être n'y a-t-il pas de passage plus sublime dans le livre des lois des Juifs que ce commandement : « Tu ne te feras point d'image taillée, ni aucune figure de ce qui est en haut dans le ciel ou en bas sur la terre, ou dans les eaux sous la terre » *. Ce seul précepte peut suffire à expliquer l'enthousiasme que le peuple juif dans ses beaux jours ressentait pour sa

---

* « *Non facies tibi sculptile, neque omnem similitudinem quæ est in cœlo desuper, et quæ in terra deorsum, nec eorum quæ sunt in aquis sub terra.* » *Liber exodi*, cap. 20. v. 4. Ce précepte est plusieurs fois répété dans la Bible. Voyez liv. 26, 1. Dent. 4, 15-20. Jos. 24, 14. Ps. 96, 7.   J. B.

religion quand il se comparait avec d'autres peuples, ou la fierté qu'inspire le mahométisme. Il en est de même de la représentation de la loi morale, et de notre penchant à la moralité. Il est tout-à-fait absurde de craindre que si on ôte à cette loi tout ce qui peut la recommander aux sens, elle n'excite plus qu'une approbation froide et morte, et devienne incapable d'agir sur nous et de nous émouvoir. C'est tout le contraire ; car, là où les sens ne voient plus rien devant eux, et où il reste encore cependant cette idée de la moralité qu'on ne peut méconnaître et dont on ne peut s'affranchir, il serait bien plus nécessaire de modérer l'essor d'une imagination illimitée, afin de l'empêcher de s'élever jusqu'à l'enthousiasme, que de craindre qu'une idée comme celle-là n'ait pas assez de puissance par elle-même, et de lui chercher des auxiliaires dans des images et dans un puéril appareil. Aussi les gouvernements ont-ils pris le soin de pourvoir richement la religion de cette sorte d'appareil, cherchant par là à enlever aux sujets la peine, mais aussi le pouvoir d'étendre leurs facultés au delà de certaines limites arbitrairement posées, afin d'en faire des êtres passifs et de les traiter ainsi plus aisément.

Cette exhibition pure et simplement négative de la moralité élève l'âme, mais elle ne l'expose nullement au danger de tomber dans le *fanatisme*, ou dans cette illusion qui croit *voir quelque chose au delà des limites de la sensibilité*, c'est-à-dire qui consiste à rêver suivant des principes (à divaguer avec la raison). *L'impénétrabilité de l'idée de la liberté* rend, en effet, impossible toute exhibition positive; mais la loi morale est, par elle-même, un principe suffisant et original de détermination, en sorte qu'elle ne nous permet pas d'avoir égard à un autre motif qu'elle-même. Si l'enthousiasme ressemble au *délire* [1], le fanatisme ressemble à la *démence* [2], et ce dernier état est de tous celui qui s'accorde le moins avec le sublime, parce qu'il est profondément ridicule. L'enthousiasme est une affection où l'imagination a secoué le joug; le fanatisme, une passion enracinée et sans cesse entretenue, où elle est déréglée. Le premier est un accident passager qui atteint quelquefois l'intelligence la plus saine; le second, une maladie qui la bouleverse.

La *simplicité* (la finalité sans art) est comme le style de la nature dans le sublime, et aussi, par conséquent, dans la moralité qui est une seconde nature (supra-sensible), dont nous ne connaissons que la loi, sans pouvoir atteindre en nous par l'intuition la faculté supra-sensible qui contient le principe de cette loi.

Il faut encore remarquer que, quoique la satis-

---

[1] *Wahnsinn.*
[2] *Wahnwitz.*

faction qui s'attache au beau, aussi bien que celle qui s'attache au sublime, ne trouve pas seulement dans la propriété qu'elle a de pouvoir être universellement *partagée*, un caractère qui la distingue des autres jugements esthétiques, mais aussi un intérêt relativement à la société (par laquelle elle est partagée); on regarde cependant comme quelque chose de sublime de *se séparer de toute société*, quand cette séparation repose sur des idées supérieures à tout intérêt sensible. Se suffire à soi-même, par conséquent n'avoir pas besoin de la société, sans être cependant insociable, c'est-à-dire sans la fuir, c'est quelque chose qui approche du sublime, comme tout ce qui a pour effet de nous affranchir des besoins. Au contraire, fuir les hommes par *misanthropie*, parce qu'on les hait, ou par *anthropophobie* (crainte des hommes), parce qu'on les craint comme ses ennemis, voilà qui est en partie odieux, en partie méprisable. Il y a pourtant une misanthropie (très-improprement désignée de ce nom) à laquelle beaucoup de bons esprits se sentent enclins en vieillissant. C'est une misanthropie qui n'exclut pas la bienveillance, et qui par conséquent est assez philanthropique, mais qui, produite par une longue et triste expérience, est bien éloignée de la *satisfaction* que donne la société des hommes. On en trouve la preuve dans cet amour de la solitude, dans ces vœux fantastiques où notre imagination nous transporte dans une campagne éloignée, ou bien (chez les jeunes gens) dans ces rêves de bonheur où l'on passe sa vie dans une île inconnue au reste du monde, avec une petite famille, rêves dont les romanciers ou les inventeurs de *robinsonades* savent tirer un si bon parti. La fausseté, l'ingratitude, l'injustice, la puérilité dans des choses que nous regardons comme grandes et importantes, et dans lesquelles les hommes se font à eux-mêmes et entre eux tous les maux imaginables, voilà des vices tellement contraires à l'idée de ce que les hommes pourraient être, s'ils voulaient, et au désir ardent que nous avons de les voir meilleurs, que, pour ne pas les haïr, quand nous ne pouvons plus les aimer, l'abandon de tous les plaisirs que peut donner la société paraît un léger sacrifice. La tristesse que nous éprouvons à voir le mal, je ne parle pas de celui que le sort envoie aux autres (la tristesse ici viendrait de la sympathie), mais de celui que les hommes se font entre eux (la tristesse ici vient de l'antipathie des principes), cette tristesse est sublime parce qu'elle repose sur des idées, l'autre est simplement belle. Le spirituel et profond M. *de Saussure*, dans la description de ses voyages aux Alpes, dit d'une montagne de la Savoie, appelée *Bonhomme*, « qu'il y règne une certaine *tristesse fade*. » Il reconnaissait donc aussi une tristesse intéressante, comme celle qu'inspirerait la vue d'une solitude où on aimerait à se transporter pour ne plus entendre parler du monde et n'avoir plus à l'éprouver, mais qui ne serait pas sauvage au point de ne présenter aux hommes qu'une misérable retraite. En faisant cette remarque, je veux seulement indiquer que la tristesse (non le désespoir) peut être rangée parmi les affections *nobles,* quand elle a son principe dans des idées morales, mais que, quand elle se fonde sur la sympathie et qu'elle est aimable à ce titre, elle appartient aux affections *tendres,* et comment par conséquent l'état de l'esprit n'est sublime que dans le premier cas.

* *

*

Si on veut voir où conduit une exposition purement empirique du sublime et du beau, que l'on compare l'exposition transcendentale des jugements esthétiques que nous venons de présenter à une exposition psychologique comme celle que *Burke* et, chez nous, beaucoup de bons esprits ont entreprise. *Burke*[*], dont le Traité mérite d'être cité comme le plus important en ce genre, arrive

---

[*] *Recherche philosophique sur l'origine de nos idées du sublime et du beau*, traduction française, Paris, 1803. J. B.

par la méthode empirique à ce résultat, que le sentiment du sublime se fonde sur le penchant à la conservation de soi-même et sur la *crainte*, c'est-à-dire sur une certaine douleur qui, n'allant pas jusqu'au bouleversement réel des parties du corps, produit des mouvements qui débarrassent les vaisseaux délicats ou grossiers d'engorgements incommodes et dangereux, et sont capables d'exciter des sensations agréables, non pas un vrai plaisir, mais une sorte d'horreur délicieuse, ou de tranquillité mêlée de terreur [1]. Il fonde le beau sur l'amour (qu'il veut cependant distinguer des désirs), et le ramène au relâchement des fibres du corps, et par conséquent à une sorte de langueur et de défaillance dans le plaisir [2]. Et pour confirmer ce genre d'explication, il n'emprunte pas seulement ses exemples aux cas où l'imagination, jointe à l'entendement, peut exciter en nous le sentiment du beau ou celui du sublime, mais même à ceux où elle se joint à la sensation. — Comme observations psychologiques, ces analyses des phénomènes de notre esprit sont fort belles et fournissent une riche matière aux curieuses investigations de l'anthropologie empirique. On ne peut nier non plus que toutes nos représentations,

---

[1] Voyez la traduction française, partie IV, section VIII, p. 241. J. B.

[2] *Ibid.* section XIX, p. 266. J. B.

qu'elles soient, au point de vue objectif, simplement sensibles ou entièrement intellectuelles, peuvent être subjectivement liées au plaisir ou à la peine, si peu remarquables que soient l'un ou l'autre (puisqu'elles affectent toutes le sentiment de la vie, et qu'aucune d'elles, en tant qu'elle est une modification du sujet, ne peut être indifférente); que même, comme Épicure le prétendait, le *plaisir* et la *douleur* sont toujours en définitive corporels, qu'ils viennent de l'imagination ou des représentations de l'entendement, puisque la vie, sans le sentiment de l'organisme corporel, n'est autre chose que la conscience de l'existence, mais non le sentiment du bien-être ou du mal-être, c'est-à-dire de l'exercice facile ou pénible des forces vitales; car l'esprit par lui seul est la vie (le principe de la vie), et les obstacles ou les auxiliaires doivent être cherchés hors de lui, mais toujours dans l'homme, par conséquent dans son union avec le corps.

Mais si on prétend que la satisfaction que nous attachons à un objet vient uniquement de ce que cet objet nous plaît par l'attrait, par l'émotion, il ne faut demander à personne de donner son assentiment au jugement esthétique que nous portons; car chacun ne peut que consulter son sentiment particulier. Mais alors disparaît toute critique du goût. L'exemple que donnent les autres par l'accord accidentel de leurs jugements, voilà la seule règle qu'on pourrait nous proposer, mais nous nous élèverions contre cette règle et nous en appellerions au droit que la nature nous a donné de soumettre à notre propre sentiment, et non à celui des autres, un jugement qui repose sur le sentiment immédiat du bien-être.

Si donc le jugement de goût ne doit pas avoir une valeur *individuelle*, mais une valeur *universelle*, fondée sur sa nature même et non sur les exemples que d'autres donnent de leur goût ; s'il est vrai qu'il ait le droit d'exiger l'assentiment de chacun, il faut qu'il repose sur quelque principe *a priori* (objectif ou subjectif), auquel il est impossible d'arriver par la recherche des lois empiriques des modifications de l'esprit ; car ces lois nous font connaître seulement comment on juge, mais ne nous prescrivent pas comment on doit juger, et elles ne peuvent nous donner un ordre *inconditionnel*, comme celui que renferment les jugements du goût, qui veulent que la satisfaction soit *immédiatement* liée à une représentation. Que l'on commence donc, si l'on veut, par une exposition empirique des jugements esthétiques, pour préparer la matière d'une plus haute investigation, soit, mais l'examen transcendental de la faculté qui porte ces sortes de jugements, est possible et appartient à la critique du goût ; car, si le goût n'avait pas de principes *a priori*, il serait incapable d'apprécier les jugements des autres, et de les approuver ou de les blâmer avec quelque apparence de droit.

Ce qui nous reste à dire touchant l'analytique du Jugement esthétique forme la DÉDUCTION DES JUGEMENTS ESTHÉTIQUES PURS. *

§. XXX.

La déduction des jugements esthétiques sur les objets de la nature ne peut pas s'appliquer à ce que nous y nommons sublime, mais seulement au beau.

La prétention d'un jugement esthétique à l'universalité a besoin d'une déduction qui détermine le principe *a priori* sur lequel il doit reposer (c'est-à-dire qui légitime sa prétention), et il faut ajouter cette déduction à l'exposition de ce jugement, quand

---

* On a vu que Kant divise l'analytique du Jugement esthétique en deux livres intitulés, le premier : *analytique du beau*, le second : *analytique du sublime*. Or ici, dans le second livre, commence une nouvelle partie de l'*analytique*, la *déduction* des jugements esthétiques, que Kant distingue de l'*exposition* de ces jugements, et dont il exclut précisément le sublime. Tout ce qui suit, jusqu'à la *dialectique*, quoique compris dans le livre du sublime, roule sur des questions ou étrangères au sublime, ou qui ne le concernent pas particulièrement (comme celle de l'art). On peut donc reprocher ici à Kant, ordinairement si méthodique, même dans la division matérielle de ses ouvrages, un défaut d'ordre, mais tout extérieur et qui n'atteint pas le fond. Je me borne à le signaler sans le corriger, et je conserve le titre du second livre jusqu'à la fin de l'*analytique*. J. B.

la satisfaction qu'il renferme est liée à la *forme de l'objet*. Tels sont les jugements de goût sur le beau de la nature. Alors, en effet, la finalité a son principe dans l'objet, dans sa figure, quoiqu'elle ne détermine pas d'après des concepts (pour former un jugement de connaissance) le rapport de cet objet avec d'autres, mais qu'elle concerne d'une manière générale l'appréhension de sa forme, en tant que celle-ci se montre conforme dans l'esprit à la *faculté* des concepts, en même temps qu'à celle de l'exhibition de ces concepts (ou à la faculté d'appréhension, car c'est la même chose). On peut donc, relativement au beau de la nature, proposer encore diverses questions touchant la cause de cette finalité de ses formes : par exemple, comment expliquer pourquoi la nature a répandu partout la beauté avec tant de profusion, même dans le fond de l'océan, où l'œil humain (pour lequel seul cependant elle semble faite) ne pénètre que rarement? et d'autres questions du même genre.

Mais le sublime de la nature — quand il est l'objet d'un pur jugement esthétique, c'est-à-dire d'un jugement qui ne renferme point des concepts de perfection ou de finalité objective, comme un jugement téléologique — peut être considéré comme informe ou sans figure, et en même temps comme l'objet d'une satisfaction pure, et indiquer une certaine finalité subjective dans la représentation donnée ; or on demande si un jugement esthétique de cette espèce, outre l'exposition de ce que l'on conçoit en lui, a besoin aussi d'une déduction qui légitime sa prétention à quelque principe (subjectif) *a priori*.

A quoi je réponds que le sublime de la nature n'est appelé ainsi qu'improprement, et qu'à proprement parler il ne doit être attribué qu'à un état de l'esprit, ou plutôt aux principes qui le produisent dans la nature humaine. L'appréhension d'un objet d'ailleurs informe et discordant n'est que l'occasion qui amène le sentiment de cet état, et par conséquent l'objet est *employé* pour une fin subjective, mais, par lui-même et par sa forme, il n'a aucune finalité (c'est en quelque sorte *species finalis accepta, non data*). C'est pourquoi notre exposition des jugements sur le sublime de la nature en était en même temps la déduction. En effet, en analysant la réflexion de la faculté de juger dans cette sorte de jugements, nous y avons trouvé une relation des facultés de connaître à une finalité qui doit servir *a priori* de principe à la faculté d'agir suivant des fins (à la volonté), et par conséquent une relation qui elle-même contient une finalité *a priori*. Or cela nous a fourni immédiatement la déduction de cette espèce de jugements, en justifiant leur prétention à une valeur universellement nécessaire.

Nous n'avons donc à nous occuper que de la déduction des jugements de goût, c'est-à-dire des jugements sur la beauté de la nature, et par là nous traiterons tout entière la question à laquelle donne lieu ici le Jugement esthétique.

§. XXXI.

De la méthode propre à la déduction des jugements de goût.

La déduction, c'est-à-dire la vérification de la légitimité d'une certaine espèce de jugements, n'est obligatoire que quand cette espèce de jugements prétend à la nécessité; et c'est le cas de ces jugements qui réclament une universalité subjective, c'est-à-dire l'assentiment de chacun, quoiqu'ils ne soient pas des jugements de connaissance, mais des jugements de plaisir ou de peine touchant un objet donné, c'est-à-dire quoiqu'ils ne prétendent qu'à une finalité subjective, en qualité de jugements de goût.

Dans ce dernier cas, il n'est donc point question d'un jugement de connaissance; il ne s'agit ni d'un jugement théorique fondé sur le concept que l'entendement nous donne d'une nature en général, ni d'un jugement pratique (pur) fondé sur l'idée de la *liberté*, que la raison nous fournit *a priori*, et le jugement dont nous avons à vérifier la valeur *a priori* n'est ni un jugement qui représente ce qu'est une chose, ni un jugement qui nous prescrit ce que nous devons faire pour la produire : par conséquent, la *valeur universelle* qu'il s'agit ici d'établir, c'est seulement celle d'un jugement *particulier* qui exprime la finalité subjective d'une représentation de la forme d'un objet pour la faculté de juger en général. Il faut expliquer comment il est possible que quelque chose plaise (indépendamment de toute sensation ou de tout concept) dans le simple jugement que nous en portons, et comment la satisfaction de chacun peut être proposée comme une règle à tous les autres, de même que le jugement porté sur un objet pour en former une *connaissance* en général est soumis à des règles universelles.

Or si, pour établir cette valeur universelle, il ne suffit pas de recueillir des suffrages et d'interroger les autres sur leur manière de sentir, mais qu'il faille la fonder sur une autonomie du sujet qui juge du sentiment de plaisir (attaché à une représentation donnée), c'est-à-dire sur le goût dont il est doué, sans la dériver de concepts, un jugement de ce genre — tel est en effet le jugement de goût — a une double propriété logique : *d'abord* une valeur universelle *a priori*, non pas une valeur logique fondée sur des concepts, mais l'universalité d'un jugement particulier; *ensuite* une nécessité (qui repose nécessairement sur des principes *a priori*), mais qui ne dépend d'aucune preuve *a priori*, dont la représentation puisse forcer l'assentiment que le jugement de goût exige de chacun.

Il est nécessaire d'expliquer ces propriétés logiques, par lesquelles un jugement de goût se distingue de tous les jugements de connaissance, et pour cela de faire abstraction d'abord du contenu de ce jugement, c'est-à-dire du sentiment de plaisir, et de se borner à comparer la forme esthétique avec la forme des jugements objectifs, tels que les prescrit la logique ; voilà ce qui seul convient à la déduction de cette singulière faculté. Nous exposerons donc d'abord ces propriétés caractéristiques du goût, en les éclaircissant par des exemples.

§. XXXII.

Première propriété du jugement de goût.

Le jugement de goût, en attachant une satisfaction à son objet (considéré comme beauté), prétend à l'assentiment *universel*, comme si c'était un jugement objectif.

Dire que cette fleur est belle, c'est proclamer son droit à la satisfaction de chacun. Ce qu'il y a d'agréable dans son odeur ne lui donne aucun droit de ce genre. Cette odeur vous plaît, mais elle me porte à la tête. Or ne semble-t-il pas suivre de là qu'on devrait regarder la beauté comme une propriété de la fleur même, qui ne se règle pas sur la diversité des individus et des organisations, mais sur laquelle ceux-ci doivent se régler pour en juger? Et pourtant il n'en va pas ainsi. En effet le jugement de goût consiste précisément à n'appeler une chose belle que d'après la qualité par laquelle elle s'accommode à notre manière de l'apercevoir.

En outre on exige de tout véritable jugement de goût que celui qui le porte juge par lui-même, sans avoir besoin de tâtonner pour connaître les jugements des autres, et de s'enquérir préalablement de la satisfaction ou du déplaisir qu'ils attachent au même objet; il faut qu'il prononce son jugement *a priori* et non par imitation, parce que la chose plaît en effet universellement. On pourrait être tenté de croire qu'un jugement *a priori* doit contenir un concept de l'objet, et fournir le principe de la connaissance de cet objet, mais le jugement du goût ne se fonde pas sur des concepts, et n'est pas en général une connaissance; c'est un jugement esthétique.

C'est pourquoi un jeune poëte qui est convaincu de la beauté de son poëme ne se laisse pas aisément dissuader par le jugement du public ou par celui de ses amis, et, s'il consent à les écouter, ce n'est pas qu'il ait changé d'avis, mais c'est que, tout en accusant le public de mauvais goût, le désir d'être bien accueilli est pour lui un motif de s'accommoder à l'opinion commune (même en dépit de son propre jugement). Plus tard seulement, lorsque l'exercice aura donné plus de pénétration à son jugement, il renoncera de lui-même à sa première manière de juger, tout comme il fait à l'égard de ces jugements qui reposent sur la raison. Le goût implique autonomie. Prendre des jugements étrangers pour motifs de son propre jugement serait de l'hétéronomie.

On vante, il est vrai, et avec raison, les ouvrages des anciens comme des modèles, les auteurs en sont appelés classiques et forment, parmi les écrivains, comme une noblesse dont les exemples sont des lois pour le peuple; n'est-ce pas là une preuve qu'il y a des sources du goût *a posteriori*, et cela n'est-il pas en contradiction avec l'autonomie du goût qui est le droit de chacun? Mais on pourrait dire tout aussi bien que les anciens mathématiciens, regardés jusqu'ici comme d'utiles modèles de la solidité et de l'élégance extrêmes de la méthode synthétique, prouvent aussi que chez nous la raison est imitative et qu'elle est impuissante à produire par elle-même, au moyen de la construction des concepts, des arguments solides et qui attestent une intuition pénétrante. Il n'y a pas d'usage de nos forces, si libre qu'il soit, il n'y a pas non plus d'emploi de la raison (laquelle doit puiser *a priori* tous ses jugements aux sources communes) qui ne donnerait lieu à des essais malheureux, si chacun de nous devait toujours partir des premiers commencements, si d'autres ne nous avaient précédés dans la même voie, non pas pour ne laisser à leurs successeurs que le rôle d'imitateurs, mais pour nous aider par leur expérience à chercher les principes en nous-mêmes, et à suivre le même chemin, mais avec plus de succès. Dans la religion même, où chacun doit certainement tirer de lui-même la règle de sa conduite, puisque chacun en demeure responsable et ne peut reporter sur d'autres, comme sur ses maîtres ou ses prédécesseurs, la faute de ses péchés; les préceptes généraux qu'on peut recevoir des prêtres ou des philosophes, ou qu'on peut trouver en soi-même, n'ont jamais autant d'influence qu'un exemple historique de vertu ou de sainteté, qui n'empêche pas l'autonomie de la vertu, fondée sur la véritable et pure idée (*a priori*) de la moralité, et qui ne la change pas en une imitation mécanique. *Suivre* [1], ce qui suppose quelque chose qui précède, et non *imiter* [2], c'est le mot qui convient pour exprimer l'influence que peuvent avoir sur d'autres les productions d'un auteur devenu modèle; et cela signifie seulement, puiser aux mêmes sources où il a puisé lui-même, et apprendre de lui comment il faut s'en servir. Mais, par cela même que le jugement du goût ne

---

[1] *Nachfolge.*
[2] *Nachahmung.*

peut être déterminé par des concepts et des préceptes, le goût est précisément, de toutes les facultés et de tous les talents, celui qui a le plus besoin d'apprendre par des exemples ce qui, dans le progrès de la culture, a obtenu le plus long assentiment, s'il ne veut pas redevenir bientôt inculte et retomber dans la grossièreté de ses premiers essais.

§. XXXIII.

Seconde propriété du jugement de goût.

Le jugement de goût ne peut être déterminé par des preuves, absolument comme s'il était purement *subjectif*.

Si quelqu'un ne trouve pas beau un édifice, une vue, un poëme, mille suffrages peuvent vanter la chose à laquelle il refuse son assentiment intérieur, ils ne sauraient le lui arracher. Telle est la *première* remarque à faire ici. Cet homme pourra bien feindre que cette chose lui plaît, pour ne pas paraître sans goût; il pourra même commencer à douter s'il a suffisamment cultivé son goût par la connaissance d'un nombre suffisant d'objets d'une certaine espèce (comme celui qui, prenant de loin pour une forêt ce que tous les autres prennent pour une ville, doute du jugement de sa vue). Mais il comprend clairement que l'assentiment des autres n'est pas une preuve suffisante en fait de jugement sur la beauté; il comprend que, si, à la rigueur, d'autres peuvent voir et observer pour lui, si, par conséquent, de ce que beaucoup ont vu d'une certaine manière une chose qu'il pense avoir vue autrement, il peut se croire suffisamment autorisé à admettre un jugement théorique, par conséquent logique, de ce qu'une chose a plu à d'autres, il ne s'ensuit pas qu'elle doive être l'objet d'un jugement esthétique. Que si le jugement d'autrui est contraire au nôtre, il peut bien nous faire concevoir de justes doutes sur le nôtre, mais non pas nous convaincre de son inexactitude. Il n'y a donc pas de *preuve* empirique qui puisse forcer le jugement de goût.

En second lieu, il n'y a pas non plus de preuve *a priori* qui puisse déterminer, d'après des règles établies, le jugement sur la beauté. Si quelqu'un me lit un poëme ou me conduit à la représentation d'une pièce qui, en définitive, choque mon goût, il a beau invoquer comme des preuves de la beauté de son poëme *Batteux* ou *Lessing,* ou d'autres critiques du goût plus anciens et plus célèbres encore, il a beau me citer toutes les règles établies par ces critiques, et me faire remarquer que certains passages, qui me déplaisent particulièrement, s'accordent parfaitement avec les règles de la beauté (telles qu'elles ont été données par ces auteurs et généralement reconnues) : je me bouche les oreilles, je ne veux entendre parler ni de principes, ni de raisonnements, et j'admettrai bien plutôt que ces règles des critiques sont fausses, ou que du moins ce n'est pas ici le cas de les appliquer, que je ne laisserai déterminer mon jugement par des preuves *a priori*, puisque ce doit être un jugement du goût, et non un jugement de l'entendement ou de la raison.

Il semble que ce soit là une des principales raisons qui ont fait désigner sous le nom de goût cette faculté du Jugement esthétique. En effet on peut bien m'énumérer tous les ingrédients qui entrent dans un certain mets, et me rappeler que chacun d'eux m'est d'ailleurs agréable, en m'assurant de plus avec vérité qu'il est très-sain, je reste sourd à toutes ces raisons, je fais l'essai de ce mets sur *ma* langue et sur *mon* palais, et c'est d'après cela (et non d'après des principes universels) que je porte mon jugement.

Dans le fait, le jugement de goût ne prend pas toujours la forme d'un jugement particulier sur un objet. L'entendement peut, en comparant un objet, relativement à la satisfaction qu'il donne, avec le jugement d'autrui sur les objets de la même espèce, porter un jugement universel, celui-ci par exemple : toutes les tulipes sont belles. Mais ce n'est pas alors un jugement de goût, c'est un jugement logique qui fait du rapport d'un objet avec le goût le prédicat des choses d'une certaine espèce en général. Celui, au contraire, par lequel je déclare belle une tulipe particulière donnée, c'est-à-dire celui dans lequel je trouve une satisfaction universellement valable, celui-là seul est un jugement de goût. Telle est donc la propriété de ce jugement : quoiqu'il n'ait qu'une valeur subjective, il réclame l'assentiment de tous, absolument comme peuvent le faire les jugements objectifs, qui reposent sur des principes de connaissance, et peuvent être arrachés par des preuves.

§. XXXIV.

Il ne peut y avoir de principe objectif du goût.

Un principe du goût serait un principe sous lequel on pourrait subsumer le concept d'un objet, pour en conclure que cet objet est beau. Mais cela est absolument impossible. Car le plaisir doit être immédiatement attaché à la représentation de l'objet, et il n'y a point d'argument qui puisse nous persuader de le ressentir. Quoique les critiques, comme dit *Hume,* puissent raisonner d'une manière plus spécieuse que les cuisiniers, le même sort les attend. Ils ne doivent pas compter sur la force de leurs preuves pour justifier leurs jugements, mais en chercher le principe dans la réflexion du sujet sur son propre état (de plaisir ou de peine), abstraction faite de tout précepte et de toute règle.

Si donc tous les critiques peuvent et doivent raisonner, de manière à corriger ou à étendre nos jugements de goût, ce n'est pas pour exprimer dans une formule universellement applicable le motif de cette espèce de jugements esthétiques, car cela est impossible ; mais pour étudier les facultés de connaître et leurs fonctions dans ces jugements, et pour expliquer par des exemples cette finalité subjective réciproque de l'imagination et de l'entendement, dont la forme, dans une représentation donnée, constitue (comme nous l'avons montré) la beauté de l'objet de cette représentation. Ainsi la critique du goût n'est que subjective, relativement à la représentation par laquelle un objet nous est donné : c'est-à-dire qu'elle est l'art ou la science qui ramène à des règles le rapport réciproque de l'entendement et de l'imagination dans la représentation donnée (rapport indépendant de toute sensation ou de tout concept antérieur), et qui, par conséquent, détermine les conditions de la concordance ou de la discordance de ces deux facultés. Elle est un *art*, quand elle se borne à expliquer ce rapport et ces conditions par des exemples ; une *science*, quand elle dérive la possibilité de cette espèce de jugements de la nature de ces facultés en tant que facultés de connaître en général. Nous n'avons à la considérer ici que sous ce dernier point de vue, comme critique transcendentale. Il s'agit d'expliquer et de justifier le principe subjectif du goût, en tant que principe *a priori* du Jugement. La critique, considérée comme art, cherche seulement à appliquer aux jugements du goût les règles physiologiques (ici psychologiques), par conséquent empiriques, d'après lesquelles le goût procède réellement (sans songer à la possibilité de ces règles); elle critique les productions des beaux-arts, de même que la *science* critique la faculté même de les juger.

§. XXXV.

Le principe du goût est le principe subjectif du Jugement en général.

Il y a cette différence entre le jugement de goût et le jugement logique, que celui-ci subsume, tandis que celui-là ne subsume pas une représentation sous le concept d'un objet; sinon, l'assentiment nécessaire et universel que réclame un jugement de goût pourrait être arraché par des arguments. Mais il y a entre eux cette ressemblance que tous deux impliquent universalité et nécessité; seulement l'universalité et la nécessité du jugement de goût ne sont pas déterminées par des concepts d'objet, et par conséquent elles sont simplement subjectives. Or, puisque ce sont les concepts qui constituent le contenu d'un jugement (ce qui appartient à la connaissance de l'objet), et que le jugement de goût ne peut être déterminé par des concepts, il ne se fonde que sur la condition formelle subjective d'un jugement en général. La condition subjective de tous les jugements est la faculté même de juger, ou le Jugement. Cette faculté, considérée relativement à une représentation par laquelle un objet est donné, exige la concordance de deux facultés représentatives : à savoir de l'imagination (pour l'intuition et l'assemblage des éléments divers de l'objet) et de l'entendement (pour le concept ou la représentation de l'unité de cet assemblage). Si donc le jugement ne se fonde point sur un concept d'objet, il ne peut consister que dans la subsumption de l'imagination même (dans une représentation par laquelle un objet est donné) sous les conditions qui permettent à l'entendement en général de passer de l'intuition à des concepts. En d'autres termes, puisque la liberté de l'imagination consiste dans la faculté qu'elle a de schématiser sans concept, le jugement de goût doit reposer uniquement sur le sentiment de l'influence réciproque de l'imagination avec sa *liberté* et de l'entendement avec sa *conformité à des lois,* par conséquent sur un sentiment qui nous fait juger l'objet d'après la finalité de la représentation (par laquelle cet objet est donné) pour le libre jeu de la faculté de connaître. Le goût, comme Jugement subjectif, contient donc un principe de subsumption, non pas des intuitions sous des *concepts*, mais de la *faculté* des intuitions ou des exhibitions (c'est-à-dire de l'imagination) sous la *faculté* des concepts (c'est-à-dire l'entendement), en tant que la première *dans sa liberté* s'accorde avec la seconde *dans sa conformité à des lois*.

Pour découvrir la légitimité de ce principe par une déduction des jugements de goût, nous ne pouvons prendre pour guide que les propriétés formelles de cette espèce de jugements, et par conséquent nous n'y devons considérer que la forme logique.

§. XXXVI.

Du problème de la déduction des jugements de goût.

A la perception d'un objet peut être lié immédiatement, de manière à former un jugement de connaissance, le concept d'un objet en général dont cette perception contient les prédicats empiriques, et on aura ainsi un jugement d'expérience. Or ce jugement a son principe dans des concepts *a priori* qui forment l'unité synthétique des éléments divers de l'intuition, et au moyen desquels nous concevons ces éléments comme des déterminations d'un objet ; et ces concepts (les catégories) exigent une déduction que nous avons donnée dans la critique de la raison pure, et par laquelle nous avons pu trouver aussi la solution de ce problème : comment des jugements de connaissance synthétiques *a priori* sont-ils possibles ? Ce problème concernait donc les principes *a priori* de l'entendement pur et de ses jugements théoriques.

Mais une perception peut aussi être immédiatement liée à un sentiment de plaisir (ou de peine), à une satisfaction qui accompagne la représentation de l'objet et lui tienne lieu de prédicat, et il en résultera un jugement esthétique, ce qui n'est pas un jugement de connaissance. Quand ce jugement n'est pas un simple jugement de sensation, mais un jugement formel de réflexion, qui exige de chacun, comme nécessaire, la même satisfaction, il a nécessairement pour fondement quelque principe *a priori* qui doit être purement subjectif (car un principe objectif serait impossible pour cette espèce de jugements), mais qui a besoin, comme tel, d'une déduction qui explique comment un jugement esthétique peut prétendre à la nécessité. Or c'est là ce qui donne lieu au problème dont nous nous occupons maintenant : comment des jugements de goût sont-ils possibles ? Ce problème concerne donc les principes *a priori* du Jugement pur dans les jugements *esthétiques*, c'est-à-dire dans les jugements où cette faculté n'a pas seulement (comme dans les jugements théoriques) à subsumer sous des concepts objectifs de l'entendement, et où, n'étant pas soumise à une loi, elle est à elle-même, subjectivement, son objet et sa loi.

Ce problème peut encore être énoncé ainsi : Comment est possible un jugement qui, d'après le seul sentiment *particulier* de plaisir qu'il attache à un objet, et indépendamment des concepts de cet objet, prononce *a priori*, c'est-à-dire sans avoir besoin d'attendre l'assentiment d'autrui, que ce plaisir doit être lié *chez tous les autres* à la représentation du même objet.

Il est facile de voir que les jugements de goût sont synthétiques, puisqu'ils dépassent le concept et même l'intuition de l'objet, et qu'ils ajoutent à cette intuition comme prédicat quelque chose qui n'est pas de la connaissance, à savoir le sentiment du plaisir (ou de la peine). Mais, quoique ce prédicat (du plaisir *particulier* lié à la représentation) soit empirique, ces jugements sont *a priori* ou prétendent être tels, relativement à l'assentiment qu'ils exigent de chacun; il n'y a qu'à voir les expressions mêmes par lesquelles ils font valoir leur droit; et ainsi ce problème de la critique du Jugement rentre dans le problème général de la philosophie transcendentale : comment des jugements synthétiques *a priori* sont-ils possibles.

§. XXXVII.

Ce qu'on affirme proprement a priori dans un jugement de goût sur un objet.

L'union immédiate de la représentation d'un objet avec un plaisir ne peut être perçue qu'intérieurement, et, si l'on ne voulait pas indiquer autre chose que cela, on n'aurait ainsi qu'un jugement empirique. Il n'y a pas, en effet, de représentation à laquelle je puisse lier *a priori* un sentiment (de plaisir ou de peine), si ce n'est celle qui repose *a priori* sur un principe rationnel déterminant la volonté. Ici le plaisir (le sentiment moral) est une conséquence du principe, mais on ne peut le comparer au plaisir du goût, puisqu'il suppose le concept déterminé d'une loi, tandis que celui-ci doit être lié immédiatement, antérieurement à tout concept, au simple jugement du goût. Aussi tous les jugements de goût sont-ils des jugements particuliers, car leur prédicat, qui consiste dans la satisfaction, n'est pas lié à un concept, mais à une représentation empirique particulière.

Ce n'est donc pas le plaisir, mais *l'universalité de ce plaisir,* perçu comme lié dans l'esprit au simple jugement sur un objet, que nous nous représentons *a priori* dans un jugement de goût comme une règle universelle pour le Jugement. C'est par un jugement empirique que je perçois et que je juge un objet avec plaisir. Mais c'est par un jugement *a priori* que je le trouve beau, c'est-à-dire que j'exige de chacun, comme nécessaire, la même satisfaction.

§. XXXVIII.

Déduction des jugements de goût.

Si on accorde que, dans un pur jugement de goût, la satisfaction attachée à l'objet est liée au simple jugement que nous portons sur sa forme, il n'y a pas là autre chose que la finalité subjective que montre cette forme pour la faculté de juger, et que nous sentons liée dans l'esprit à la représentation de l'objet. Or, comme la faculté de juger, considérée relativement aux règles formelles du jugement, et indépendamment de toute matière (soit sensation, soit concept), ne peut s'entendre que des conditions subjectives de l'usage du Jugement en général (ne s'appliquant ni à un mode particulier de sensibilité, ni à un concept particulier de l'entendement), par conséquent de ces conditions subjectives qu'on peut supposer chez tous les hommes (comme nécessaires à la possibilité de la connaissance en général) : la concordance d'une représentation avec ces conditions du Jugement, doit pouvoir être admise *a priori* comme valable pour chacun. En d'autres termes, on peut justement exiger ici de chacun le plaisir ou la finalité subjective de la représentation pour les facultés de connaître dans leur application à un objet sensible en général (1).

REMARQUE.

Ce qui rend cette déduction si facile, c'est qu'elle n'a pas à justifier la réalité objective d'un concept; car la beauté n'est pas un concept d'objet, et le jugement de goût un jugement de connaissance. Tout ce qu'affirme ce jugement, c'est que nous sommes fondés à supposer universellement en tout homme ces conditions subjectives de la faculté de juger que nous trouvons en nous, et que nous avons exactement subsumé l'objet donné sous ces conditions. Or cette subsumption présente, sans doute, d'inévitables difficultés que ne présente pas le jugement logique (car dans celui-ci on subsume sous

---

(1) Pour être fondé à réclamer l'assentiment universel en faveur d'une décision du Jugement esthétique, reposant uniquement sur des principes subjectifs, il suffit qu'on accorde : 1° que chez tous les hommes, les conditions subjectives de la faculté de juger sont les mêmes, en ce qui concerne le rapport des facultés de connaître, qui y sont mises en activité, avec la connaissance en général; ce qui doit être vrai, puisque sans cela les hommes ne pourraient pas se communiquer leurs représentations et leurs connaissances ; 2° que le jugement en question n'a égard qu'à ce rapport (par conséquent à la *condition formelle* de la faculté de juger) et qu'il est pur, c'est-à-dire qu'il n'est mêlé ni avec des concepts d'objet ni avec des sensations. Que si on néglige

des concepts, tandis que, dans le jugement esthétique, on subsume sous un rapport qui ne peut être que senti, c'est-à-dire sous un rapport de l'imagination et de l'entendement s'accordant entre eux dans la représentation de la forme d'un objet, et il est facile ici de faire une subsumption inexacte); mais cela n'ôte rien à la légitimité du droit qu'a le jugement de compter sur un assentiment universel, et qui revient seulement à déclarer le principe universellement valable. Quant aux difficultés et aux doutes qui peuvent naître sur l'exactitude de la subsumption d'un jugement sous ce principe, ils ne rendent pas plus douteuse la légitimité même du droit qu'a en général le Jugement esthétique de prétendre à l'universalité, et, par conséquent, le principe lui-même, qu'une subsomption défectueuse (quoique la chose soit plus rare et plus difficile) du Jugement logique sous son principe ne peut rendre douteux ce principe même, qui est objectif. Que si on demandait comment il est possible d'admettre *a priori* la nature comme un ensemble d'objets de goût, ce problème se rapporte à la téléologie, car il faudrait considérer comme une fin de la nature, essentiellement inhérente au concept que nous en avons, la production de formes finales pour

cette seconde condition, on appliquera inexactement à un cas particulier un droit qui nous donne une loi, mais cela ne détruit nullement ce droit en général.

notre Jugement. Mais l'exactitude de cette vue est encore très-douteuse, tandis que la réalité des beautés de la nature est une chose d'expérience.

§. XXXIX.

De la propriété qu'a une sensation de pouvoir être partagée.

Quand la sensation, comme élément réel de la perception, se rapporte à la connaissance, elle s'appelle sensation des sens; et on ne peut admettre que sa qualité spécifique puisse être généralement et uniformément partagée, qu'en attribuant à chacun un sens égal au nôtre; mais c'est ce qu'on ne peut supposer à l'égard d'aucune sensation des sens. Ainsi, celui à qui manque le sens de l'odorat ne peut partager l'espèce de sensation qui est propre à ce sens; et, quand ce sens ne lui manquerait pas, je ne puis être sûr qu'il reçoive d'une fleur exactement la même sensation que vous ou moi. Mais la différence doit être bien plus grande encore entre les hommes relativement à ce qu'il peut y avoir d'*agréable* ou de *désagréable* dans la sensation d'un même objet des sens; et je ne puis exiger que chacun ressente le plaisir que je reçois de cette espèce d'objet. Comme le plaisir dont il s'agit ici entre dans l'esprit par le sens et qu'ainsi nous y sommes passifs, on peut l'appeler le plaisir de la *jouissance*.

Au contraire, la satisfaction que nous attachons au caractère moral d'une action n'est pas un plaisir de la jouissance, mais de la spontanéité et de sa conformité à l'idée de sa destination. Mais ce sentiment, qu'on appelle le sentiment moral, suppose des concepts ; il ne révèle pas une libre finalité, mais une finalité conforme à des lois ; par conséquent, il ne peut être universellement partagé que par le moyen de la raison, et si le plaisir peut être ici le même pour chacun, c'est que les concepts de la raison pratique peuvent être parfaitement déterminés.

Le plaisir lié au sublime de la nature, comme plaisir d'une contemplation *raisonnante* * prétend aussi au droit d'être universellement partagé ; mais lui-même suppose déjà un autre sentiment, celui de notre destination supra-sensible, qui, si obscur qu'il soit, a un fondement moral. Mais je ne suis pas fondé à supposer que d'autres hommes auront nécessairement égard à ce sentiment, et qu'ils trouveront dans la contemplation de la grandeur sauvage de la nature une semblable satisfaction (qui n'a pas ici véritablement pour objet l'aspect de la nature, car cet aspect est plutôt effrayant). Et cependant, en considérant qu'en toute occasion favorable, on doit avoir en vue les principes de la

---

* *Vernünftelnden.*

moralité, je puis aussi attribuer à chacun cette satisfaction, mais seulement au moyen de la loi morale, laquelle de son côté est fondée sur des concepts de la raison.

Mais le plaisir du beau n'est ni un plaisir de la jouissance, ni celui d'une activité conforme à des lois, ni celui d'une contemplation raisonnant d'après des idées, mais un plaisir de simple réflexion. Sans avoir pour guide une fin ou un principe, il accompagne la commune appréhension d'un objet, telle qu'elle résulte du concours de l'imagination, en tant que faculté de l'intuition, et de l'entendement, en tant que faculté des concepts, au moyen d'une certaine application du Jugement, qu'exige aussi l'expérience la plus vulgaire : seulement, tandis que, dans ce dernier cas, le Jugement a pour but d'arriver à un concept objectif empirique, dans le premier (dans le jugement esthétique), il n'a d'autre but que de percevoir la concordance de la représentation avec l'activité harmonieuse de ces deux facultés de connaître s'exerçant en liberté, c'est-à-dire de sentir avec plaisir l'état intérieur occasionné par la représentation. Ce plaisir doit nécessairement reposer en chacun sur les mêmes conditions, puisque ce sont les conditions subjectives de la possibilité d'une connaissance en général, et que la concordance de ces deux facultés de connaître, qui est exigée pour le goût, doit être exigée aussi d'une intelligence ordinaire et saine, telle qu'on peut la supposer en chacun. C'est pourquoi celui qui porte un jugement de goût (si toutefois il ne se trompe pas intérieurement et qu'il ne prenne pas la matière pour la forme, l'attrait pour la beauté) peut attribuer à tout autre la finalité subjective, c'est-à-dire la satisfaction qu'il attache à l'objet, et considérer son sentiment comme devant être universellement partagé, et cela sans l'intermédiaire des concepts.

§. XL.

Du goût considéré comme une espèce de *sensus communis*.

On donne souvent au Jugement, en considérant moins sa réflexion que son résultat, le nom de sens, et l'on parle du sens de la vérité, du sens des convenances, du sens du juste, etc. On sait bien cependant, ou du moins on doit bien savoir que ce n'est pas dans un sens que ces concepts peuvent avoir leur siége, qu'un sens peut bien moins encore prétendre à des règles universelles, et que jamais une semblable représentation de la vérité, de la convenance, de la beauté ou de l'honnêteté ne nous viendrait à l'esprit, si nous ne pouvions nous élever, au-dessus des sens, à des facultés de connaître supérieures. *L'intelligence commune*, qui, entendue dans le sens d'intelligence saine (qui n'est pas encore cultivée), est regardée comme la moindre des choses qu'on puisse attendre de quiconque revendique le nom d'homme, a donc aussi le bien mince honneur d'être décorée du nom de *sens commun* (*sensus communis*), et de telle sorte que sous le mot *commun* (non pas seulement dans la langue allemande où le mot *gemein* a réellement un double sens, mais aussi dans beaucoup d'autres), on entend ce qui est *vulgaire* (*vulgare*),[1] c'est-à-dire ce qu'on rencontre partout et dont la possession n'est pas un mérite ou un avantage.

Mais par *sensus communis* il faut entendre l'idée d'un sens commun à tous[2], c'est-à-dire d'une faculté de juger qui, dans sa réflexion, songe (*a priori*) à ce que doit être chez tous les autres le mode de représentation dont il s'agit, afin de comparer en quelque sorte son jugement avec toute la raison humaine, et d'échapper par là à une illusion qui, en nous faisant prendre pour objectives des conditions particulières et subjectives, aurait une funeste influence sur le jugement. Or, pour cela, il faut comparer son jugement aux jugements des autres, et plutôt encore à leurs jugements possibles qu'à leurs jugements réels, et se supposer à la place de chacun d'eux, en ayant soin seulement de faire abstrac-

---

[1] *Commun* a en français les deux sens que Kant attribue ici à *gemein*, mais nous avons de plus, pour exprimer l'un de ces deux sens, le mot *vulgaire*, dont l'équivalent manque à la langue allemande, ce qui oblige Kant à employer le mot latin *vulgare*, d'où vient notre mot français. J. B.

[2] *Gemeinschaftlichen sinnes.*

tion des limites qui restreignent accidentellement notre propre jugement, c'est-à-dire en écartant autant que possible ce qui dans le mode de représentation est matière, ou sensation, pour porter toute son attention sur les propriétés formelles de cette représentation ou de ce mode de représentation. Or cette opération de la réflexion paraîtra peut-être trop artificielle pour pouvoir être attribuée à ce qu'on appelle le sens *commun;* mais elle ne paraît ainsi que quand on l'exprime par des formules abstraites; il n'y a rien de plus naturel en soi que de faire abstraction de tout attrait et de toute émotion, quand on cherche un jugement qui puisse servir de règle universelle.

Voici des maximes de l'intelligence commune, qui ne font point partie, il est vrai, de la critique du goût, mais qui peuvent servir à l'explication de ses principes : 1° penser par soi-même ; 2° penser en se mettant à la place d'autrui ; 3° penser de manière à être toujours d'accord avec soi-même. La première est la maxime d'un esprit *libre de préjugés ;* la seconde, celle d'un esprit *étendu ;* la troisième, celle d'un esprit *conséquent.* La première maxime est celle d'une raison qui n'est jamais *passive.* La tendance à une raison passive, par conséquent à l'hétéronomie de la raison, s'appelle *préjugé ;* et le plus grand de tous est de se représenter la nature comme n'étant pas soumise à ces règles que l'entendement lui donne nécessairement pour principe en vertu de sa propre loi, c'est-à-dire la *superstition* (¹). La culture de l'esprit * nous délivre de la superstition, comme de tous les préjugés en général; mais la superstition est le préjugé par excellence (*in sensu eminenti*), car de l'aveuglement où elle nous jette, et qu'elle nous impose même comme une loi, résulte le besoin d'être guidé par d'autres, par conséquent la passivité de la raison. Quant à la seconde maxime, nous sommes d'ailleurs accoutumés à appeler étroit (*borné*, le contraire d'*étendu*) celui dont les talents ne sont pas bons à quelque chose de grand (surtout à quelque chose qui demande une grande force d'application). Mais il n'est pas question ici de la faculté de la connaissance; il ne s'agit que de la *manière de penser* ou de faire de la pensée un usage convenable; c'est par là qu'un homme, si faible que soit la capacité ou le degré auquel s'arrête la nature humaine, fait preuve d'un

---

(¹) Il est aisé de voir que la culture de l'esprit est facile *in thesi*, mais difficile et longue à obtenir *in hypothesi*: car de ne pas laisser sa raison dans un état purement passif et de ne recevoir jamais de loi que de soi-même, c'est quelque chose de tout à fait facile pour l'homme qui ne veut pas s'écarter de sa fin essentielle et qui ne désire pas savoir ce qui est au-dessus de son entendement; mais comme il est difficile de résister à ce désir, et qu'il ne manquera jamais d'hommes qui promettront avec assurance de le satisfaire, la simple négative (à laquelle se borne la véritable culture de l'esprit) doit être très-difficile à conserver ou à établir dans l'esprit (surtout dans l'esprit public).

* *Aufklärung*.

esprit étendu, en sachant s'élever au-dessus des conditions particulières et subjectives du Jugement, auxquelles tant d'autres restent pour ainsi dire cramponnés, et en se plaçant, pour réfléchir sur son propre jugement, à un *point de vue universel* (qu'il ne peut déterminer qu'en se plaçant au point de vue d'autrui). La troisième maxime, celle qui veut que la pensée soit *conséquente* avec elle-même, est très-difficile à suivre, et on ne peut y parvenir que par l'union des deux premières et grâce à une habitude acquise par une longue pratique de ces maximes. On peut dire que la première de ces maximes est celle de l'entendement; la seconde, celle du Jugement; la troisième, celle de la raison. —

Je reprends le fil interrompu par cet épisode, et je dis que l'expression de sens commun (*sensus communis*) [1] convient mieux au goût qu'à l'intelligence commune, au Jugement esthétique qu'au Jugement intellectuel, si on veut entendre par le mot sens un effet de la simple réflexion sur l'esprit, car alors on entend par sens le sentiment du plaisir. On pourrait même définir le goût la faculté de juger de ce qui rend propre à être universellement partagé le sentiment lié, sans le secours d'aucun concept, à une représentation donnée.

---

[1] On pourrait désigner le goût par *sensus communis æstheticus*, l'intelligence commune par *sensus communis logicus*.

L'aptitude qu'ont les hommes à se communiquer leurs pensées exige aussi une certaine relation de l'imagination et de l'entendement, d'après laquelle on joigne aux concepts des intuitions et à celles-ci des concepts, de manière à former une connaissance ; mais alors la concordance de ces deux facultés de l'esprit a un caractère *légal ;* elle dépend de concepts déterminés. Ce n'est que quand l'imagination en liberté éveille l'entendement et que celui-ci, sans le secours des concepts, donne de la régularité au jeu de l'imagination, c'est alors seulement que la représentation est partagée, non comme pensée, mais comme sentiment intérieur d'un état harmonieux de l'esprit.

Le goût est donc la faculté de juger *a priori* propres à être partagés les sentiments liés à une représentation donnée (sans l'intermédiaire d'un concept).

Si l'on pouvait admettre que la seule propriété qu'a notre sentiment de pouvoir être universellement partagé renferme déjà en soi un intérêt pour nous (qu'on n'a pas le droit de conclure de la nature d'un jugement purement réfléchissant), on pourrait s'expliquer pourquoi le sentiment dans le jugement de goût est attribué à chacun pour ainsi dire comme un devoir.

§. XLI.

De l'intérêt empirique du beau.

Nous avons suffisamment établi plus haut que le jugement de goût, par lequel une chose est déclarée belle, ne doit avoir aucun intérêt pour *motif*. Mais il ne suit pas de là que, ce jugement une fois porté comme jugement esthétique pur, aucun intérêt ne puisse y être lié. Toutefois ce lien ne pourra jamais être qu'indirect, c'est-à-dire qu'il faut d'abord se représenter le goût comme lié à quelque autre chose, pour pouvoir joindre à la satisfaction que donne la simple réflexion sur un objet *un plaisir qui s'attache à l'existence* de cet objet (car c'est en cela que consiste tout intérêt). En effet on peut appliquer ici au jugement esthétique ce qu'on dit dans le jugement de connaissance (des choses en général) *a posse ad esse non valet consequentia*. Or cette autre chose ne peut être que quelque chose d'empirique, à savoir une inclination propre à la nature humaine, ou quelque chose d'intellectuel, comme la propriété qu'a la volonté de pouvoir être déterminée *a priori* par la raison : deux choses qui attachent une satisfaction à l'existence d'un objet, et peuvent ainsi communiquer un intérêt à ce qui a déjà plu par soi-même et indépendamment de tout intérêt.

Empiriquement le beau n'a d'intérêt que dans

la *société;* et si on regarde comme naturel à l'homme le penchant à la société, et la *sociabilité* comme une qualité nécessaire aux besoins de l'homme, créature destinée à la vie de société, et par conséquent comme une qualité inhérente à l'humanité, alors il est impossible de ne pas considérer le goût comme une faculté de juger des choses sur lesquelles on peut voir son *sentiment* partagé par tous les autres, et par conséquent comme un moyen de satisfaire l'inclination naturelle de chacun.

Un homme relégué dans une île déserte ne songerait pas à orner sa cabane ou à se parer lui-même; il ne s'aviserait pas de chercher des fleurs, encore moins d'en planter pour cela; ce n'est qu'en société qu'il lui vient à l'esprit qu'il n'est pas seulement un homme, mais un homme distingué dans son espèce (ce qui est le commencement de la civilisation). Car c'est ainsi qu'on juge celui qui se montre enclin et apte à communiquer son plaisir à d'autres et qui ne reçoit pas de contentement d'un objet, s'il est seul à le sentir. En outre, chacun attend et exige de chacun qu'il ait égard à ce besoin qui veut que le sentiment soit universellement partagé, et qui semble venir d'un pacte originaire dicté par l'humanité même. Ainsi, sans doute, la société a donné de l'importance et un grand intérêt d'abord à des choses qui n'étaient que de simples attraits, comme à des couleurs dont on se peignait (au roucou chez les Caraïbes, ou au cinabre chez les Iroquois), ou à des fleurs, à des coquillages, à des plumes d'oiseaux ; puis aussi, avec le temps, à de belles formes (dans les canots, par exemple, dans les habits, etc.), qui par elles-mêmes ne procurent aucune jouissance ; jusqu'à ce qu'enfin la civilisation, parvenue à son plus haut degré, en cultivant le penchant à la société, fît aux hommes une loi de n'accorder de prix aux sensations qu'autant qu'elles peuvent être universellement partagées. Dès lors, quoique le plaisir que chacun trouve dans un objet soit faible et n'ait pas par lui-même un grand intérêt, cependant l'idée qu'il peut être universellement partagé étend presque infiniment sa valeur.

Mais cet intérêt indirect qu'attache au beau le penchant à la société, et qui est par conséquent empirique, n'est ici d'aucune importance pour nous, car nous n'avons à nous occuper que de ce qui peut avoir un rapport *a priori*, même indirect, avec le jugement de goût. En effet, si nous pouvions découvrir quelque intérêt de cette nature lié à la beauté, le goût fournirait à notre faculté de juger une transition pour passer de la jouissance sensible au sentiment moral ; et par là, non-seulement on serait conduit à traiter le goût d'une manière plus convenable, mais on obtiendrait aussi un anneau intermédiaire dans la chaîne des facultés humaines *a priori*, d'où doit dériver toute législation. Tout ce qu'on peut dire de l'intérêt empirique qui s'attache aux objets du goût et au goût lui-même, c'est que, comme le goût sert l'inclination, quelque cultivée qu'elle soit, cet intérêt peut se confondre avec toutes les inclinations et toutes les passions dont le développement trouve dans la société toute la variété dont elles sont capables et atteint son plus haut degré, et que l'intérêt du beau, quand il n'a pas d'autre principe, ne peut fournir qu'un passage douteux de l'agréable au bien. Mais ne peut-on pas, en considérant le goût dans sa pureté, y trouver ce passage ; c'est ce qu'il convient de rechercher.

§. XLII.

De l'intérêt intellectuel du beau.

Il faut rendre hommage aux excellentes intentions de ceux qui, voulant rapporter à la fin dernière de l'humanité, c'est-à-dire au bien moral, toutes les occupations auxquelles les hommes sont poussés par les dispositions intérieures de leur nature, ont regardé comme un signe d'un bon caractère moral de prendre un intérêt au beau en général. Mais d'autres leur ont opposé, non sans raison, l'exemple des virtuoses du goût, qui sont ordinairement vains, fantasques, livrés aux passions désastreuses, et qui auraient peut-être moins de droit que personne à se croire supérieurs aux autres par leur attachement aux principes moraux; et par conséquent il semble que le sentiment du beau n'est pas seulement (comme il l'est en effet) spécifiquement différent du sentiment moral, mais aussi que l'intérêt qu'on y peut attacher s'accorde difficilement avec l'intérêt moral, et qu'il n'y a point entre eux d'affinité intérieure.

Or j'accorde volontiers que l'intérêt qu'on attache au *beau de l'art;* par où j'entends aussi l'usage artificiel qu'on peut faire des beautés de la nature, en s'en servant comme d'ornement, par conséquent dans un but de vanité, ne prouve pas un esprit attaché ou seulement porté au bien moral. Mais je soutiens aussi que prendre un *intérêt immédiat* à la beauté de la *nature* (ne pas seulement avoir du goût pour en juger), c'est toujours le signe d'une bonne âme; et que, si cet intérêt est habituel et qu'il se lie volontiers à la contemplation de la nature, il annonce au moins une disposition d'esprit favorable au sentiment moral. Mais il faut bien se rappeler que je ne parle proprement ici que des belles *formes* de la nature, et que je mets de côté les *attraits* qu'elle y joint ordinairement avec tant de profusion, parce que l'intérêt qui s'y attache est, il est vrai, immédiat, mais cependant empirique.

Celui qui contemple solitairement (et sans avoir pour but de communiquer ses remarques à d'autres) la beauté d'une fleur sauvage, d'un oiseau, d'un insecte, ou de quelque autre chose semblable, pour l'admirer et l'aimer, et qui regretterait de ne pas trouver cette chose dans la nature, quand même elle lui porterait quelque dommage, et indépendamment de tous les avantages qu'il en peut retirer, celui-là attache à la beauté de la nature un intérêt immédiat et intellectuel. Ce n'est plus seulement la production de la nature qui lui plaît par sa forme, mais aussi l'existence de cette production, sans qu'aucun attrait sensible y entre ou que lui-même y attache quelque fin.

Remarquons que, si on trompait secrètement cet amateur du beau, en plantant dans la terre des fleurs artificielles (imitant parfaitement les fleurs naturelles), ou en plaçant sur les branches des arbres des oiseaux artistement sculptés, et qu'on lui découvrît ensuite la ruse, cet intérêt immédiat qu'il prenait d'abord à ces objets disparaîtrait bientôt, et ferait peut-être place à un autre, à un intérêt de vanité, c'est-à-dire au désir d'en orner sa chambre pour en faire montre. Il faut qu'en voyant une beauté de la nature nous ayons la pensée que c'est la nature même qui l'a produite, et c'est seulement sur cette pensée que se fonde l'intérêt immédiat qu'on y prend. Sinon, il n'y aura plus ou qu'un simple jugement de goût dépouillé de tout intérêt, ou qu'un jugement lié à un intérêt médiat, c'est-à-dire venant de la société ; et cette dernière espèce d'intérêt ne fournit aucun signe certain de dispositions moralement bonnes.

Cet avantage qu'a la beauté naturelle sur la beauté artistique d'exciter seule un intérêt immédiat, quoiqu'elle puisse être aisément surpassée par celle-ci, quant à la forme, cet avantage s'accorde avec l'esprit épuré et solide de tous les hommes qui ont cultivé leur sentiment moral. Qu'un homme, ayant assez de goût pour apprécier les productions des beaux-arts avec l'exactitude et la finesse la plus grande, quitte sans regret la chambre où brillent ces beautés qui satisfont la vanité et le besoin des plaisirs de la société, et qu'il cherche la beauté de la nature pour y trouver comme une volupté qui soutienne son esprit dans cette voie dont on ne peut jamais toucher le terme ; nous considérerons cette préférence avec respect, nous supposerons à cet homme une belle âme, que nous n'attribuerons pas à un connaisseur ou à un amateur, parce qu'il éprouve de l'intérêt pour les objets de l'art. — Quelle est donc la différence de ces appréciations si diverses de deux espèces d'objets qui dans le simple jugement de goût se disputeraient à peine la supériorité ?

Nous avons une faculté de juger purement esthétique, c'est-à-dire une faculté de juger des formes sans concepts, et de trouver dans le seul jugement que nous en portons une satisfaction dont nous faisons en même temps une règle pour chacun, sans que ce jugement se fonde sur un intérêt ni en produise aucun. — D'un autre côté, nous avons aussi une faculté de juger intellectuelle, qui détermine pour les simples formes des maximes pratiques (en tant qu'elles sont propres à fonder par elles-mêmes une législation universelle) une satisfaction *a priori*, dont nous faisons une loi pour chacun, et qui ne se fonde sur aucun intérêt, mais *en produit un*. Le plaisir est, dans le premier jugement, celui du goût; dans le second, celui du sentiment moral.

Mais la raison intéresse aussi par cela même que les idées (pour lesquelles elle produit dans le sentiment moral un intérêt immédiat) ont aussi une réalité objective, c'est-à-dire par cela que la nature révèle, par quelque trace au moins ou par quelque signe, un principe qui nous autorise à admettre une concordance régulière entre ses productions et la satisfaction que nous sommes capables d'éprouver indépendamment de tout intérêt (et que nous reconnaissons *a priori* comme une loi pour chacun, sans pouvoir la fonder sur des preuves). La raison doit donc prendre un intérêt à toute manifestation de la nature qui réalise un semblable accord; par conséquent l'esprit ne peut pas réfléchir sur la *beauté* de la nature, sans s'y trouver en même temps intéressé. Or cet intérêt est moral par alliance; et celui qui prend de l'intérêt à la beauté de la *nature* ne le peut faire qu'à la condition d'avoir déjà su attacher un solide intérêt au bien moral. On a donc raison de supposer au moins de bonnes dispositions morales en celui que la beauté de la nature intéresse immédiatement.

On dira que cette interprétation des jugements esthétiques, qui leur suppose une parenté avec le sentiment moral, paraît trop raffinée pour qu'on puisse la regarder comme la véritable explication du langage symbolique que la nature nous parle dans ses belles formes. Mais d'abord cet intérêt immédiat qui s'attache au beau de la nature n'est réellement pas commun; il n'est propre qu'à ceux dont l'esprit ou a déjà été cultivé pour le beau, ou est éminemment propre à recevoir cette culture; chez ceux-là l'analogie qui existe entre le pur jugement de goût, qui, sans dépendre d'aucun intérêt, nous fait éprouver une satisfaction et la représente en même temps *a priori* comme convenant à l'humanité en général, et le jugement moral, qui arrive au même résultat par des concepts, même sans le secours d'une réflexion claire, subtile et préméditée, cette analogie communique à l'objet du premier jugement un intérêt immédiat, égal à celui de l'objet du second : seulement tandis que celui-là est libre, celui-ci est fondé sur des lois objectives. Ajoutez à cela l'admiration de ces belles productions de la nature où celle-ci se montre artiste, non par l'effet du hasard, mais comme avec intention, suivant une ordonnance régulière, et nous révèle une finalité dont nous ne trouvons le but nulle part au dehors, en sorte que nous le cherchons naturellement en nous-mêmes, dans le but final de notre existence, à savoir dans la destination morale (la recherche du principe de la possibilité de cette finalité de la nature se présentera dans la téléologie).

Il est facile de montrer que la satisfaction attachée aux beaux-arts n'est pas liée à un intérêt immédiat, comme celle qui s'attache à la belle nature. En effet, ou bien une œuvre d'art est une imitation de la nature, qui va jusqu'à faire illusion, et alors elle produit le même effet qu'une beauté naturelle (puisqu'on la prend pour telle); ou bien elle a visiblement pour but de nous satisfaire, et alors la satisfaction qui s'attacherait à cette œuvre serait à la vérité produite immédiatement par le goût, mais il n'y aurait pas d'autre intérêt que celui qu'on attacherait médiatement à la cause même ou au principe de cette œuvre, c'est-à-dire à un art, qui ne peut intéresser que par son but, jamais par lui-même. On dira peut-être que c'est aussi le cas des objets de la nature qui ne nous intéressent par leur beauté qu'autant que nous lui associons une idée morale; mais ce ne sont pas ces objets mêmes qui intéressent immédiatement, c'est la qualité qu'a la nature d'être propre à une association de ce genre, et qui lui appartient essentiellement.

Les attraits qu'on trouve dans la belle nature, et qui y sont si souvent fondus, pour ainsi dire, avec les belles formes, appartiennent ou aux modifications de la lumière (qui forment le coloris), ou aux modifications du son (qui forment les tons). Ce sont là en effet les seules sensations qui n'occasionnent pas seulement un sentiment des sens, mais encore une réflexion sur la forme de ces modifications des sens, et qui contiennent ainsi comme un langage qui nous met en communication avec la nature et paraît avoir un sens supérieur. Ainsi la couleur blanche du lis semble disposer l'âme aux idées d'innocence, et si on suit l'ordre des sept couleurs depuis le rouge jusqu'au violet, on y trouve le symbole des idées, 1° de la sublimité, 2° de la hardiesse, 3° de la candeur, 4° de l'affabilité, 5° de la modestie, 6° de la constance, et 7° de la tendresse. Le chant des oiseaux annonce la gaieté et le contentement de l'existence. Du moins interprétons-nous ainsi la nature, que ce soit là ou non son but. Mais cet intérêt que nous prenons ici à la beauté ne s'adresse qu'à la beauté de la nature; il disparaît dès qu'on remarque qu'on s'est trompé et que ce qui l'excitait n'était que de l'art, à tel point que le goût n'y peut plus rien trouver de beau ni la vue rien d'attrayant. Il n'y a rien que les poètes aient plus vanté, aient trouvé plus enchanteur que le chant d'un rossignol qui se fait entendre dans un bocage solitaire, pendant le calme d'une soirée d'été, à la douce clarté de la lune. Cependant, si quelque plaisant, pour amuser ses convives, les conduit, sous prétexte de leur faire respirer l'air des champs, près d'un bosquet où il n'y a pas de chanteur de cette espèce, mais où il a fait cacher un enfant malin qui sait parfaitement imiter le chant de cet oiseau (avec un roseau ou un jonc), aussitôt qu'on s'apercevra de la ruse, personne ne pourra plus écouter ce chant qu'on regardait un instant auparavant comme si ravissant; et il en est de même du chant de tous les autres oiseaux. Il n'y a que la nature, ou ce que nous prenons pour la nature, qui puisse nous faire attacher au beau un intérêt immédiat; et cela est vrai à plus forte raison quand nous voulons exiger des autres cet intérêt, comme il arrive en effet lorsque nous tenons pour grossiers et sans élévation ces hommes qui n'ont pas le *sentiment* de la belle nature (car nous nommons ainsi la capacité qui nous fait trouver un intérêt dans la contemplation de la nature), et qui à table ne songent qu'à la jouissance des sens.

§. XLIII.

De l'art en général.

I. L'*art* se distingue de la *nature* comme faire (*facere*) se distingue d'agir (*agere*), et il y a entre une production de l'art et une production de la nature la différence d'une *œuvre* (*opus*) à un effet (*effectus*).

On ne devrait appliquer proprement le nom d'art qu'aux choses produites avec liberté, c'est-à-dire avec une volonté qui prend la raison pour principe de ses actions. En effet, quoiqu'on aime à appeler œuvres d'art les productions des abeilles (les rayons de cire régulièrement construits), on ne parle ainsi que par analogie; car dès qu'on s'est aperçu que leur travail n'est point fondé sur une réflexion qui leur soit propre, on dit que c'est une production de leur nature (de l'instinct) et on en renvoie l'art à leur créateur.

Lorsqu'en fouillant dans un marais on trouve, comme il arrive quelquefois, un morceau de bois taillé, on ne dit pas que c'est une production de la nature, mais de l'art; la cause efficiente de cette production a conçu une fin à laquelle cet objet doit sa forme. D'ailleurs on reconnaît aussi de l'art dans toutes les choses qui sont telles que leur cause, avant de les produire, en a dû avoir la représentation, (comme il arrive chez les abeilles), sans pourtant les *concevoir* comme effets ; mais quand on nomme simplement une chose œuvre d'art, pour la distinguer d'un effet de la nature, on entend toujours par là une œuvre des hommes.

2. L'*art*, en tant qu'habileté de l'homme, se distingue aussi de la *science* (comme *pouvoir* de *savoir*), comme la faculté pratique de la faculté théorique, comme le technique de la théorie (comme, par exemple, l'arpentage de la géométrie). Et ainsi une chose qu'on *peut* faire, dès qu'on *sait* ce qu'il faut faire et que l'on connaît suffisamment le moyen à employer pour arriver à l'effet désiré, n'est pas précisément de l'art. Il ne faut chercher l'art que là où la connaissance parfaite d'une chose ne nous donne pas en même temps l'habileté nécessaire pour la faire. *Camper* décrit très-exactement la manière de faire un bon soulier, mais lui-même assurément n'eût pu en faire un (¹).

3. L'*art* se distingue aussi du *métier ;* le premier est appelé *libéral*, le second peut être appelé *mercenaire*. On ne considère l'art que comme un jeu,

---

(¹) Dans mon pays, un homme du peuple à qui on propose un problème comme celui de l'œuf de Colomb, dit que *ce n'est pas de l'art, mais de la science ;* ce qui veut dire que quand on *sait* la chose, on la *peut ;* et il parle de la même manière du prétendu art du joueur de gobelets. Il n'hésitera pas au contraire à appeler art l'adresse du danseur de corde.

c'est-à-dire comme une occupation agréable par elle-même, et on ne lui attribue pas d'autre fin ; mais on regarde le métier comme un travail, c'est-à-dire comme une occupation désagréable par elle-même (pénible), qui n'attire que par le résultat qu'elle promet (par exemple, par l'appât du gain), et qui par conséquent renferme une sorte de contrainte. Doit-on dans la hiérarchie des professions ranger les horlogers parmi les artistes et les forgerons, au contraire, parmi les artisans ? Pour répondre à cette question, il faut un autre moyen d'appréciation que celui que nous prenons ici, c'est-à-dire qu'il faut considérer la proportion des talents exigés dans l'une et dans l'autre de ces professions. En outre, dans ce qu'on appelle les sept arts libéraux, n'y en a-t-il pas quelques-uns qui doivent être rapportés à la science et d'autres qui doivent être rapprochés du métier ? C'est une question dont je ne veux pas parler ici. Mais ce qu'il y a de certain, c'est que dans tous les arts il y a quelque chose de forcé, ou, comme on dit, un *mécanisme*, sans lequel l'*esprit* qui doit être *libre* dans l'art, et qui seul anime l'œuvre, ne pourrait recevoir un corps et s'évaporerait tout entier (par exemple, dans la poésie, la correction et la richesse du langage, ainsi que la prosodie et la mesure). Il est bon de faire cette remarque dans un temps où certains pédagogues croient rendre le plus grand service aux arts libéraux en écartant de ces arts toute espèce de contrainte, et en changeant le travail en pur jeu.

§. XLIV.

Des Beaux-Arts.

Il n'y a pas de science du beau, mais seulement une critique du beau; de même, il n'y a pas de belles sciences, mais seulement des beaux arts. En effet, en premier lieu, s'il y avait une science du beau, on déciderait scientifiquement, c'est-à-dire par des arguments, si une chose doit être ou non tenue pour belle ; et alors le jugement sur la beauté, rentrant dans la sphère de la science, ne serait plus un jugement de goût. Et, en second lieu, une science qui, comme telle, doit être belle, est un non-sens. Car si on lui demandait à titre de science des principes et des preuves, on nous répondrait par de *bons mots**.— Ce qui a sans doute donné lieu à l'expression usitée de *belles sciences*, c'est qu'on a fort bien remarqué que les beaux-arts pour atteindre toute leur perfection, exigeaient beaucoup de science, par exemple, la connaissance des langues anciennes, la lecture assidue des auteurs regardés comme classiques, l'histoire, la connais-

---

* Cette expression est citée en français par Kant. J. B.

sance des antiquités, etc.; et c'est parce que ces sciences historiques doivent nécessairement servir de préparation et de fondement aux beaux-arts, et aussi parce qu'on y a compris la connaissance même des productions des beaux-arts (de l'éloquence et de la poésie) que par une sorte de transposition on les a appelées elles-mêmes de belles sciences.

Lorsque l'art, se conformant à la *connaissance* d'un objet possible, se borne à faire, pour le réaliser, tout ce qui est nécessaire, il est *mécanique;* mais s'il a pour fin immédiate le sentiment du plaisir, il est *esthétique*. L'art esthétique comprend les arts *agréables* et les *beaux-arts*, suivant qu'il a pour but d'associer le plaisir aux représentations en tant que simples *sensations*, ou en tant qu'*espèces de connaissance*.

Les arts agréables sont ceux qui n'ont d'autre fin que la jouissance; tels sont tous ces attraits qui peuvent charmer une société à table, comme de raconter d'une manière amusante, d'engager la société dans une conversation pleine d'abandon et de vivacité, de la monter par la plaisanterie et le rire à un certain ton de gaieté, où l'on peut dire en quelque sorte tout ce qui vient à la bouche, et où personne ne veut avoir à répondre de ce qu'il dit, parce qu'on ne songe qu'à nourrir l'entretien du moment, et non à fournir une matière durable à la réflexion et à la discussion. (Il faut aussi rapporter à cette espèce d'arts celui du service de la table, ou même la musique dont on accompagne les grands repas, qui n'a d'autre but que d'entretenir les esprits par des sons agréables sur le ton de la gaieté, et qui permet aux voisins de converser librement entre eux, sans que personne fasse la moindre attention à la composition de cette musique). Rangeons aussi dans la même classe tous les jeux qui n'offrent pas d'autre intérêt que de faire passer le temps.

Les beaux-arts au contraire sont des espèces de représentations qui ont leur fin en elles-mêmes, et qui, sans autre but, favorisent pourtant la culture des facultés de l'esprit dans leur rapport avec la vie sociale.

La propriété qu'a un plaisir de pouvoir être universellement partagé suppose que ce plaisir n'est pas un plaisir de jouissance, dérivé de la pure sensation, mais de réflexion; et ainsi les arts esthétiques, en tant que beaux-arts, ont pour règle le jugement réfléchissant et non la sensation.

§. XLV.

Les Beaux-Arts doivent faire l'effet de la nature.

Devant une production des beaux-arts il faut que nous ayons la conscience que c'est une production de l'art et non de la nature, mais il faut aussi que la finalité de la forme de cette production paraisse aussi indépendante de toute contrainte de règles arbitraires que si elle était simplement une production de la nature. C'est sur ce sentiment du jeu libre, mais harmonieux, de nos facultés de connaître que repose ce plaisir qui seul peut être universellement partagé, sans pourtant s'appuyer sur des concepts. Nous avons vu que la nature était belle quand elle faisait l'effet de l'art; l'art à son tour ne peut être appelé beau que si, quoique nous ayons conscience que c'est de l'art, il nous fait l'effet de la nature.

Qu'il s'agisse de la nature ou de l'art, nous pouvons dire généralement que *cela est beau qui plaît uniquement dans le jugement que nous en portons* (non dans la sensation ni au moyen d'un concept). Or l'art a toujours un dessein déterminé de produire quelque chose. Mais s'il ne s'agissait là que d'une simple sensation (quelque chose de purement subjectif) qui dût être accompagnée de plaisir, cette production ne plairait dans le jugement qu'au moyen d'une sensation des sens. D'un autre côté, si le dessein concernait la production d'un objet déterminé, l'objet produit par l'art ne plairait qu'au moyen de concepts. Dans les deux cas, l'art ne plairait pas *uniquement dans le jugement*, c'est-à-dire il ne plairait pas comme beau, mais comme mécanique.

Ainsi la finalité d'une production dans les beaux-arts, quoiqu'elle ait un dessein, ne doit pas le laisser paraître, c'est-à-dire que les beaux-arts doivent *faire l'effet* de la nature, bien qu'on ait conscience que ce sont des arts. Or une production de l'art fait l'effet de la nature quand on trouve que les règles, d'après lesquelles seules cette production peut être ce qu'elle doit être, ont été exactement observées, mais qu'elle ne laisse point paraître l'effort, qu'elle ne trahit pas la forme de l'école et ne rappelle pas de quelque manière que la règle était sous les yeux de l'artiste, et qu'elle enchaînait les facultés de son esprit.

§. XLVI.

Les Beaux-Arts sont des arts du génie.

Le *génie* est le talent (don naturel) qui donne à l'art sa règle. Comme le talent ou le pouvoir créateur que possède l'artiste est inné, et qu'il appartient ainsi à la nature, on pourrait dire aussi que le génie est la qualité innée de l'esprit (*ingenium*) *par laquelle* la nature donne la règle à l'art.

Quoi qu'il en soit de cette définition, qu'elle soit arbitraire ou qu'elle soit conforme ou non au concept qu'on a coutume d'associer au mot *génie* (ce que nous examinerons dans le paragraphe suivant), toujours peut-on prouver d'avance que, d'après le sens adopté ici, les beaux-arts doivent nécessairement être considérés comme des arts du *génie*.

En effet tout art suppose des règles au moyen desquelles une production artistique est représentée comme possible. Mais le concept des beaux-arts ne permet pas que le jugement porté sur la beauté de leurs productions soit dérivé de quelque règle qui ait pour principe un *concept,* et qui, par conséquent, nous apprenne comment la chose est possible. Ainsi les beaux-arts ne peuvent pas trouver eux-mêmes la règle qu'ils doivent suivre dans leurs productions. Or, comme sans règle antérieure une production ne peut recevoir le nom d'art, il faut que la nature donne la règle à l'art dans le sujet (et cela par l'harmonie de ses facultés), c'est-à-dire que les beaux-arts ne sont possibles que comme productions du génie.

Il est facile maintenant de comprendre ce qui suit : 1° Le génie est le *talent* de produire ce dont on ne peut donner de règle déterminée, et non pas l'habileté qu'on peut montrer en faisant ce qu'on peut apprendre suivant une règle; par conséquent, l'*originalité* est sa première qualité. 2° Comme il peut y avoir des extravagances originales, ses productions doivent être des modèles, elles doivent être *exemplaires,* et par conséquent originales elles-mêmes ; elles doivent pouvoir être proposées à l'imitation, c'est-à-dire servir de mesure ou de règle d'appréciation. 3° Il ne peut lui-même décrire ou montrer scientifiquement comment il accomplit ses productions, mais il donne la règle par une inspiration de la nature, et ainsi l'auteur d'une production, en étant redevable à son génie, ne sait pas lui-même comment les idées s'en trouvent en lui; il n'est pas en son pouvoir d'en former de semblables à son gré et méthodiquement, et de communiquer aux autres des préceptes qui les mettent en état d'accomplir de semblables productions. (C'est pour cela sans doute que le mot génie a été tiré du mot *genius*, qui signifie l'esprit particulier qui a été donné à un homme à sa naissance, qui le protége, le dirige et lui inspire des idées originales.) 4° La nature par le génie ne donne pas de règle à la science, mais à l'art, et encore ne faut-il appliquer cela qu'aux beaux-arts.

§. XLVII.

Explication et confirmation de la précédente définition du génie.

Tout le monde s'accorde à reconnaître que le génie est tout à fait opposé à l'*esprit d'imitation*. Or, comme apprendre n'est pas autre chose qu'imiter, la plus grande capacité, la plus grande facilité à apprendre ne peut, comme telle, passer pour du génie. Bien plus, pour être appelé génie, il ne suffit pas de penser et de méditer par soi-même et de ne pas se borner à comprendre ce que d'autres ont pensé, il ne suffit pas même de faire des découvertes dans l'art et dans la science, et d'être ce qu'on appelle une *forte tête* (par opposition à ces esprits qui ne savent qu'apprendre et imiter, et qu'on appelle des perroquets)* : c'est que ce qu'on trouve ainsi, on aurait *pu* l'apprendre, qu'on y arrive par des règles en suivant le chemin naturel de la spéculation et de la réflexion, et que cela ne se distingue pas spécifiquement de ce qu'on peut acquérir par l'étude et au moyen de l'imitation. Ainsi tout ce que *Newton* a exposé dans son immortel ouvrage des principes de la philosophie naturelle, quelque forte tête qu'il ait fallu pour trouver de telles choses, on peut l'apprendre ; mais on n'apprend pas à composer de beaux vers, si détaillés que soient les préceptes de la poésie, et si excellents qu'en soient les modèles. La raison en est que Newton pouvait, non-seulement pour lui-même, mais pour tout le monde, rendre pour ainsi dire visibles et marquer pour ses successeurs tous les pas qu'il eut à faire depuis les premiers éléments de la géométrie jusqu'à ses grandes et profondes découvertes, tandis qu'un *Homère* ou un *Wieland* ne peut montrer comment ses idées, si riches par l'imagi-

---

* Il y a dans le texte *Pinsel*, qui au propre signifie *pinceau*. L'équivalent que j'emploie, faute d'une expression plus littérale, traduit assez exactement l'idée que Kant veut exprimer ici par ce mot. J. B.

nation et en même temps si pleines par la pensée, ont pu tomber et s'accorder dans sa tête, car il ne le sait pas lui-même, et, par conséquent, il ne peut l'apprendre aux autres. Le plus grand inventeur, en fait de science, ne diffère donc que par le degré du plus laborieux imitateur, mais il diffère spécifiquement de celui que la nature a doué pour les beaux-arts. Ce n'est pas que nous voulions abaisser ici ces grands hommes, auxquels le génie humain doit tant de reconnaissance, devant ces favoris de la nature qu'on appelle des artistes. Comme les premiers sont destinés par leur talent à concourir au perfectionnement sans cesse croissant des connaissances et de tous les avantages qui en dépendent, ainsi qu'à l'instruction du genre humain, ils ont en cela une grande supériorité sur eux. En effet l'art n'est pas comme la science, il s'arrête quelque part, car il a des limites qu'il ne peut dépasser, et ces limites ont été sans doute atteintes depuis longtemps et ne peuvent plus être reculées; en outre, l'habileté qui fait le génie de l'artiste, il ne peut la communiquer, il l'a reçue immédiatement de la main de la nature et elle meurt avec lui, jusqu'à ce que la nature en produise un autre aussi heureusement doué, et qui n'a besoin que d'un exemple pour exercer son talent à son tour.

Si la règle de l'art (des beaux-arts) est un don naturel, de quelle espèce est donc cette règle? Elle ne peut être réduite en formule et servir de précepte, car, autrement, le jugement sur le beau pourrait être déterminé d'après des concepts ; mais il faut l'abstraire de l'effet, c'est-à-dire de la production, sur laquelle d'autres peuvent essayer leur propre talent, en s'en servant comme d'un modèle à imiter et non à copier. Comment cela est-il possible ? Il est difficile de l'expliquer. Les idées de l'artiste excitent des idées semblables dans son élève, si la nature l'a doué des mêmes facultés dans la même proportion. Les modèles des beaux-arts sont donc les seuls moyens qui puissent transmettre l'art à la postérité ; de simples descriptions ne pourraient avoir le même résultat, surtout relativement aux arts de la parole, et dans cette espèce d'arts, on ne tient pour classiques que les modèles puisés dans les langues anciennes et devenues des langues savantes.

Quoiqu'il y ait une grande différence entre les arts mécaniques et les beaux-arts, les premiers n'exigeant pas autre chose que de l'application et de l'étude, les autres demandant du génie, tous les beaux-arts sans exception renferment quelque chose de mécanique qu'on peut comprendre et suivre au moyen des règles, et supposent par conséquent, comme condition essentielle, quelque chose qui tient de l'école. Car on s'y propose un but, sinon il n'y aurait plus production de l'art, mais pur effet du hasard. Or, pour mettre en œuvre ce qu'on se propose de faire, il faut des règles déterminées, auxquelles on ne peut se soustraire. Mais, comme l'originalité du talent est un des caractères essentiels (je ne dis pas le seul) du génie, on voit de pauvres esprits qui croient faire preuve d'un brillant génie, en se débarrassant de la contrainte des règles, et qui s'imaginent qu'on fait meilleure figure sur un cheval fougueux que sur un cheval dompté. Le génie se borne à fournir une riche *matière* aux productions des beaux-arts; pour travailler cette matière et lui donner une *forme*, il faut un talent formé par l'école et capable d'en faire un usage que puisse approuver le Jugement. Mais c'est quelque chose de tout à fait ridicule qu'un homme qui parle et décide comme un génie dans les choses qui exigent de la part de la raison les investigations les plus laborieuses, et je ne sais lequel prête le plus à rire, du charlatan qui répand autour de lui une fumée où l'on ne peut distinguer clairement les objets, mais où l'on en imagine d'autant plus, ou du public qui croit naïvement que s'il ne peut discerner et comprendre clairement la meilleur partie de ce qu'on lui présente, c'est qu'on lui offre en abondance de nouvelles vérités, tandis qu'il traite de ravaudage tout travail détaillé (qui établit de justes définitions et entreprend un examen méthodique des principes).

§. XLVIII.

Du rapport du génie avec le goût.

Pour *juger* des objets beaux comme tels, il faut du *goût;* mais dans les beaux-arts, c'est-à-dire, pour *produire* de belles choses, il faut du *génie*.

Si l'on considère le génie comme un talent pour les beaux-arts (ce qui est la signification propre du mot), et que sous ce point de vue on veuille le décomposer dans les facultés qui doivent y concourir, il est nécessaire de déterminer auparavant d'une manière exacte la différence qui existe entre la beauté naturelle, dont l'appréciation ne demande que du goût, et la beauté artistique, dont la possibilité (qu'il faut aussi avoir en vue dans l'appréciation d'un objet d'art) exige du génie.

Une beauté naturelle est une *chose belle;* la beauté artistique est une *belle représentation* d'une chose.

Pour juger une beauté naturelle comme telle, je n'ai pas besoin d'avoir préalablement un concept de ce que doit être la chose, c'est-à-dire que je n'ai pas besoin d'en connaître la finalité matérielle (le but), mais il suffit que la forme seule de cette chose, indépendamment de toute connaissance de son but, me plaise par elle-même dans le jugement. Mais si l'objet est donné pour une production de l'art et qu'on ait à le déclarer beau comme tel, l'art supposant toujours un but dans sa cause (et dans la causalité de celle-ci), il faut d'abord s'appuyer sur un concept de ce que doit être la chose ; et, comme la concordance des divers éléments d'une chose avec sa destination intérieure ou sa fin constitue la perfection de cette chose, il suit que dans l'appréciation de la beauté artistique, la perfection de la chose doit aussi être prise en considération, ce qui n'a pas lieu dans l'appréciation d'une beauté naturelle (en tant que telle). — Il est vrai que, pour juger de la beauté des objets de la nature, particulièrement des êtres animés, comme par exemple l'homme ou le cheval, nous prenons généralement en considération la finalité objective de ces êtres; mais alors notre jugement n'est plus un pur jugement esthétique, c'est-à-dire un simple jugement de goût; nous ne jugeons plus la nature comme faisant l'effet de l'art, mais comme étant un art (quoique surhumain), et le jugement téléologique est ici pour le jugement esthétique un principe et une condition que celui-ci doit avoir en vue. En pareil cas, quand par exemple on dit, « c'est une belle femme », on ne pense pas dans le fait autre chose sinon que la nature représente dans cette forme les fins qu'elle se propose dans le corps de la femme; car outre la simple forme, il faut encore avoir égard à un concept, en sorte que le jugement porté sur l'objet est un jugement esthétique et logique à la fois.

Les beaux-arts ont cet avantage qu'ils rendent belles des choses qui dans la nature seraient odieuses ou déplaisantes*. Les fièvres, les maladies, les ravages de la guerre et tous les fléaux de ce genre peuvent être décrits ou même représentés par la peinture et devenir ainsi des beautés. Il n'y a qu'une espèce de choses odieuses qu'on ne peut représenter d'après la nature, sans détruire toute satisfaction esthétique et par conséquent la beauté artistique; ce sont celles qui excitent le *dégoût*. En effet, comme dans cette singulière sensation, qui ne repose que sur l'imagination, nous repoussons avec force un objet qui pourtant s'offre à nous comme un objet de plaisir, nous ne distinguons plus dans notre sensation la représentation artistique de l'objet de la nature, de cet objet même, et alors il nous est impossible de trouver belle cette représentation. Aussi la sculpture, où l'art semble presque se confondre avec la nature, s'est-elle interdit la représentation immédiate des objets odieux, et ne permet-elle par exemple de représenter la mort (dont elle fait un beau génie),

* C'est la pensée exprimée par Boileau, dans ces vers si connus de l'*Art poétique :*

>Il n'est point de serpent ni de monstre odieux
>Qui, par l'art imité, ne puisse plaire aux yeux :
>D'un pinceau délicat l'artifice agréable
>Du plus affreux objet fait un objet aimable.   J. B.

ou l'esprit belliqueux (dont elle a fait Mars), qu'au moyen d'une allégorie ou d'attributs qui font un bon effet, et par conséquent d'une manière indirecte, qui appelle la réflexion de la raison et ne s'adresse pas seulement au Jugement esthétique.

Voilà pour la belle représentation d'un objet, laquelle n'est proprement que la forme de l'exhibition d'un concept qui par là se communique universellement. Mais, pour donner cette forme aux productions des beaux-arts, il ne faut que du goût : c'est avec le goût, avec un goût exercé et corrigé par de nombreux exemples puisés dans l'art ou dans la nature, que l'artiste apprécie son œuvre, et qu'après bien des essais, souvent laborieux, il trouve enfin une forme qui le satisfait. Cette forme n'est donc pas comme une chose d'inspiration, ou l'effet du libre essor des facultés de l'esprit, mais le résultat de longs et pénibles efforts par lesquels l'artiste cherchait toujours à la rendre plus conforme à sa pensée, en conservant toujours la liberté du jeu de ses facultés.

Mais le goût n'est qu'une faculté de juger, ce n'est pas un pouvoir créateur, et ce qui lui convient n'est pas pour cette seule raison une œuvre des beaux-arts ; ce peut être une production qui appartienne aux arts utiles et mécaniques ou même à la science, et qui soit l'effet de règles déterminées qu'on peut apprendre et qu'on doit suivre exactement. Dans ce cas, la forme qu'on donne à son œuvre n'est qu'un moyen qu'on emploie pour la recommander et la répandre en la rendant capable de plaire, et, bien que liée à une fin déterminée, elle laisse une certaine liberté. Ainsi on veut qu'un service de table, qu'un traité de morale, qu'un sermon même ait la forme des beaux-arts, mais sans que cela paraisse *cherché*, et on ne dit pas pour cela que ce sont des œuvres des beaux-arts. Un poëme, un morceau de musique, une galerie de tableaux, etc., voilà ce qu'on attribue aux beaux-arts; et dans une œuvre donnée comme appartenant aux beaux-arts, on peut souvent trouver du génie sans goût ou du goût sans génie.

§. XLIX.

Des facultés de l'esprit qui constituent le génie.

On dit de certaines productions, qui doivent pouvoir être regardées, en partie du moins, comme des œuvres des beaux-arts, qu'elles sont sans *âme**, quoique, sous le rapport du goût, on n'y trouve rien à reprendre. Un poëme peut être très-net et très-élégant,

---

* *Geist*. Notre mot *âme*, employé comme je le fais dans cette phrase et dans les suivantes, prend un sens qui se rapproche de l'idée que Kant veut exprimer par le mot *Geist*. Le sens dans lequel il faut l'entendre ici est d'ailleurs parfaitement déterminé par l'explication que Kant a soin de nous donner dans ce qui suit. J. B.

mais sans âme. Une histoire est exacte et bien ordonnée, mais elle manque d'âme. Un discours solennel est solide et en même temps orné, mais sans âme. Bien des conversations ne sont pas sans intérêt, mais sans âme. On dit d'une femme qu'elle est jolie, agréable dans la conversation, gracieuse, mais sans âme. Qu'est-ce donc qu'on entend ici par âme?

L'*âme* dans le sens esthétique est le principe vivifiant de l'esprit. Mais ce qui sert à ce principe pour animer l'esprit, la matière qu'il emploie dans ce but, c'est ce qui donne un heureux essor aux facultés de l'esprit, c'est-à-dire ce qui les met en jeu, de telle sorte que ce jeu s'entretienne de lui-même et fortifie même les facultés qui y sont en exercice.

Or je soutiens que ce principe n'est pas autre chose que la faculté d'exhibition d'*idées esthétiques;* et par idée esthétique j'entends une représentation de l'imagination, qui donne occasion de beaucoup penser, sans qu'aucune pensée déterminée, c'est-à-dire sans qu'aucun *concept* lui puisse être adéquat, et que, par conséquent, aucune parole puisse parfaitement l'exprimer et la faire comprendre. — On voit aisément que c'est le pendant d'une *idée rationnelle,* qui au contraire est un concept auquel on ne peut trouver d'*intuition* (de représentation de l'imagination) adéquate.

L'imagination (comme faculté de connaître productive) a une très grande puissance pour créer comme une autre nature avec la matière que lui fournit la nature réelle. Elle sait nous charmer là où l'expérience nous semble trop triviale; elle la transforme, en suivant toujours il est vrai des lois analogiques, mais aussi d'après des principes qui ont une plus haute origine, qui ont leur source dans la raison (et qui sont tout aussi naturels pour nous que ceux d'après lesquels l'entendement saisit la nature empirique); et en cela nous nous sentons indépendants de la loi de l'association (laquelle est inhérente à l'usage empirique de l'imagination), car si c'est en vertu de cette loi que nous tirons de la nature la matière dont nous avons besoin, nous l'appliquons à un usage supérieur et qui dépasse la nature.

On peut appeler du nom d'*idées* ces représentations de l'imagination; car, d'une part, elles tendent au moins à quelque chose qui est placé au delà des limites de l'expérience, et elles cherchent ainsi à se rapprocher de l'exhibition des concepts de la raison (des idées intellectuelles), ce qui leur donne une apparence de réalité objective; et d'autre part, ce qui est le principal motif, il ne peut y avoir de concept parfaitement adéquat à ces représentations, en tant qu'intuitions internes. Le poète essaie de rendre sensibles* des idées d'êtres invisi-

---

* *versinnlichen*. Le verbe correspondant manque en français.

bles, le royaume des bienheureux, le royaume de l'enfer, l'éternité, la création, etc. ; ou bien encore, prenant des choses dont l'expérience lui donne des exemples, comme la mort, l'envie et tous les vices, l'amour, la gloire, etc., et les transportant en deçà de l'expérience, son imagination qui rivalise avec la raison dans la poursuite d'un maximum, les représente aux sens avec une perfection dont la nature n'offre pas d'exemple. C'est même véritablement dans la poésie que la faculté des idées esthétiques peut révéler toute sa puissance. Mais cette faculté considérée en elle-même n'est proprement qu'un talent (de l'imagination).

Que si on place sous un concept une représentation de l'imagination, qui rentre dans l'exhibition de ce concept, mais qui par elle-même éveille la pensée, sans pouvoir être ramenée à un concept déterminé, et étende ainsi esthétiquement le concept même d'une manière indéterminée, l'imagination est alors créatrice et elle met en mouvement la faculté des idées intellectuelles (la raison), de manière à étendre la pensée, formée à l'occasion d'une représentation (ce qui est il est vrai le propre du concept de l'objet), bien au delà de ce qu'on y peut saisir et discerner clairement.

Ces formes, qui ne constituent pas l'exhibition d'un concept donné, mais qui expriment seulement, en tant que représentations secondaires de l'imagination, les conséquences qui y sont liées et l'affinité de ce concept avec d'autres, sont appelées des *attributs* (esthétiques) d'un objet dont le concept, en tant qu'idée rationnelle, ne peut trouver d'exhibition adéquate. Ainsi l'aigle qui tient la foudre entre ses serres est un attribut du puissant roi des cieux, et le paon, un attribut de sa magnifique épouse. Ils ne représentent pas, comme les *attributs logiques*, ce que contiennent nos concepts de la sublimité et de la majesté de la création, mais quelque autre chose où l'imagination trouve l'occasion de s'exercer sur une multitude de représentations analogues, qui font penser au delà de ce qu'on peut exprimer en un concept déterminé par des mots; et ils fournissent une *idée esthétique*, qui remplace pour l'idée rationnelle l'exhibition logique et qui anime véritablement l'esprit, en lui ouvrant une perspective sur un champ immense de représentations analogues. Les beaux-arts ne procèdent pas seulement ainsi dans la peinture ou dans la sculpture (où les attributs sont ordinairement employés), mais la poésie et l'éloquence doivent l'âme qui vivifie leurs ouvrages aux attributs esthétiques des objets, qui accompagnent les attributs logiques, et qui, donnant de l'essor à l'imagination, nous font penser, quoique d'une manière confuse, beaucoup plus que ce que peut comprendre un concept, ou rendre une expression déterminée. — Je me bornerai, pour être court, à un petit nombre d'exemples.

Quand le grand Frédéric s'exprime ainsi dans une de ses poésies : *

> Oui, finissons sans trouble et mourons sans regrets,
> En laissant l'univers comblé de nos bienfaits.
> Ainsi l'astre du jour au bout de sa carrière,
> Répand sur l'horizon une douce lumière ;
> Et les derniers rayons qu'il darde dans les airs,
> Sont les derniers soupirs qu'il donne à l'univers ;

il vivifie cette idée, que la raison lui donnait, d'une âme cosmopolite jusqu'à la fin de la vie, par un attribut qu'y associe l'imagination (évoquant le souvenir de tout ce qu'il y a de délicieux dans une soirée sereine, succédant à un beau jour d'été), et qui éveille une multitude de sensations et de représentations secondaires, pour lesquelles on ne trouve pas d'expression. Réciproquement, un concept intellectuel peut servir d'attribut à une représentation des sens, et l'animer par une idée du supra-sensible; mais on n'applique à cet usage que l'élément esthétique subjectivement inhérent à la conscience du supra-

---

* Épître au maréchal Keith, *sur les vaines terreurs de la mort et les frayeurs d'une autre vie*. Œuvres du philosophe de Sans-Souci, 1750, 2ᵉ volume. — J'ai cité les vers français qui sont ici traduits en allemand, mais j'avoue que l'exemple donné par Kant ne gagne pas beaucoup à cette restitution du texte.
J. B.

sensible. Ainsi, par exemple, un poëte * dit dans la description d'une belle matinée : « La lumière du soleil jaillissait comme jaillit le calme du sein de la vertu. » La conscience de la vertu, quand on se met par la pensée à la place d'un homme vertueux, répand dans l'esprit une multitude de sentiments sublimes et calmes, et nous ouvre une perspective sans bornes sur un avenir de bonheur, que ne peut rendre parfaitement aucune expression déterminée. (¹)

En un mot, l'idée esthétique est une représentation de l'imagination associée à un concept donné, et liée à une telle variété de représentations partielles, librement mises en jeu, qu'on ne peut lui trouver d'expression désignant un concept déterminé, une représentation par conséquent qui ajoute à un concept beaucoup d'inexprimables pensées dont le sentiment anime les facultés de connaître et vivifie la lettre par l'âme.

* J'ignore quel est ce poëte. — On peut citer comme un exemple du même genre cette comparaison célèbre de M. de Chateaubriand dans *Réné* : « Quelquefois une haute colonne se montrait seule debout dans un désert, comme une grande pensée s'élève, par intervalle, dans une âme que le temps et le malheur ont dévastée. » J. B.

(¹) Peut-être n'a-t-on jamais exprimé de pensée plus sublime que cette inscription du temple d'*Isis* (la mère de la *nature*) : « Je suis tout ce qui est, fut et sera, et nul mortel n'a levé mon voile. » *Segner* s'est servi de cette idée dans une vignette ingénieuse qu'il a placée en tête de sa physique, afin de remplir d'une sainte horreur l'élève, qu'il se prépare à introduire dans le temple, et de disposer par là son esprit à une solennelle attention.

Les facultés de l'esprit dont l'union (en un certain rapport) constitue le *génie*, sont donc l'imagination et l'entendement. Mais, tandis que l'imagination, appliquée à la connaissance, subit la contrainte de l'entendement et est soumise à la condition de s'approprier au concept qu'il fournit, au point de vue esthétique au contraire, elle est libre. Aussi outre son accord avec un concept, fournit-elle spontanément à l'entendement une matière riche et non développée, à laquelle celui-ci ne songeait point dans son concept, mais qu'il emploie moins objectivement, en vue de la connaissance, que subjectivement, parce qu'elle anime les facultés de connaître, et que, par conséquent, il applique aussi, mais indirectement, à des connaissances. D'où il suit que le génie consiste proprement dans un heureux rapport de l'imagination et de l'entendement, qu'aucune science ne peut nous enseigner, aucun travail nous apprendre, par lequel nous associons des idées à un concept donné, et trouvons d'un autre côté l'*expression* propre à communiquer à d'autres la disposition d'esprit qui en résulte et qui est comme l'accompagnement de ce concept. C'est à ce dernier talent qu'on donne proprement le nom d'âme ; car, pour exprimer ce qu'il y a d'inexprimable dans la disposition d'esprit où nous met une certaine représentation, et le rendre propre à être universellement partagé, que l'expression consiste dans le langage, dans la peinture ou dans la plastique, il faut une faculté qui saisisse pour ainsi dire au passage le jeu rapide de l'imagination et qui l'unisse à un concept qu'on puisse partager, sans y être contraint par des règles (à un concept qui est par cela même original et nous découvre une nouvelle règle qui n'a pu être tirée d'aucun principe ou d'aucune règle antérieure).

* *

*

Si maintenant, après cette analyse, nous revenons sur la définition que nous avons précédemment donnée du *génie*, nous trouvons : 1° que c'est un talent pour l'art, et non pour la science, que doivent précéder et diriger dans ses opérations des règles clairement établies; 2° que, comme talent artistique, il suppose un concept déterminé de son œuvre, comme de son but, par conséquent l'entendement, mais aussi une représentation (quoique indéterminée) de la matière, c'est-à-dire de l'intuition propre à l'exhibition de ce concept, par conséquent un rapport de l'imagination à l'entendement; 3° qu'il se révèle moins en atteignant son but dans l'exhibition d'un concept déterminé qu'en présentant ou en exprimant des *idées esthétiques*, qui fournissent une riche matière pour ce but même, par conséquent en représentant l'imagination libre de la contrainte des règles, mais conforme en même temps à l'exhibition du concept donné; 4° qu'enfin la finalité subjective, qui se révèle spontanément dans la libre concordance de l'imagination avec la légalité de l'entendement, suppose une telle proportion et une telle disposition dans ces facultés, qu'on ne peut y arriver par l'observation des règles, ou de la science, ou d'une imitation mécanique, mais que la nature seule du sujet peut la produire.

Il résulte de tout cela que le génie est l'originalité exemplaire du talent naturel que révèle un sujet dans le *libre* exercice de ses facultés de connaître. De cette manière, l'œuvre d'un génie (considérée dans ce qui appartient réellement au génie et non à l'étude ou à l'école), est pour un autre génie un exemple, non pas à imiter (car le génie d'une œuvre, ce qui en fait l'âme disparaît dans l'imitation), mais à suivre : elle éveille en celui-ci le sentiment de sa propre originalité, elle l'excite à exercer lui-même son indépendance, et c'est ainsi que le talent, devenant un modèle, donne à l'art une nouvelle règle. Mais comme ce favori de la nature qu'on appelle le génie est un rare phénomène, son exemple produit chez des hommes de mérite une école où l'on enseigne et où l'on suit méthodiquement les règles qu'on a pu tirer des œuvres du génie, et pour ceux-ci les beaux-arts ne sont plus qu'une imitation dont la nature a donné la règle par le génie.

Mais cette imitation devient de la *singerie*[1], quand l'élève *imite* tout, jusqu'aux choses que le génie n'a laissées passer, malgré leur défectuosité, que parce qu'il ne pouvait les retrancher sans affaiblir les idées. Il ne faut voir là un mérite que pour le génie ; une certaine *hardiesse* dans l'expression et en général certains écarts loin de la règle commune ne lui messiéent pas, mais ne sont point choses à imiter. Ce sont toujours des fautes qu'il faut chercher à éviter, tout en les pardonnant au génie dont une inquiète circonspection compromettrait l'originalité. Le *maniéré*[2] est une autre espèce de singerie, qui consiste dans cette fausse *originalité*, par laquelle on s'éloigne autant que possible des imitateurs, sans pourtant posséder le talent d'être soi-même un *modèle*.—Il y a en général deux manières (*modi*) de composer ses pensées : l'une s'appelle *manière (modus estheticus)*, l'autre *méthode (modus logicus)* ; elles diffèrent l'une de l'autre en ce que la première n'a d'autre mesure que le *sentiment* de l'unité dans l'exhibition, tandis que la seconde suit des principes déterminés. La première seule, par conséquent, s'applique aux beaux-arts.

[1] *Nachäffung.*
[2] *Das Manieriren.*

Mais une œuvre d'art s'appelle *maniérée* lorsque l'exhibition de l'idée qu'elle renferme *vise* à l'étrangeté et n'est pas appropriée à l'idée même. Le genre précieux, contourné, affecté, qui cherche à se distinguer du commun (mais sans âme) ressemble aux façons de celui qui, comme on dit, s'écoute parler, ou qui se tient et marche comme s'il était sur la scène, ce qui annonce toujours un sot.

§. L.

De l'union du goût avec le génie dans les productions des beaux-arts.

Demander ce qu'il y a de plus important dans les choses des beaux-arts, si c'est le génie ou le goût, c'est demander laquelle de ces deux facultés, l'imagination et le Jugement, y joue le principal rôle. Or comme un art relativement à la première mérite plutôt le nom d'*ingénieux**, et que ce n'est guère que relativement à la seconde qu'il mérite d'être rangé parmi les *beaux-arts*, celle-ci est, au moins comme condition indispensable (*conditio sine qua non*), la première chose à considérer dans l'appréciation des arts en tant que beaux-arts. L'abondance et l'originalité des idées sont moins nécessaires à la beauté que la concordance de l'imagination en liberté avec la légalité de l'entendement. En effet l'imagination, avec toutes ses richesses,

* *Geistreich.*

n'est plus qu'extravagance du moment que sa liberté n'a plus de lois ; et c'est le Jugement qui la met en harmonie avec l'entendement.

Le goût, comme le Jugement en général, est la discipline du génie; il lui coupe les ailes, il le morigène et le polit, mais en même temps il lui donne une direction, en lui montrant où et jusqu'où il peut s'étendre, pour ne pas s'égarer ; et, en introduisant la clarté et l'ordre dans la foule des pensées, il donne de la fixité aux idées, il les rend dignes d'un assentiment durable et universel, et propres à servir de modèle aux autres et à concourir aux progrès toujours croissants de la culture du goût. Si donc, dans la lutte de ces deux facultés, il fallait sacrifier quelque chose, ce devrait être plutôt du côté du génie ; et le Jugement, qui, dans les choses des beaux-arts, décide par des principes qui lui sont propres, souffrira moins volontiers qu'on déroge à l'entendement qu'à la liberté et à la richesse de l'imagination.

Les beaux-arts exigent donc le concours de *l'imagination*, de *l'entendement*, de *l'âme* et du *goût* (1).

---

(1) Les trois premières facultés doivent, en définitive, leur *union* à la quatrième. *Hume* dans son histoire, donne à entendre aux Anglais que, quoiqu'ils ne le cèdent en rien dans leurs œuvres à aucun peuple du monde, relativement aux trois premières facultés considérées *séparément*, ils sont inférieurs à leurs voisins, les Français, par celle qui unit toutes les autres.

§. LI.

De la division des beaux-arts.

On peut en général appeler la beauté (celle de la nature ou celle de l'art) *l'expression* d'idées esthétiques : il y a seulement cette distinction à faire que, dans les beaux-arts, l'idée esthétique doit être occasionnée par un concept de l'objet, tandis que, dans la beauté de la nature, la simple réflexion que nous faisons sur une intuition donnée, sans aucun concept de ce que doit être l'objet, suffit à exciter et à communiquer l'idée dont cet objet est considéré comme l'*expression*.

Si donc nous voulons diviser les beaux-arts, nous ne pouvons choisir, du moins comme essai, un principe plus commode que l'analogie de l'art avec l'espèce d'expression dont les hommes se servent en parlant pour se communiquer, aussi parfaitement que possible, non-seulement leurs concepts, mais aussi leurs sensations (1). — Ce genre d'expression consiste dans le *mot*, le *geste* et le *ton* (articulation, gesticulation et modulation). La réunion seule de ces trois espèces

---

(1) Le lecteur ne doit pas prendre cette esquisse d'une division des beaux-arts pour une théorie. Ce n'est qu'un de ces nombreux essais qu'il est permis et bon de tenter.

d'expression constitue une parfaite communication entre ceux qui parlent. En effet la pensée, l'intuition et la sensation sont par là transmises aux autres simultanément et conjointement.

Il n'y a d'après cela que trois espèces de beaux-arts : l'art *parlant*, l'art *figuratif*, et l'art du *jeu des sensations* (comme impressions sensibles extérieures). On pourrait aussi diviser les beaux-arts en deux parties, selon qu'ils expriment les pensées ou les sensations, et cette dernière espèce d'arts serait divisée à son tour en deux autres parties, suivant qu'on y considérerait la forme ou la matière (la sensation). Mais cette division paraîtrait trop abstraite et moins conforme aux idées ordinaires.

1. Les arts *parlants* sont l'*éloquence* et la *poésie*. L'*éloquence* est l'art de donner à un exercice sérieux de l'entendement le caractère d'un libre jeu de l'imagination ; la *poésie*, l'art de donner à un libre jeu de l'imagination le caractère d'un exercice sérieux de l'entendement.

Ainsi l'*orateur* promet quelque chose de sérieux, et, pour charmer ses auditeurs, il l'exécute comme s'il ne s'agissait que d'un *jeu* d'idées. Le *poëte* n'annonce qu'un *jeu* amusant d'idées, et il produit sur l'entendement le même effet que s'il n'avait eu pour but que d'occuper cette faculté. L'union et l'harmonie de ces deux facultés de connaître, la sensibilité et l'entendement, qui ne peuvent se passer l'une de l'autre, mais qui en même temps ne peuvent être réunies sans effort et sans se faire réciproquement quelque tort, doivent être spontanées et paraître s'être formées d'elles-mêmes ; autrement on manquerait le but des *beaux-arts*. C'est pourquoi tout ce qui sent la recherche et la peine y doit être évité, car les beaux-arts doivent être libres en un double sens : d'un côté, on ne peut les traiter comme des travaux mercenaires dont on peut juger d'après une mesure déterminée et qu'on peut imposer et payer ; et, d'un autre côté, l'esprit y trouve une occupation, mais aussi un plaisir et une excitation naturelle qui n'a pas d'autre but qu'elle-même (qui est indépendante de tout salaire).

L'orateur donne donc quelque chose qu'il ne promet pas, à savoir un jeu amusant de l'imagination ; mais il ôte aussi quelque chose à ce qu'il promet, à l'exercice qu'on attend de lui et qui a pour but d'occuper sérieusement l'entendement. Le poëte, au contraire, promet moins et n'annonce qu'un simple jeu d'idées, mais il nous donne quelque chose digne de nous occuper, car il offre en se jouant une nourriture à l'entendement et en vivifie les concepts par l'imagination. Par conséquent, le premier donne en réalité moins qu'il ne promet, et le second, plus.

2. Les arts *figuratifs*, ou ceux qui cherchent l'expression de certaines idées dans *l'intuition sensible*

(et non dans de simples représentations de l'imagination excitées par des mots) représentent ou *la réalité sensible* ou *l'apparence sensible.* C'est d'un côté la *plastique,* de l'autre la *peinture*. Toutes deux forment des figures dans l'espace pour exprimer des idées ; mais les figures de la plastique sont perceptibles pour deux sens, la vue et le tact (quoique, relativement à ce dernier, elle n'ait pas pour but la beauté), celles de la peinture ne le sont que pour la vue. Toutes deux ont pour principe dans l'imagination une idée esthétique (un *archétype,* un modèle), mais la figure qui constitue l'expression de cette idée (l'*ectype,* la copie) est donnée ou bien dans son extension corporelle (comme est l'objet lui-même), ou bien suivant l'image qui s'en forme dans l'œil (suivant son apparence en superficie) ; et, dans le premier cas, on peut avoir en vue et donner pour condition à la réflexion ou un but réel ou seulement l'apparence d'un semblable but.

La *plastique,* ou la première espèce de beaux-arts figuratifs, comprend la *sculpture* et l'*architecture.* La *première* représente dans une exhibition corporelle des concepts de choses qui *pourraient exister dans la nature* (mais en ayant en vue, comme appartenant aux beaux-arts, la finalité esthétique); la *seconde* donne une semblable exhibition à des concepts de choses qui *ne sont possibles que par l'art,* et dont la forme n'a pas son principe dans la nature, mais dans quelque fin arbitraire, et elle ne doit pas non plus perdre de vue la finalité esthétique. Dans cette dernière espèce d'art, l'objet d'art est destiné à un certain usage auquel sont subordonnées les idées esthétiques comme à leur condition principale. Dans la première, le but principal est seulement l'*expression* d'idées esthétiques. Ainsi les statues d'hommes, de dieux, d'animaux, etc., appartiennent à la première espèce d'art; mais les temples, les édifices destinés aux réunions publiques, ou même les habitations, les arcs de triomphe, les colonnes, les mausolées, et tous les monuments élevés en l'honneur de certains hommes, appartiennent à l'architecture. On peut même y rapporter tous les meubles (les objets de menuiserie et les ustensiles de ce genre), car l'appropriation d'une œuvre à un certain usage est le propre d'une *œuvre d'architecture*[1]; au contraire une œuvre purement *plastique*[2], qui est faite uniquement pour la vue et doit plaire par elle-même, n'est, en tant qu'exhibition corporelle, qu'une imitation de la nature, mais qui a toujours en vue des idées esthétiques, et la *vérité sensible* n'y doit jamais être poussée si loin qu'elle cesse de paraître un art et une production de la volonté.

La *peinture*, ou la seconde espèce d'art figuratif,

---

[1] *Bauwerk.*
[2] *Bildwerk.*

qui représente une apparence sensible liée par le moyen de l'art à des *idées*, peut être divisée en art de bien *peindre* la nature, et en art de bien *arranger ses productions*. Le premier serait la *peinture proprement dite;* le second *l'art des jardins*. En effet, celui-là ne donne que l'apparence de l'étendue corporelle; et celui-ci, tout en donnant cette étendue dans sa vérité, ne présente qu'une apparence d'utilité, il n'a en réalité d'autre but que de mettre en jeu l'imagination par les formes qu'il donne à contempler. (1) Ce dernier consiste uniquement à orner le sol avec les diverses choses qu'on trouve dans la nature, (comme le gazon, les fleurs, les arbrisseaux et les arbres, et même les eaux, les collines et les vallons);

(1) Il paraît étrange de regarder l'art des jardins comme une espèce de peinture, quoiqu'il donne à ses formes une exhibition corporelle; mais, comme il les tire réellement de la nature (par exemple les arbres, les arbrisseaux, le gazon et les fleurs, qu'il a tirés, au moins primitivement, des forêts et des champs, que, par conséquent, il n'est pas un art comme la plastique, et n'est pas non plus subordonné dans ses arrangements à un concept de l'objet et à une fin déterminée (comme la sculpture), mais qu'il n'a d'autre but que le libre jeu de l'imagination dans l'intuition, il s'accorde ainsi avec la peinture qui n'a pas de thème déterminé (rapprochant l'air, la terre et l'eau en les mêlant de lumière et d'ombre. — En général le lecteur ne doit pas regarder ceci comme un travail définitif, mais comme un essai par lequel je tente de rattacher les beaux-arts à un principe qui soit celui de l'expression des idées esthétiques (par analogie avec la parole).

mais en les disposant autrement, et conformément à certaines idées. Or un bel arrangement de choses corporelles n'est fait que pour l'œil, comme la peinture, et le sens du tact ne peut nous donner aucune représentation intuitive d'une pareille forme. Je rattacherais encore à la peinture, en l'entendant dans un large sens, ce qui sert à la décoration des appartements, comme les tapis, les garnitures de cheminée ou d'armoire, etc., et tout bel ameublement qui n'est fait que pour la vue, ainsi que l'art de s'habiller avec goût (ainsi que toutes les choses qui servent à la parure, comme les anneaux, les boîtes, etc). En effet un parterre de fleurs diverses, une chambre remplie de toute sorte d'ornements (y compris même des parures de femme) forme, dans un jour de fête, une espèce de peinture, qui, comme les peintures proprement dites (dont le but n'est pas d'*enseigner* quelque histoire ou quelque connaissance naturelle) est là simplement pour la vue, et n'a d'autre but que d'entretenir l'imagination dans un libre jeu d'idées et d'occuper le Jugement esthétique sans concept déterminé. Il peut y avoir dans tous ces ornements des travaux mécaniques très-divers et qui exigent des artistes différents; mais le jugement, que porte le goût sur ce qui est beau dans cette espèce d'art, est toujours déterminé de la même manière : il ne juge que les formes sans considération de but, telles qu'elles se présentent à l'œil, isolées ou réunies, et d'après l'effet qu'elles font sur l'imagination. On voit pourquoi l'art figuratif peut être rattaché (par analogie) au geste qui fait partie du langage : c'est que l'âme de l'artiste donne par ses formes une expression corporelle à sa pensée et au mode de sa pensée, et fait parler à la chose même comme un langage mimique. C'est là un jeu très-fréquent de notre fantaisie qui suppose dans les choses inanimées une âme qui nous parle par leurs formes.

3. L'art de produire un *beau jeu de sensations* (venant du dehors), qui doit aussi pouvoir être universellement partagé, ne peut porter sur autre chose que sur la proportion des divers degrés de la disposition (de la tension) du sens, auquel appartient la sensation, c'est-à-dire sur le ton de ce sens; et, ainsi largement entendu, comme le jeu de l'art peut mettre en mouvement ou les sensations de l'ouïe, ou celles de la vue, cet art peut se diviser en *musique* et en *coloris*. — Il est remarquable que ces deux sens, outre la capacité qu'ils ont de recevoir autant d'impressions qu'il est nécessaire pour recevoir, au moyen de ces impressions, des concepts des objets extérieurs, sont encore capables d'une sensation particulière qui y est mêlée, et au sujet de laquelle on ne peut décider si elle a son principe dans le sens ou dans la réflexion; et que cette affectibilité peut manquer quelquefois, sans que

d'ailleurs il manque rien au sens, en tant qu'il sert à la connaissance des objets, et quoiqu'il puisse être même singulièrement subtil. Ainsi on ne peut dire avec certitude si une couleur ou un ton (un son) doit être rangé parmi les sensations agréables ou est déjà en soi un beau jeu de sensations, et contient, à ce titre, une satisfaction liée à sa forme dans le jugement esthétique. Quand on songe à la rapidité des vibrations de la lumière ou de l'air, qui surpasse de beaucoup en apparence toute notre faculté de juger immédiatement, dans la perception, les proportions de la division du temps par ces vibrations, on croirait que nous n'en sentons que *l'effet* sur les parties élastiques de notre corps, mais que nous ne remarquons pas et ne pouvons juger la division du temps par ces vibrations, et qu'ainsi l'agréable seul, et non la beauté de la composition, est lié aux couleurs et aux tons. Mais si, d'un autre côté, *en premier lieu,* on considère les rapports mathématiques qu'on peut démontrer comme constituant la proportion des vibrations dans la musique et le jugement que nous en portons, et qu'on juge la distinction des couleurs, comme il est juste, par analogie avec la musique ; si, *en second lieu,* on se rappelle les exemples, quoique rares, d'hommes qui ne pouvaient distinguer les couleurs, avec la meilleure vue du monde, ou les tons, avec l'ouïe la plus fine, tandis que d'autres qui ont cette faculté trouvent de *remarquables* * différences dans la perception d'une couleur ou d'un son qui varie (je ne dis pas seulement quant au degré de la sensation) suivant les divers degrés de l'échelle des couleurs ou des tons, on pourrait bien alors se voir forcé de ne pas regarder seulement les sensations des couleurs et des sons comme de simples impressions sensibles, mais comme l'effet d'un jugement que nous portons sur une certaine forme dans le jeu de plusieurs sensations. Suivant qu'on adoptera l'une ou l'autre opinion, dans la détermination du principe de la musique, on sera conduit à la définir, ou comme nous l'avons fait, un beau jeu de sensations (auditives), ou simplement un jeu de sensations *agréables*. La première définition rattache tout à fait la musique aux beaux-arts, la seconde n'en fait qu'un art agréable (au moins en partie).

§. LII.

De l'union des beaux-arts dans une seule et même production.

L'éloquence peut être unie avec la peinture de ses sujets et de ses objets, dans une *pièce de théâtre ;* la poésie avec la musique dans le *chant ;* celui-

---

* *Begreifliche.*

ci à son tour avec la peinture (théâtrale) dans un *opéra*; le jeu des sensations qui constitue la musique avec celui des formes dans la *danse*, etc. L'exhibition même du sublime, en tant qu'elle se rattache aux beaux-arts, peut s'unir avec la beauté dans une *tragédie*, dans un *poëme didactique*, dans un *oratorio*. Grâce à ces sortes d'unions, les beaux-arts font paraître plus d'art, mais en deviennent-ils plus beaux (par ce mélange d'espèces de satisfaction si diverses); c'est ce dont on peut douter dans quelques-uns de ces cas. Dans tous les beaux-arts, l'essentiel est la forme, une forme concordante avec la contemplation et le jugement, et produisant ainsi un plaisir qui est en même temps une culture et qui dispose l'âme aux idées, et par conséquent la rend capable d'un plaisir plus grand encore; ce n'est pas la matière de la sensation (l'attrait ou l'émotion), où il ne s'agit que de la jouissance, laquelle ne laisse rien dans l'idée, rend l'âme lourde, l'objet insipide, et l'esprit, qui a conscience d'un état discordant aux yeux de la raison, mécontent de lui-même et chagrin.

Quand les beaux-arts ne sont pas liés, de près ou de loin, à des idées morales, qui seules contiennent une satisfaction qui se suffit à elle-même, c'est là le sort qui les attend à la fin. Ils ne servent alors que comme d'une distraction dont on a toujours d'autant plus besoin qu'on y a recours davantage, pour dissiper le mécontentement de l'esprit, en sorte qu'on se rend toujours plus inutile et plus mécontent de soi-même. En général les beautés de la nature sont les plus importantes pour ce but, quand on s'est habitué de bonne heure à les contempler, à les juger et à les admirer.

§. LIII.

Comparaison de la valeur esthétique des beaux-arts.

Le premier rang entre tous les arts appartient à la poésie (qui doit presque entièrement son origine au génie et qui ne se laisse guère diriger par des règles ou par des exemples). Elle étend l'esprit en mettant l'imagination en liberté, en présentant, à l'occasion d'un concept donné, parmi l'infinie variété des formes qui peuvent s'accorder avec ce concept, celle qui en lie l'exhibition à une abondance de pensées à laquelle aucune expression n'est parfaitement adéquate, et en s'élevant ainsi esthétiquement à des idées. Elle le fortifie en lui faisant sentir cette faculté libre, spontanée, indépendante des conditions de la nature, par laquelle il considère et juge la nature comme un phénomène, d'après des vues que celle-ci ne présente par elle-même dans l'expérience ni au sens ni à l'entendement, et par laquelle, par conséquent, il en fait comme un schème du supra-sensible. Elle joue avec l'apparence qu'elle produit à son gré, mais sans tromper par là ; car elle donne l'exercice auquel elle se livre pour un simple jeu, mais pour un jeu qui doit être dirigé par l'entendement et lui être conforme. — L'éloquence, si on entend par là l'art de persuader, c'est-à-dire de tromper par une belle apparence (*ars oratoria*), et non pas simplement l'art de bien dire (l'éloquence proprement dite et le style), * cette éloquence est une dialectique qui ne s'éloigne de la poésie qu'autant que cela lui est nécessaire pour séduire les esprits en faveur de l'orateur et leur ôter la liberté ; on ne peut par conséquent en conseiller l'emploi dans l'enceinte du tribunal ni dans la chaire. Car, quand il s'agit des lois civiles, des droits de certains individus, quand il s'agit d'instruire sérieusement les esprits dans l'exacte connaissance de leurs devoirs et de les disposer à les observer consciencieusement, il est indigne d'une si importante entreprise de laisser paraître la moindre trace de ce luxe de l'esprit et de l'imagination, qui peut convenir ailleurs, et, à plus forte raison, de cet art de persuader et de séduire les esprits, qui peut sans doute être employé pour une fin légitime et louable, mais qui a le tort d'altérer la pu-

---

* Il y a dans le texte : *und nicht blosse Wohlredenheit* (*Eloquenz und styl.*)

reté intérieure des maximes et des dispositions de l'esprit, quoique l'action soit objectivement légitime. Il ne suffit pas de faire le bien, il le faut faire par ce seul motif que c'est le bien. D'ailleurs le concept de ces sortes de choses humaines, quand on l'expose clairement, qu'on le fait vivement ressortir par des exemples et qu'on se montre fidèle aux règles de l'harmonie du langage ou de la convenance de l'expression, ce seul concept a déjà sur les esprits, relativement aux idées de la raison (qui en même temps constituent l'éloquence), une influence assez grande par elle-même, pour qu'il ne soit pas nécessaire d'y ajouter les machines de la persuasion, et celles-ci, pouvant être tout aussi bien employées à embellir et à cacher le vice et l'erreur, ne peuvent empêcher qu'on ne soupçonne secrètement quelque ruse de l'art. Dans la poésie tout est loyal et sincère. Elle se donne pour un simple jeu de l'imagination, qui ne veut plaire que par sa forme, en l'accordant avec les lois de l'entendement; elle ne cherche pas à le surprendre et à le séduire par une exhibition sensible [1].

---

[1] Je dois avouer qu'un beau poëme m'a toujours donné un contentement pur, tandis que la lecture des meilleurs discours d'un orateur du peuple romain, ou du parlement, ou de la chaire, a toujours été mêlée pour moi d'un sentiment désagréable ou de blâme pour la supercherie d'un art, qui, en des choses importantes, cherche à entraîner les hommes, comme des machines,

Après la poésie je placerais, *si l'on considère l'attrait et l'émotion de l'esprit,* un art qui s'en rapproche surtout, dans les arts parlants, et qu'on y peut joindre très-naturellement, à savoir la *musique*. En effet, si cet art ne parle que par des sensations sans concepts, et par conséquent ne laisse pas, comme la poésie, quelque chose à la réflexion, il émeut cependant l'esprit d'une manière plus variée et plus intime, quoique plus passagère ; mais il est plutôt une jouissance qu'une culture (le jeu des pensées qu'il excite n'est que l'effet d'une association en quelque sorte mécanique), et, aux yeux de la raison, il a moins de valeur qu'aucun des autres beaux-arts. Aussi a-t-il besoin, comme toute jouissance, de beaucoup de variété, et ne peut-il répéter souvent la même chose sans causer de l'ennui. Voici comment on

dans une opinion à laquelle une calme réflexion ôtera tout son poids. L'art de bien dire ou l'éloquence (la rhétorique) appartient aux beaux-arts ; mais l'art oratoire (*ars oratoria*), en tant qu'art de tourner la faiblesse humaine à ses propres fins (qu'on les suppose ou qu'elles soient en réalité aussi bonnes qu'on voudra) ne mérite aucune *estime*. Aussi cet art ne s'est-il élevé au plus haut degré, à Athènes et à Rome, que dans un temps où l'État marchait à sa perte, et où le véritable patriotisme était éteint. Celui qui joint à une vue claire des choses une grande richesse et une grande pureté de langage, et qui, avec une imagination féconde et heureuse dans l'exhibition de ses idées, s'intéresse de cœur au véritable bien, celui-là est le *vir bonus dicendi peritus*, l'orateur sans art, mais plein d'autorité, tel que le demande Cicéron, bien que lui-même ne soit pas toujours resté fidèle à cet idéal.

peut expliquer l'attrait de cet art, qui se communique si universellement. Toute expression prend dans la parole un ton approprié à sa signification ; ce ton désigne plus ou moins une affection de celui qui parle et l'excite aussi dans l'auditeur, et cette affection à son tour éveille en celui-ci l'idée exprimée dans la parole par ce ton. La modulation est donc pour les sensations comme une langue universelle, intelligible à tout homme. Or la musique l'emploie dans toute sa force, et ainsi, d'après la loi de l'association, elle communique universellement les idées esthétiques qui y sont liées naturellement. Mais comme ces idées esthétiques ne sont pas des concepts et des pensées déterminées, c'est la forme de la composition de ces sensations (l'harmonie et la mélodie), au lieu de la forme du langage, qui seule, par un accord proportionné de toutes les parties entre elles (accord qui repose sur le rapport du nombre des vibrations de l'air dans des temps égaux, en tant que les tons formés par ces vibrations sont liés simultanément ou successivement, et qui, par conséquent, peut être mathématiquement ramené à des règles certaines), sert à exprimer l'idée esthétique d'un tout bien lié, comprenant une quantité inexprimable de pensées, conformément à un certain thème qui constitue l'affection dominante du morceau. Bien que cette forme mathématique ne soit pas représentée par des concepts déterminés, elle seule est l'objet de la satisfaction que la simple réflexion de l'esprit sur cette quantité de sensations, simultanées ou successives, joint au jeu de ces sensations, comme une condition universellement valable de sa beauté; elle seule peut permettre au goût de s'attribuer d'avance quelque droit sur le jugement de chacun.

Mais ce qu'il y a de mathématique dans la musique n'a certainement pas la moindre part à l'attrait et à l'émotion qu'elle produit; ce n'est là que la condition indispensable (*conditio sine qua non*) de cette proportion, dans la liaison comme dans la succession des impressions, qui permet de les rassembler en les empêchant de se détruire réciproquement, et par laquelle elles s'accordent, pour produire, au moyen d'affections correspondantes, un mouvement, une excitation continuelle de l'esprit, et par là une jouissance personnelle durable.

Si, au contraire, on estime la valeur des beaux-arts d'après la culture qu'ils donnent à l'esprit et qu'on prenne pour mesure l'extension des facultés qui dans le Jugement doivent concourir à la connaissance, la musique occupe alors le dernier rang entre les beaux-arts, parce qu'elle n'est qu'un jeu de sensations (tandis qu'au contraire, à ne considérer que l'agrément, elle est peut-être la première). Les arts figuratifs passent donc avant elle sous ce point de vue ; tout en donnant à l'imagination un jeu libre et cependant approprié à l'entendement, ils contiennent aussi une occupation, car ils produisent une œuvre qui est pour les concepts de l'entendement comme un véhicule durable et se recommandant par lui-même, et qui sert ainsi à réaliser l'union de ces concepts avec la sensibilité, et à donner par là un caractère d'urbanité aux facultés supérieures de connaître. Ces deux espèces d'arts suivent des marches bien différentes : la première va de certaines sensations à des idées indéterminées, la seconde d'idées déterminées à des sensations. Celle-ci produit des impressions *durables*, celle-là ne laisse que des impressions *passagères*. L'imagination peut rappeler les impressions de l'une et s'en faire une agréable distraction, mais celles de l'autre ont bientôt disparu tout entières, ou, si l'imagination vient à les renouveler involontairement, elles nous sont plutôt pénibles qu'agréables. En outre*, il y a dans la musique comme un manque d'urbanité, car, par la nature même de ses instruments, elle étend son action plus loin

---

* Rosenkranz a supprimé ce passage et la note qui y est jointe, sans doute parcequ'il les a trouvés un peu puérils. — On sait d'ailleurs que l'auteur de la *Critique du Jugement* n'avait qu'un goût médiocre pour la musique. On trouvera sur ce sujet de piquants détails dans une charmante biographie des dernières années de la vie de Kant par M. Cousin (V. *Fragments littéraires*). J. B.

qu'on ne le désire (dans le voisinage); elle se fraie en quelque sorte un passage et vient troubler la liberté de ceux qui ne sont point de la réunion musicale, inconvénient que n'ont pas les arts qui parlent à la vue, puisqu'on n'a qu'à détourner les yeux pour en éviter l'impression. On pourrait presque comparer la musique à ces odeurs qui se répandent au loin. Celui qui tire de sa poche un mouchoir parfumé ne consulte pas la volonté de ceux qui sont autour de lui, et il leur impose une jouissance qu'ils ne peuvent éviter s'ils veulent respirer : aussi cela est-il passé de mode (1). Parmi les arts figuratifs je donnerais la préférence à la peinture, et parce qu'elle est, en tant qu'art du dessin, le fondement de tous les autres arts figuratifs, et parce qu'elle peut pénétrer beaucoup plus avant dans la région des idées et étendre davantage le champ de l'intuition, conformément à ces idées.

REMARQUE.

Il y a, comme nous l'avons montré souvent, une différence essentielle entre ce qui plaît sim-

---

(1) Ceux qui ont recommandé le chant des cantiques, dans les exercices religieux domestiques, ont oublié qu'une aussi bruyante dévotion (qui rappelle trop souvent celle des pharisiens) incommode le public, car elle oblige les voisins ou à chanter ou à interrompre leurs méditations.

plement dans le jugement et ce qui plaît dans la sensation. Dans ce dernier cas, on ne peut, comme dans le premier, exiger de chacun la même satisfaction. La jouissance (quand même la cause en serait dans des idées) semble toujours consister dans le sentiment du développement facile de toute la vie de l'homme, par conséquent aussi du bien-être corporel, c'est-à-dire de la santé ; en sorte qu'Épicure, qui regardait toute jouissance comme étant au fond une sensation corporelle, n'avait peut-être pas tort en cela, mais seulement il ne s'entendait pas en rapportant à la jouissance la satisfaction intellectuelle et même la satisfaction pratique. Quand on a devant les yeux la distinction que nous venons de rappeler, on peut s'expliquer comment une jouissance peut déplaire à celui même qui l'éprouve (comme la joie que ressent un homme, qui est dans le besoin, mais qui a de bons sentiments, à l'idée de l'héritage d'un père qui l'aime mais qui est avare), ou comment un profond chagrin peut plaire à celui qui le ressent (la tristesse que laisse à une veuve la mort d'un excellent mari), ou comment une jouissance peut plaire aussi (comme celle que donnent les sciences que nous cultivons), ou comment un chagrin (par exemple la haine, l'envie, la vengeance) peut aussi nous déplaire. La satisfaction ou le déplaisir repose ici sur la raison et se confond avec *l'approbation* ou *l'improbation ;* mais la jouissance et le chagrin ne peuvent se fonder que sur le sentiment ou la prévision d'un *bien-être* ou d'un *mal-être* possible (quel qu'en soit le principe).

Tout jeu libre et varié de sensations (n'ayant point de but) produit une jouissance, car il excite et développe le sentiment de la santé, que le jugement de la raison attache ou non une satisfaction à l'objet de cette jouissance et à cette jouissance même, et cette jouissance peut s'élever jusqu'à l'affection, quoique nous ne prenions aucun intérêt à l'objet ou que nous n'y attachions pas du moins un intérêt proportionné au degré de l'affection. On peut diviser ces sortes de jeux, en *jeu de hasard, musique* [1] et *jeu d'esprit.* [2] Le *premier* suppose un *intérêt*, soit de vanité, soit d'utilité, mais cet intérêt n'est pas à beaucoup près aussi grand que celui qui s'attache à la manière dont nous cherchons à nous le procurer ; le *second* ne suppose que le changement des sensations dont chacune a un rapport à l'affection, mais sans avoir le degré d'une affection, et il excite des idées esthétiques ; le *troisième* résulte simplement d'un changement des représentations, dans le Jugement, qui ne produit, il est vrai, aucune pensée contenant quel-

---

[1] *Tonspiel*, proprement *jeu de tons*. Mais cette expression serait bizarre en français. J B.

Gedankenspiel.

que intérêt, mais qui cependant anime l'esprit.

Toutes nos réunions montrent combien on trouve de jouissance dans les jeux, sans pourtant s'y proposer aucun but intéressé ; car sans jeu presque aucune ne pourrait se soutenir. Mais les affections de l'espérance, de la crainte, de la joie, de la colère, de la raillerie y sont en jeu, se succédant alternativement, et montrant tant de vivacité que toute l'action de la vie du corps semble excitée par un mouvement intérieur ; c'est ce que prouve cette vivacité d'esprit qu'excite le jeu, quoiqu'on n'y gagne ou qu'on n'y apprenne rien. Mais comme le beau n'entre pour rien dans les jeux de hasard, nous devons les laisser ici de côté. La musique et les choses qui excitent le rire sont deux espèces de jeux d'idées esthétiques, ou même de représentations intellectuelles qui en définitive ne nous fournissent aucune pensée et qui ne peuvent nous causer une vive jouissance que par leur changement : par où nous voyons assez clairement que l'animation dans ces deux cas est purement corporelle, quoiqu'elle soit provoquée par des idées de l'esprit, et que le sentiment de la santé, excité par un mouvement des entrailles correspondant au jeu de l'esprit, constitue la jouissance, regardée comme si délicate et si spirituelle, d'une société où règne la gaieté. Ce n'est pas le jugement de l'harmonie dans les tons, ou des saillies, lequel par la beauté qu'il nous y découvre, ne sert ici que comme d'un véhicule nécessaire, mais un développement favorable de la vie du corps, l'affection qui remue les entrailles et le diaphragme, d'un seul mot, le sentiment de la santé (qu'on ne sent pas sans une pareille occasion) qui constitue la jouissance qu'on y trouve, en sorte qu'on peut aller au corps par l'âme et faire de celle-ci le médecin de celui-là.

Dans la musique ce jeu va de la sensation du corps aux idées esthétiques (des objets de nos affections), et il revient ensuite de celles-ci au corps, mais avec une force double. Dans la plaisanterie (qui, comme la musique, mérite plutôt d'être rangée parmi les arts agréables que parmi les beaux-arts), le jeu débute par des pensées qui toutes occupent aussi le corps, en tant qu'elles sont exprimées d'une manière sensible, et comme l'entendement s'arrête tout à coup dans cette exhibition où il ne trouve pas ce qu'il attendait, nous sentons l'effet de cette interruption qui se manifeste dans le corps par l'oscillation des organes, en renouvelle ainsi l'équilibre, et a sur la santé une influence favorable.

Dans tout ce qui est capable d'exciter de vifs éclats de rire, il doit y avoir quelque chose d'absurde (en quoi par conséquent l'entendement ne peut par lui-même trouver de satisfaction). *Le rire est une affection qu'on éprouve quand une grande attente se trouve tout à coup anéantie.* Ce changement qui n'a certainement rien de réjouissant pour l'entendement, nous réjouit cependant beaucoup indirectement pendant un moment. La cause en doit donc être dans l'influence de la représentation sur le corps et dans la réaction du corps sur l'esprit, non que la représentation soit objectivement un objet de contentement, comme quand on reçoit la nouvelle d'un grand bénéfice (car comment une attente trompée peut-elle causer une jouissance), mais c'est qu'en tant que simple jeu des représentations elle produit un équilibre des forces vitales.

Je suppose qu'on raconte cette anecdote : un Indien, à Surate, dînant chez un Anglais et voyant ouvrir une bouteille d'ale et toute la bierre s'échapper, en mousse, témoignait son étonnement par ses exclamations; l'Anglais lui demanda ce qu'il y avait là de si étonnant ; je ne m'étonne pas, répondit l'Indien, de ce que cela s'échappe de la bouteille, mais je me demande comment vous avez pu l'y enfermer. Cette anecdote nous fait rire et nous donne un véritable plaisir, et ce plaisir ne vient pas de ce que nous nous trouvons plus habiles que cet ignorant, ou de toute autre cause qui plairait à l'entendement, mais de ce que notre attente était excitée et se trouve tout à coup anéantie. Supposons encore que l'héritier d'un riche parent, voulant faire célébrer en l'honneur du défunt de riches et solennelles funérailles, se plaigne de n'y pouvoir réussir, en disant que plus il donne d'argent à ses gens pour paraître affligés, plus ils se montrent joyeux, nous éclatons de rire, et la cause en est encore que notre attente se trouve tout à coup anéantie. Et remarquons bien qu'il ne faut pas que la chose attendue soit changée en son contraire—car ce serait quelque chose encore, et cela pourrait être souvent un objet de chagrin ; — il faut qu'elle soit réduite à rien. En effet, si quelqu'un excite en nous une grande attente par le récit d'une histoire, et, qu'arrivés au dénouement, nous en reconnaissions la fausseté, nous éprouvons un déplaisir, comme, par exemple, quand on raconte que des hommes, frappés par une grande douleur, ont vu leurs cheveux blanchir en une nuit. Si, au contraire, un autre plaisant, pour réparer l'effet produit par cette histoire, raconte tout au long le chagrin d'un marchand qui, revenant des Indes en Europe avec tout son bien en marchandises, est obligé dans une tempête de tout jeter par-dessus le bord et se désole à tel point que sa perruque en devient blanche dans la même nuit, nous rions et nous avons du plaisir, parce que notre propre méprise en une chose qui nous est d'ailleurs indifférente, ou plutôt l'idée que nous suivons est pour nous comme une balle avec laquelle nous jouons quelque temps, tandis que nous pensions seulement la saisir et la retenir. Le plaisir ne vient pas de ce que nous voyons un menteur ou un sot se confondre, car cette dernière histoire, racontée avec un sérieux affecté, exciterait par elle-même les éclats de rire d'une société, et l'autre ne serait pas ordinairement jugée digne d'attention.

Il faut remarquer que dans ces sortes de cas la plaisanterie doit toujours contenir quelque chose qui puisse faire un instant illusion ; c'est pourquoi, quand l'illusion est dissipée, l'esprit revient en arrière pour l'éprouver de nouveau, et ainsi, par l'effet d'une tension et d'un relâchement qui se succèdent rapidement, il est porté et balancé pour ainsi dire d'un point à un autre, et, comme la cause qui en quelque sorte tendait la corde vient à se retirer tout d'un coup (et non insensiblement), il en résulte un mouvement de l'esprit et un mouvement intérieur du corps, correspondant au premier, qui se prolongent involontairement, et, tout en nous fatiguant, nous égayent (produisent en nous des effets favorables à la santé).

En effet si on admet qu'à toutes nos pensées soit lié quelque mouvement dans les organes du corps,

on comprendra aisément comment à ce changement subit de l'esprit qui passe alternativement d'un point à un autre, pour considérer son objet, peuvent correspondre dans les parties élastiques de nos entrailles une tension et un relâchement alternatifs, qui se communiquent au diaphragme (comme ce qu'éprouvent les gens chatouilleux): dans cette circonstance, les poumons renvoient l'air à des reprises très-rapprochées, et produisent ainsi un mouvement favorable à la santé; et c'est là, et non dans l'état antérieur de l'esprit qu'il faut placer la véritable cause du plaisir que nous attachons à une pensée qui au fond ne représente rien. — *Voltaire* disait que le Ciel nous avait donné deux choses en compensation de toutes les misères de la vie: l'*espérance* et le *sommeil*. *
Il aurait pu ajouter le *rire*, si nous pouvions disposer aussi facilement des moyens propres à l'exciter chez des hommes sensés, et si le véritable talent comique n'était pas aussi rare qu'est commun celui

---

* Du Dieu qui nous créa la clémence infinie,
Pour adoucir les maux de cette courte vie,
A placé parmi nous deux êtres bienfaisants,
De la terre à jamais aimables habitants,
Soutiens dans les travaux, trésors dans l'indigence :
L'un est le doux sommeil, et l'autre l'espérance.

(*Henriade*, chant 7.)

d'imaginer des choses qui *cassent la tête,* comme font les rêveurs mystiques, ou bien des choses où l'on se *casse le cou,* comme font les génies, ou enfin des choses qui *fendent le cœur* *, comme font les romanciers sentimentaux (et les moralistes du même genre).

On peut donc, à ce qu'il me semble, accorder à Épicure que toute jouissance, même quand elle est occasionnée par des concepts qui éveillent des idées esthétiques, est une sensation *animale,* c'est-à-dire corporelle, et l'on ne fera point par là le moindre tort au sentiment *spirituel* du respect pour les idées morales, car ce sentiment n'est pas une jouissance, mais une estime de soi (de l'humanité en nous), qui nous élève au-dessus du besoin de la jouissance; j'ajoute que, quoique moins noble, la satisfaction du goût n'en souffrira pas davantage.

On trouve un mélange de ces deux dernières qualités, le sentiment moral et le goût, dans la *naïveté,* qui n'est autre chose que la sincérité, naturelle à l'humanité, triomphant de l'art de feindre devenu une seconde nature. On rit de la

---

* J'ai essayé de conserver ici les expressions énergiques employées par Kant : *kopfbrechend, halsbrechend, herzbrechend,* et que rendent mal dans la traduction latine les termes abstraits : *abscondite, præcipitanter, molliter.* Seulement je n'ai pu, comme Kant, conserver dans tous les cas la même expression métaphorique. J. B.

simplicité qui atteste une certaine inexpérience en cet art, et on se réjouit de voir la nature déjouer l'artifice. On attendait ce qu'on voit tous les jours, un extérieur emprunté et composé à dessein pour tromper par la beauté de l'apparence, et voici, dans son innocence et dans sa pureté première, la nature qu'on n'attendait pas, et que celui qui la laisse paraître ne pense pas découvrir. A la vue de cette belle mais fausse apparence, qui a ordinairement tant d'influence sur notre manière de juger, et qui se trouve ici tout à coup anéantie, et de cette fourbe des hommes mise à nu, il se produit dans notre esprit un double mouvement en sens opposés, et ce mouvement donne au corps une secousse salutaire. Mais en voyant que la sincérité de l'âme (ou du moins son inclination à la sincérité), qui est infiniment supérieure à toute dissimulation, n'est pas tout à fait détruite dans la nature humaine, nous sentons quelque chose de sérieux dans ce jeu de l'imagination : le sentiment de l'estime vient s'y mêler. Mais aussi comme ce n'est là qu'un phénomène passager et que l'art de la dissimulation cesse bientôt de se montrer à découvert, il s'y mêle en même temps une certaine compassion ou un certain mouvement de tendresse, qui peut très-bien s'allier, et dans le fait est souvent uni, comme une sorte de jeu, avec notre franc rire, et qui allége ordinairement, pour celui qui y donne lieu, l'embarras de ne pas être encore façonné aux conventions humaines. — Art et *naïveté* sont donc des choses contradictoires, mais il est possible aux beaux-arts, quoique cela leur arrive rarement, de représenter la naïveté dans une personne imaginaire. Il ne faut pas confondre avec la naïveté une simplicité franche qui ne gâte point la nature par l'artifice, uniquement parce qu'elle ignore ce que c'est que l'art de vivre en société.

On peut rapporter aussi le *comique* [1] aux choses qui, en nous égayant, tiennent au plaisir du rire et qui appartiennent à l'originalité de l'esprit, mais non pas au talent des beaux-arts. Le *comique* [2], dans le bon sens, signifie en effet le talent de se mettre volontairement dans une certaine disposition d'esprit où on juge toutes choses tout autrement qu'à l'ordinaire (même en sens inverse), et cependant d'après certains principes de la raison. Celui qui est involontairement soumis à cette disposition d'esprit, s'appelle *fantasque* [3]; mais celui-ci qui la prend volontairement et avec intention (pour exciter le rire par un contraste frappant) s'appelle *comique* [4]. Mais le comique appartient plutôt aux arts agréables qu'aux beaux-arts, parce que l'objet

---

[1] *die launige Manier.*
[2] *Laune.*
[3] *launisch.*
[4] *launige.*

de ces derniers doit toujours conserver quelque dignité, et exige par conséquent un certain sérieux dans l'exhibition, comme le goût dans le jugement.

DEUXIÈME SECTION

DE LA CRITIQUE DU JUGEMENT ESTHÉTIQUE.

Dialectique du Jugement esthétique.

§. LIV.

Pour qu'une faculté de juger puisse être dialectiquement considérée, il faut d'abord qu'elle soit *raisonnante*, c'est-à-dire que ses jugements prétendent *a priori* à l'universalité [1], car c'est dans l'opposition de ces jugements entre eux que consiste la dialectique. C'est pourquoi l'opposition qui se manifeste entre des jugements esthétiques sensibles (sur l'agréable et le désagréable) n'est pas dialectique. D'un

---

(1) On peut appeler jugement *raisonnant (judicium ratiocinans)* tout jugement qui se proclame universel, car, comme tel, il peut servir de majeure dans un raisonnement. On peut appeler au contraire* jugement *raisonné (judicium ratiocinatum)* un jugement conçu comme la conclusion d'un raisonnement, par conséquent un fondement *a priori*.

* J'emploie ces expressions *raisonné* et *raisonnant*, faute de meilleures ; le sens qu'il faut leur donner ici est d'ailleurs parfaitement déterminé par la note même de Kant. J. B.

autre côté, l'opposition des jugements de goût entre eux, en tant que chacun de nous se borne à invoquer son propre goût, ne constitue pas une dialectique du goût ; car personne ne songe à faire de son jugement une règle universelle. Il ne reste donc d'autre concept possible d'une dialectique du goût que celui d'une dialectique de la *critique* du goût (non pas du goût lui-même) considérée dans ses *principes :* là en effet s'engage entre nos concepts une lutte naturelle et inévitable sur le principe de la possibilité des jugements de goût en général. La critique transcendentale du goût ne doit donc renfermer une partie qui porte le nom de dialectique du Jugement esthétique, que s'il y a entre les principes de cette faculté une antinomie qui rende douteuse sa légitimité, et par conséquent sa possibilité interne.

§. LV.

Exposition de l'antimonie du goût.

Le premier lieu commun du goût est contenu dans cette proposition, derrière laquelle quiconque n'a pas de goût croit se mettre à l'abri de tout reproche : *chacun a son goût.* Ce qui signifie que le motif de cette espèce de jugements est purement subjectif (que c'est une jouissance ou une douleur), et qu'ici le jugement n'a pas le droit d'exiger l'assentiment d'autrui.

Le second lieu commun du goût, celui qu'invoquent ceux même qui attribuent au goût le droit de porter des jugements universels, est celui-ci : *on ne peut pas disputer du goût*. Ce qui signifie que le motif d'un jugement de goût peut bien être objectif, mais qu'il ne peut pas être rapporté à des concepts déterminés, et que, par conséquent, dans ce jugement, on ne peut rien *décider* par des preuves, quoiqu'on puisse *contester* avec raison. S'il y a en effet entre *contester* et *disputer* cette ressemblance que dans l'un et l'autre cas on cherche à se mettre réciproquement d'accord en se contredisant réciproquement, il y a cette différence que dans le dernier cas on espère arriver à ce but en invoquant pour ses motifs des concepts déterminés, et qu'on admet ainsi, comme principes du jugement, des *concepts objectifs*. Mais quand cela est impossible, il est impossible aussi de disputer.

On voit facilement qu'entre ces deux lieux communs il manque une proposition, qui n'est pas, il est vrai, passée en proverbe, mais que chacun admet implicitement, c'est à savoir qu'on *peut contester en matière de goût* (non pas disputer).

Mais cette proposition est le contraire de la première. Car là où il est permis de contester, on peut espérer de tomber d'accord ; par conséquent il faut qu'on puisse compter sur des principes de jugement qui n'aient pas seulement une valeur particulière, et qui, par conséquent, ne soient pas seulement subjectifs ; et c'est précisément ce que nie cette proposition : *chacun a son goût*.

Le principe du goût donne donc lieu à l'antinomie suivante :

1. *Thèse*. Le jugement de goût ne se fonde pas sur des concepts ; car sinon on pourrait disputer sur ce jugement (décider par des preuves).

2. *Antithèse*. Le jugement de goût se fonde sur des concepts ; car sinon on ne pourrait y rien contester, quelle que fût la diversité de cette espèce de jugements (c'est-à-dire qu'on ne pourrait attribuer à ce jugement aucun droit à l'assentiment universel).

§. LVI.

Solution de l'antinomie du goût.

Il n'y a qu'un moyen de lever la contradiction de ces principes que suppose tout jugement de goût (et qui ne sont autre chose que les deux propriétés du jugement de goût exposées plus haut dans l'analytique), c'est de montrer que le concept auquel on rapporte l'objet dans cette espèce de jugement n'a pas le même sens dans les deux maximes du Jugement esthétique; que ce double sens, ou ce double point de vue, est nécessaire à notre Jugement esthétique transcendental, mais qu'en même temps l'illusion, qui résulte de la confusion de l'un avec l'autre, est naturelle et inévitable.

Le jugement de goût doit se rapporter à quelque concept, car, sinon, il ne pourrait nullement prétendre à une valeur nécessaire et universelle. Mais il ne peut être prouvé par un concept. En effet un concept peut être ou déterminable ou indéterminé en soi et en même temps indéterminable. A la première espèce de concepts appartient le concept de l'entendement, déterminable par des prédicats de l'intuition sensible qui peut lui correspondre; à la seconde, le concept transcendental du supra-sensible, par lequel la raison donne un fondement à cette intuition, mais qu'elle ne peut déterminer davantage théoriquement.

Or le jugement de goût se rapporte à des objets des sens, mais non pas afin d'en déterminer un *concept* pour l'entendement; car ce n'est pas un jugement de connaissance. Ce n'est donc qu'un jugement particulier, en tant que représentation intuitive particulière, relative au sentiment du plaisir; et, en l'envisageant seulement sous ce point de vue, on restreindrait sa valeur à l'individu qui jugerait l'objet : *pour moi* un objet de satisfaction, il peut n'avoir pas le même caractère pour d'autres ; — chacun a son goût.

Pourtant, sans aucun doute, dans le jugement de goût, la représentation de l'objet (en même temps aussi du sujet) a un caractère qui nous autorise à regarder cette espèce de jugement comme s'étendant nécessairement à chacun, et qui doit nécessairement avoir pour fondement quelque concept, mais un concept qui ne puisse être déterminé par l'intuition, qui ne fasse rien connaître, et dont, par conséquent, il soit impossible de *tirer aucune preuve* pour le jugement de goût. Mais un tel concept n'est que le concept pur que la raison nous donne du supra-sensible, qui sert de fondement à l'objet (et aussi au sujet jugeant) considéré comme objet des sens, par conséquent comme phénomène. En effet, si vous supprimez toute considération de ce genre, la prétention du jugement de goût à une validité universelle serait nulle ; ou si le concept, sur lequel il se fonde, n'était qu'un concept confus de l'entendement, comme celui de la perfection, auquel on pourrait faire correspondre l'intuition sensible du beau, il serait du moins possible en soi de fonder le jugement sur des preuves, ce qui est contraire à la thèse.

Or toute contradiction s'évanouit, quand je dis

que le jugement de goût se fonde sur un concept (d'un certain principe en général de la finalité subjective de la nature pour le Jugement), qui, à la vérité, étant indéterminable en soi, et impropre à la connaissance, ne peut rien nous faire connaître et rien prouver relativement à l'objet, mais qui pourtant donne au jugement une valeur universelle (quoique ce jugement soit dans chacun un jugement particulier, accompagnant immédiatement l'intuition) ; car la raison déterminante de ce jugement repose peut-être dans le concept de ce qui peut être considéré comme le *substratum* supra-sensible de l'humanité.

Pour résoudre une antinomie, il suffit de montrer qu'il est possible que deux propositions contraires en apparence ne se contredisent pas en réalité, et puissent aller ensemble, quoique l'explication de la possibilité de leur concept surpasse notre faculté de connaître. On peut aussi comprendre par là comment cette apparence est naturelle et inévitable pour la raison humaine, et pourquoi elle subsiste encore, quoiqu'elle ne trompe plus, après qu'on l'a expliquée.

En effet, dans les deux jugements contraires, nous donnons le même sens au concept sur lequel doit se fonder la validité universelle d'un jugement, et nous en tirons cependant deux prédicats opposés. Il faudrait entendre dans la thèse, que le jugement de goût ne se fonde pas sur des concepts *déterminés*, et dans l'antithèse qu'il est fondé sur un concept *indéterminé* (celui du *substratum* supra-sensible des phénomènes); et alors il n'y aurait plus entre elles de contradiction.

Tout ce que nous pouvons faire ici, c'est de lever la contradiction qui se manifeste dans les prétentions opposées du goût. Quant à donner un principe objectif et déterminé, à l'aide duquel on puisse diriger, éprouver et démontrer les jugements de goût; c'est ce qui est absolument impossible, car ce ne seraient plus des jugements de goût. On ne peut que montrer le principe subjectif, à savoir l'idée indéterminée du supra-sensible, comme la seule clef dont on puisse se servir à l'égard de cette faculté dont les sources nous sont inconnues à nous-mêmes; car nous n'en pouvons rien savoir de plus.

L'antinomie que nous venons d'exposer et de résoudre a son principe dans le véritable concept du goût, c'est-à-dire d'un Jugement esthétique simplement réfléchissant, et c'est pourquoi nous avons vu que les deux principes en apparence contradictoires peuvent être conciliés, *tous deux pouvant être vrais*; ce qui suffit. Si au contraire on plaçait la raison déterminante du goût dans *l'agréable*, comme le font quelques-uns (à cause de la particularité de la représentation qui sert de fondement au jugement de goût), ou dans le principe de la *perfection*, comme d'autres le veulent (à cause de l'universalité de ce jugement), et qu'on tirât de l'un ou de l'autre principe la définition du goût, il en résulterait une antinomie qu'il serait impossible de résoudre autrement qu'en montrant que les *deux propositions* opposées *sont fausses*; ce qui prouverait que le concept sur lequel est fondée chacune d'elles se contredit lui-même. On voit donc que la critique applique à la solution de l'antinomie du Jugement esthétique la même méthode qu'à celle des antinomies de la raison pure théorique; et que les antinomies ont pour résultat, ici comme dans la critique de raison pratique, de nous contraindre à voir au delà du sensible et à chercher dans le supra-sensible le point de réunion de toutes nos facultés *a priori*, puisqu'il ne reste pas d'autre moyen de mettre la raison d'accord avec elle-même.

PREMIÈRE REMARQUE.

Comme nous trouvons souvent dans la philosophie transcendantale l'occasion de distinguer les idées des concepts de l'entendement, il peut être utile d'avoir à son service des termes techniques, propres à exprimer cette différence. Je crois qu'on ne me blâmera pas d'en proposer ici quelque-uns. — Les idées, dans le sens le plus général du mot, sont des représentations rapportées à un objet, suivant un certain principe (subjectif ou objectif), en tant qu'elles ne peuvent jamais devenir une connaissance de cet objet. Ou bien, on les rapporte à une intuition, suivant le *principe* purement subjectif d'une concordance des facultés de connaître (l'imagination et l'entendement), et elles s'appellent alors *esthétiques*; ou bien, on les rapporte à un concept, suivant un principe objectif, mais sans qu'elles puissent jamais fournir une connaissance de l'objet, et on les nomme des *idées rationnelles* *. Dans ce second cas, le concept est un concept *transcendent*: le concept de l'entendement, au contraire, auquel on peut toujours soumettre une expérience correspondante et adéquate, s'appelle, pour cette raison même, *immanent*.

Une *idée esthétique* ne peut jamais être une connaissance, parce que c'est une *intuition* (de l'imagination), à laquelle on ne peut jamais trouver de concept adéquat. Une *idée rationnelle* ne peut être non plus une connaissance, parce quelle contient un concept (celui du supra-sensible), auquel on ne peut jamais donner une intuition appropriée.

Or je crois qu'on peut nommer l'idée esthétique

---

* *Vernunftideen.*

une représentation *inexponible*[1] de l'imagination, et l'idée rationnelle un concept *indémontrable*[2] de la raison. C'est la condition de l'une comme de l'autre de ne pas être produites sans raison, mais (d'après la définition précédente d'une idée en général) conformément à certains principes des facultés de connaître auxquelles elles se rapportent (et qui sont subjectifs pour celle-là, objectifs pour celle-ci).

Les *concepts de l'entendement* doivent, comme tels, être toujours démontrables (si par démonstration on entend simplement, comme dans l'anatomie, l'*exhibition*); c'est-à-dire que l'objet qui leur correspond doit toujours pouvoir être donné dans l'intuition (pure ou empirique), car c'est par là seulement qu'ils peuvent devenir des connaissances. Le concept de la *quantité* peut être donné dans l'intuition *a priori* de l'espace, par exemple d'une ligne droite ou de toute autre figure; le concept de la *cause* dans l'impénétrabilité, le choc des corps, etc. Par conséquent, tous deux peuvent être appliqués à une intuition empirique, c'est-à-dire que la pensée en peut être montrée (ou démontrée) par un exemple; et il faut qu'il puisse en être ainsi; autrement, on n'est pas sûr que la pensée ne soit pas vide, c'est-à-dire sans objet.

[1] C'est l'expression même dont Kant se sert.
[2] C'est aussi l'expression de Kant.

On ne se sert ordinairement dans la logique de l'expression de démontrable ou d'indémontrable que relativement aux *propositions ;* mais celles-ci seraient mieux désignées sous le nom de propositions médiatement ou immédiatement certaines ; car la philosophie pure a aussi des propositions de ces deux espèces, si on entend par là des propositions vraies, susceptibles ou non de preuve. Mais si elle peut, en tant que philosophie, prouver par des principes *a priori*, elle ne peut pas démontrer, à moins qu'on ne s'écarte entièrement de ce sens d'après lequel démontrer (*ostendere, exhibere*) signifie donner à son concept une exhibition (soit par une preuve, soit simplement par une définition) dans une intuition qui peut être *a priori* ou empirique, et qui, dans le premier cas, s'appelle construction du concept, et, dans le second, est une exposition de l'objet, par laquelle est assurée la réalité objective du concept. C'est ainsi qu'on dit d'un anatomiste, qu'il démontre l'œil humain, quand il soumet à l'intuition le concept qu'il avait traité d'abord d'une manière discursive, au moyen de l'analyse de cet organe.

D'après cela, le concept rationnel du *substratum* supra-sensible de tous les phénomènes en général, ou même de ce qui doit être regardé comme le principe de notre volonté dans son rapport avec des lois morales, c'est-à-dire de la liberté transcendentale, ce concept est déjà, quant à l'espèce, un concept indémontrable et une idée rationnelle, tandis que celui de la vertu l'est quant au degré ; car on ne peut rien trouver dans l'expérience qui rorresponde au premier quant à la qualité ; et, pour le second, il n'y a pas d'effet empirique qui atteigne le degré que l'idée rationnelle prescrit comme une règle à cette causalité.

De même que, dans une idée rationnelle, l'*imagination,* avec ses intuitions, n'atteint pas le concept donné, ainsi, dans une idée esthétique, l'entendement, au moyen de ses concepts, n'atteint jamais toute cette intuition intérieure que l'imagination joint à la représentation donnée. Or, comme ramener une représentation de l'imagination à des concepts s'appelle les *exposer,* l'idée esthétique peut être appelée une représentation *inexponible* de l'imagination (dans son libre jeu). J'aurai encore occasion dans la suite de dire quelque chose de cette espèce d'idée ; je veux seulement remarquer ici que ces deux sortes d'idées, les idées rationnelles et les idées esthétiques, doivent avoir toutes deux leurs principes dans la raison, les premières dans les principes objectifs, les secondes dans les principes subjectifs de l'usage de cette faculté.

On peut d'après cela définir le *génie* la faculté des *idées esthétiques ;* par où on montre en même temps pourquoi, dans les productions du génie, c'est la nature (du sujet), et non une fin réfléchie, qui donne sa règle à (l'art de la production du beau). En effet, comme il ne faut pas juger le beau d'après des concepts, mais d'après la disposition que montre l'imagination à s'accorder avec la faculté des concepts en général, il ne faut chercher ici ni règle ni précepte ; ce qui est simplement nature dans le sujet, sans pouvoir être ramené à des règles ou à des concepts, c'est-à-dire le *substratum* suprasensible de toutes ses facultés (que nul concept de l'entendement ne peut atteindre), par conséquent ce qui fait de la concordance de toutes nos facultés de connaître le dernier but donné à notre nature par l'intelligible, voilà ce qui seul peut servir de mesure subjective à cette finalité esthétique, mais inconditionnelle, des beaux-arts, qui doit avoir la prétention légitime de plaire à chacun. Ainsi, comme on ne peut assigner à cette finalité aucun principe objectif, il n'y a qu'une seule chose possible, c'est qu'elle ait pour fondement *a priori* un principe subjectif et pourtant universel.

DEUXIÈME REMARQUE.

Une observation importante se présente ici d'elle-même, c'est qu'il y a *trois espèces d'antinomies* de la raison pure, qui toutes s'accordent en ce qu'elles la forcent à abandonner cette supposition, d'ailleurs très-naturelle, que les objets des sens sont des choses en soi, pour les regarder bien plutôt comme de simples phénomènes et leur supposer un *substratum* intelligible (quelque chose de supra-sensible dont le concept n'est qu'une idée et ne peut donner lieu à une véritable connaissance). Sans ces antinomies, la raison ne pourrait jamais se décider à accepter un principe qui rétrécit à ce point le champ de sa spéculation, et consentir à sacrifier tant et de si brillantes espérances; car, en ce moment même, où, en compensation d'une telle perte, elle voit s'ouvrir, au point de vue pratique, une plus vaste perspective, elle ne paraît pas pouvoir renoncer sans douleur à ses espérances et à son ancien attachement.

S'il y a trois espèces d'antinomies, c'est qu'il y a trois facultés de connaître, l'entendement, le Jugement et la raison, dont chacune (en tant que faculté de connaître supérieure) doit avoir ses principes *a priori*. En tant qu'elle juge de ces principes mêmes et de leur usage, la raison exige absolument, relativement à chacun d'eux, pour le conditionnel donné l'inconditionnel; mais on ne peut jamais trouver l'inconditionnel, quand on considère le sensible comme appartenant aux choses en soi, au lieu de n'y voir qu'un simple phénomène, et d'y supposer comme chose en soi quelque chose de supra-sensible (le *substratum* intelligible de la nature hors de nous et en nous). Il y a donc, 1° *pour la faculté de connaître*, une antinomie de la raison, relativement à l'usage théorique de l'entendement qu'elle pousse à l'inconditionnel; 2° *pour le sentiment du plaisir et de la peine*, une antinomie de la raison, relativement à l'usage esthétique du Jugement; 3° *pour la faculté de désirer*, une antinomie relativement à l'usage pratique de la raison législative par elle-même : car les principes supérieurs de toutes ces facultés sont *a priori*, et, conformément à l'exigence inévitable de la raison, il faut qu'elles jugent et puissent déterminer *absolument* * leur objet d'après ces principes.

Quant aux deux antinomies qui résultent de l'usage théorique et de l'usage pratique de ces facultés supérieures de connaître, nous avons montré ailleurs qu'elles étaient *inévitables*, lorsque, dans ces sortes de jugements, on ne considérait point les objets donnés comme phénomènes, et qu'on ne leur supposait point un *substratum* supra-sensible, mais aussi qu'il suffisait de faire cette supposition pour les résoudre. Quant à l'antinomie à laquelle donne lieu l'usage du Jugement conforme à l'exigence de la raison, et quant à la solution que nous en donnons ici, il n'y a que deux moyens de les

---

* *unbedingt*.

éviter : *ou bien*, niant que le jugement esthétique du goût ait pour fondement quelque principe *a priori*, on prétendra que toute prétention à un assentiment universel et nécessaire est vaine et sans raison, et qu'un jugement de goût doit être tenu pour exact, dès qu'il *arrive* que beaucoup en tombent d'accord, non que cet accord nous fasse *soupçonner* quelque principe *a priori*, mais parce qu'il atteste (comme dans le goût du palais) la conformité contingente des organisations particulières ; *ou bien* on admettra que le jugement de goût est proprement un jugement caché de la raison sur la perfection qu'elle découvre dans une chose et dans le rapport de ses parties à une fin, et que, par conséquent, ce jugement n'est appelé esthétique qu'à cause de l'obscurité qui s'attache ici à notre réflexion, mais qu'en réalité il est téléologique. Dans ce cas, on regarderait la solution de l'antinomie par des idées transcendentales comme inutile et de nulle valeur, et on concilierait les lois du goût avec les objets des sens, non pas en les considérant comme de simples phénomènes, mais aussi comme des choses en soi. Mais nous avons montré en plusieurs endroits, dans l'exposition des jugements de goût, combien sont peu satisfaisants ces deux expédients.

Que si on accorde du moins à notre déduction qu'elle est dans la bonne voie, quoiqu'elle ne soit pas encore suffisamment claire dans toutes ses parties, alors apparaissent trois idées : *premièrement* l'idée du supra-sensible en général, sans autre détermination que celle de *substratum* de la nature; *secondement* l'idée du supra-sensible comme principe de la finalité subjective de la nature pour notre faculté de connaître; *troisièmement* l'idée du supra-sensible comme principe des fins de la liberté et de l'accord de la liberté avec ses fins dans le monde moral.

§. LVII.

De l'idéalisme de la finalité de la nature considérée comme art et comme principe unique du Jugement esthétique.

On peut d'abord chercher à expliquer le goût de deux manières : ou bien on dira qu'il juge toujours d'après des motifs empiriques, et par conséquent d'après des motifs qui ne peuvent être donnés qu'*a posteriori* par les sens, ou bien on accordera qu'il juge d'après un principe *a priori*. La première de ces deux opinions serait l'*empirisme* de la critique du goût, la seconde en serait le *rationalisme*. D'après la première, l'objet de notre satisfaction ne se distinguerait pas de l'agréable; d'après la seconde, si le jugement reposait sur des concepts déterminés, il se confondrait avec le *bien*; et ainsi toute *beauté* serait bannie du monde; il ne resterait plus à la place qu'un nom particulier, servant peut-être à exprimer un certain mélange des deux précédentes espèces de satisfaction. Mais nous avons montré qu'il y a aussi *a priori* des principes de satisfaction qui ne peuvent être ramenés il est vrai à des *concepts déterminés*, mais qui, étant *a priori*, s'accordent avec le principe du rationalisme.

Maintenant le rationalisme du principe du goût admettra ou le *réalisme* ou l'*idéalisme* de la finalité. Or, comme un jugement de goût n'est pas un jugement de connaissance et que la beauté n'est pas une qualité de l'objet, considéré en lui-même, le rationalisme du principe du goût ne peut point admettre comme objective la finalité qui se manifeste dans le jugement, c'est-à-dire que le jugement porté par le sujet ne se rapporte pas théoriquement, par conséquent logiquement (quoique d'une manière confuse), à la perfection de l'objet, mais *esthétiquement* à la concordance de la représentation de l'objet dans l'imagination avec les principes essentiels de la faculté de juger en général. Par conséquent, même d'après le principe du rationalisme, il ne peut y avoir d'autre différence entre le réalisme et l'idéalisme du jugement de goût, sinon que dans le premier cas on regarde cette finalité subjective comme une *fin* réelle que se propose la nature (ou l'art) et qui consiste à s'accorder avec notre faculté de juger, tandis que, dans le second cas, on ne la regarde que comme une concordance qui s'établit sans but, d'elle-même, et d'une manière accidentelle entre la faculté de juger et les formes qui se produisent dans la nature d'après des lois particulières.

Les belles formes de la nature organique parlent en faveur du réalisme de la finalité de la nature, ou de cette opinion qui admet comme principe de la production du beau une idée du beau dans la cause qui le produit, c'est-à-dire une fin relative à notre faculté de juger. Les fleurs, les figures même de certaines plantes tout entières, l'élégance, inutile pour notre usage, mais comme choisie exprès pour notre goût, que montrent toutes sortes d'animaux dans leurs formes, surtout la variété et l'harmonie des couleurs (dans le faisan, dans les testacés, dans les insectes, jusque dans les fleurs les plus communes), qui plaisent tant aux yeux et sont si attrayantes, et qui s'arrêtant à la surface, et n'ayant même rien de commun avec la figure, laquelle pourrait être nécessaire aux fins intérieures de ces animaux, paraissent avoir été faites tout exprès pour l'intuition externe ; toutes ces choses donnent un grand poids à ce genre d'explication qui admet dans la nature des fins réelles pour notre Jugement esthétique.

Mais, outre que cette opinion a contre elle la raison qui nous fait une maxime d'éviter, autant que possible, de multiplier inutilement les principes, la nature révèle aussi partout dans ses libres formations une tendance mécanique à la production de formes qui semblent avoir été faites exprès pour l'usage esthétique de notre Jugement, et nous n'y trouvons pas la moindre raison de soupçonner qu'il faille pour cela quelque chose de plus que le simple mécanisme de la nature en tant que nature, en sorte que la concordance de ces formes avec notre Jugement peut fort bien dériver de ce mécanisme, sans qu'aucune idée serve de principe à la nature. J'entends par *libre formation* de la nature celle par laquelle, une partie d'un *fluide en repos* venant à s'évaporer ou à disparaître (et quelquefois seulement à perdre son calorique), le reste prend, en se solidifiant, une figure ou une texture, qui varie suivant la différence des matières, mais qui, pour la même substance, est toujours la même. Il faut supposer pour cela un véritable fluide, à savoir un fluide où la matière est entièrement dissoute, c'est-à-dire n'est pas un simple mélange de parties solides en suspension.

La formation se fait alors par une *réunion précipitée**, c'est-à-dire par une solidification soudaine, non par un passage successif de l'état fluide à l'état solide, mais comme d'un seul coup, et cette transformation s'appelle encore *cristallisation*. L'exem-

---

* *durch Aschiessen.*

ple le plus ordinaire de cette espèce de formation est la congélation de l'eau, dans laquelle se forment d'abord de petites aiguilles de glace qui se croisent sous des angles de 60 degrés, tandis que d'autres viennent s'attacher à chaque point de ces angles, jusqu'à ce que toute la masse soit congelée, de telle sorte que pendant ce temps l'eau qui se trouve entre les aiguilles de glace ne passe pas par l'état pâteux, mais reste, au contraire, aussi complétement fluide, que si sa température était beaucoup plus haute, et cependant elle n'a que la température de la glace. La matière qui se dégage et qui, au moment de la solidification, se dissipe soudainement, est une quantité considérable de calorique qui ne servait qu'à maintenir l'état fluide et qui, en se dégageant, laisse cette nouvelle glace à la température de l'eau auparavant fluide.

Beaucoup de sels, beaucoup de pierres à forme crystalline sont produites de la même manière par des substances terreuses qui ont été mises en dissolution dans l'eau, on ne sait comment. De même encore, selon toute apparence, les groupements de beaucoup de substances minérales, de la galène cubique, de la mine d'argent rouge, etc., se forment aussi dans l'eau et par la réunion précipitée des parties, que quelque cause oblige à quitter ce véhicule et à s'arranger de manière à prendre des formes extérieures déterminées.

D'un autre côté, toutes les matières qui n'étaient maintenues à l'état fluide que par la chaleur et qui se sont solidifiées par le refroidissement, quand on les brise, montrent aussi à l'intérieur une texture déterminée, et nous font juger par là que, si leur propre poids ou le contact de l'air ne l'eût empêché, elles montreraient également à l'extérieur la forme qui leur est spécifiquement propre, et c'est ce qu'on a observé sur certains métaux qui s'étaient durcis à la surface après la fusion et dont on avait décanté la partie restée encore liquide à l'intérieur, de manière que ce qui restait encore intérieurement pût se cristalliser librement. Beaucoup de ces cristallisations minérales, comme les spaths, la pierre hématite, les fleurs de mars offrent souvent des formes si belles, que l'art pourrait tout au plus en concevoir de pareilles. Les stalactites qu'on trouve dans l'antre d'Antiparos sont produites tout simplement par une eau qui coule goutte à goutte à travers des couches de gypse.

L'état fluide, selon toute apparence, est en général antérieur à l'état solide, et les plantes, aussi bien que les corps des animaux, sont formées par une matière nutritive fluide, en tant que cette matière se forme elle-même en repos : sans doute elle est d'abord soumise à une certaine disposition originaire de moyens et de fins (qu'il ne faut pas juger esthétiquement, mais téléologiquement, d'après le principe du réalisme, comme nous le montrerons dans la seconde partie); mais en même temps aussi peut-être se compose-t-elle et se forme-t-elle en liberté, d'après la loi générale de l'affinité des matières. Or, comme les vapeurs, répandues dans une atmosphère qui est un mélange de différents gaz, produisent, par l'effet du refroidissement, des cristaux de neige, qui, suivant les diverses circonstances atmosphériques dans lesquelles ils se forment, paraissent très-artistement formés et sont singulièrement beaux; ainsi, sans rien ôter au principe téléologique en vertu duquel nous jugeons l'organisation, on peut bien penser que la beauté des fleurs, des plumes d'oiseaux, des coquillages, dans la forme comme dans la couleur, peut être attribuée à la nature et à la propriété qu'elle a de produire librement, sans aucun but particulier, et d'après des lois chimiques, par l'arrangement de la matière nécessaire à l'organisation, certaines formes qui montrent de plus une finalité esthétique.

Mais ce qui prouve directement que le principe de l'*idéalité* de la finalité sert toujours de fondement aux jugements que nous portons sur le beau de la nature, et ce qui nous empêche d'admettre comme principe d'explication une fin réelle de la nature pour notre faculté de représentation, c'est qu'en général, quand nous jugeons de la beauté, nous cherchons en nous-mêmes *a priori* la mesure de notre jugement, et que, lorsqu'il s'agit de juger si une chose est belle ou non, le Jugement esthétique est lui-même législatif. Cela serait en effet impossible dans l'hypothèse du réalisme de la finalité de la nature, car alors nous apprendrions de la nature ce que nous aurions à trouver beau, et le jugement de goût serait soumis à des principes empiriques. Or dans cette sorte de jugement, il ne s'agit pas de savoir ce qu'est la nature ou même quelle fin elle se propose par rapport à nous, mais quel effet elle produit sur nous. Dire que la nature a formé ses figures pour notre satisfaction, ce serait encore y reconnaître une finalité objective, et non pas admettre seulement une finalité subjective, reposant sur le jeu de l'imagination en liberté ; dans cette dernière opinion, c'est nous qui accueillons la nature avec faveur, ce n'est pas elle qui nous en fait une. La propriété qu'a la nature de nous fournir l'occasion de percevoir dans le rapport des facultés de connaître, s'exerçant sur quelques-unes de ses productions, une finalité interne que nous devons regarder, en vertu d'un principe supra-sensible, comme nécessaire et universelle; cette propriété ne peut être une fin de la nature, ou plutôt nous ne pouvons la regarder comme telle, car alors, le jugement, qui serait déterminé par là, serait hétéronome, et non point libre et autonome, comme il convient à un jugement de goût.

Dans les beaux-arts, le principe de l'idéalisme de la finalité est encore plus clair. Ils ont cela de commun avec la nature qu'on n'y peut admettre un réalisme esthétique fondé sur des sensations (car ce ne seraient plus des beaux-arts, mais des arts agréables). D'un autre côté, la satisfaction produite par des idées esthétiques ne doit pas dépendre de certaines fins proposées à l'art (qui n'aurait plus alors qu'un but mécanique); par conséquent, même dans le rationalisme du principe, elle repose sur l'idéalité et non sur la réalité des fins : c'est ce qui résulte clairement de ce que les beaux-arts, comme tels, ne doivent pas être considérés comme des productions de l'entendement et de la science, mais du génie, et qu'ainsi ils reçoivent leur règle des idées *esthétiques*, lesquelles sont essentiellement différentes des idées rationnelles de fins déterminées.

De même que l'*idéalité* des objets des sens, considérés comme phénomènes, est la seule manière d'expliquer comment leurs formes peuvent être déterminées *a priori*, de même l'*idéalisme* de la finalité, dans le jugement du beau de la nature et de l'art, est la seule supposition qui permette à la critique d'expliquer la possibilité d'un jugement de goût, c'est-à-dire d'un jugement qui réclame *a priori* une validité universelle (sans fonder sur des concepts la finalité qui est représentée dans l'objet).

§. LVIII.

De la beauté comme symbole de la moralité.

Pour prouver la réalité de nos concepts, il faut toujours des intuitions. S'agit-il de concepts empiriques, ces dernières s'appellent *exemples*. S'agit-il de concepts purs de l'entendement, ce sont des *schèmes*. Quant à la réalité objective des concepts de la raison, c'est-à-dire des idées, en demander la preuve, au point de vue de la connaissance théorique, c'est demander quelque chose d'impossible, puisqu'il ne peut y avoir d'intuition qui leur corresponde.

Toute *hypotypose* (exhibition, *subjectio sub adspectum*), en tant que représentation sensible *, est double : elle est *schématique*, quand l'intuition qui correspond à un concept saisi par l'entendement est donné *a priori*; *symbolique*, lorsqu'à un concept, que la raison seule peut concevoir, mais auquel aucune intuition sensible ne peut correspondre, est soumise une intuition avec laquelle s'accorde un procédé du jugement qui n'est qu'analogue à celui qu'il suit dans le schématisme, c'est-à-dire qui ne s'accorde avec celui-ci que par la règle

---

* *Versinnlichung.*

et non par l'intuition même, par conséquent par la forme seule de la réflexion, et non par son contenu.

C'est à tort que les nouveaux logiciens emploient le mot *symbolique,* pour désigner le mode de représentation opposé au mode intuitif; car le mode symbolique n'est qu'une *espèce* du mode intuitif. Ce dernier (le mode intuitif) peut en effet se diviser en mode *schématique* et mode *symbolique.* Tous deux sont des hypotyposes, c'est-à-dire des exhibitions (*exhibitiones*); on y trouve autre chose que de simples *caractères,* ou des signes sensibles destinés à désigner les concepts auxquels on les associe. Ces derniers ne contiennent rien qui appartienne à l'intuition de l'objet, mais ils servent seulement de moyen de reproduction, suivant la loi d'association à laquelle est soumise l'imagination, par conséquent dans un but subjectif. Tels sont les mots ou les signes visibles (algébriques et même mimiques), en tant que simples *expressions* des concepts (1).

Toutes les intuitions qui sont soumises à des concepts *a priori* sont donc ou des *schèmes* ou des *symboles* : les premiers contiennent des exhibitions directes, les seconds des exhibitions indirectes du

---

(1) Le mode intuitif de la connaissance doit être opposé au mode discursif (non au mode symbolique). Or le premier est ou *schématique*, au moyen de la *démonstration;* ou *symbolique*, comme représentation fondée sur une simple *analogie*.

concept. Les premiers procèdent démonstrativement, les seconds au moyen d'une analogie (pour laquelle on se sert même d'intuitions empiriques). Dans ce dernier cas, le Jugement a une double fonction, d'abord d'appliquer le concept à l'objet d'une intuition sensible, et ensuite d'appliquer à un tout autre objet, dont le premier n'est que le symbole, la règle de la réflexion que nous faisons sur cette intuition. C'est ainsi qu'on représente *symboliquement* un état monarchique par un corps animé, quand il est dirigé d'après une constitution et des lois populaires, ou par une pure machine, comme par exemple un moulin à bras, quand il est gouverné par une volonté unique et absolue. Entre un état despotique et un moulin à bras il n'y a aucune ressemblance, mais il y en a entre les règles, au moyen desquelles nous réfléchissons sur ces deux choses et sur leur causalité. — Ce point a été jusque-là peu éclairci, quoiqu'il mérite un plus profond examen; mais ce n'est pas ici le lieu de nous y arrêter. Notre langue est pleine de semblables exhibitions indirectes fondées sur une analogie, dans lesquelles l'expression ne contient pas un schème propre au concept, mais seulement un symbole pour la réflexion. Telles sont les expressions *fondement* (appui, base), *dépendre* (tenir à quelque chose de plus élevé), *découler* de quelque chose (pour suivre), *substance* (le soutien des accidents, comme s'exprime *Locke*). De même d'une infinité d'autres hypotyposes symboliques et non schématiques, et d'expressions qui servent à désigner des concepts, non pas au moyen d'une intuition directe, mais seulement d'après une analogie avec l'intuition, c'est-à-dire en faisant passer la réflexion que fait l'esprit sur un objet de l'intuition à un tout autre concept auquel une intuition ne peut jamais peut-être correspondre directement. Si on peut déjà nommer connaissance un simple mode de représentation (et cela est bien permis quand il ne s'agit pas d'un principe qui détermine l'objet théoriquement, relativement à ce qu'il est en soi, mais qui le détermine pratiquement, en nous montrant ce que l'idée de cet objet doit être pour nous et pour l'usage auquel elle convient), alors toute notre connaissance de Dieu est simplement symbolique, et celui qui la regarde comme schématique, ainsi que les attributs d'entendement, de volonté, etc., qui ne prouvent leur réalité objective que dans les êtres du monde, celui-là tombe dans l'anthropomorphisme, de même que celui qui écarte toute espèce de mode intuitif tombe dans le déisme, ou dans ce système suivant lequel on ne connaît absolument rien de Dieu, pas même au point de vue pratique.

Or je dis que le beau est le symbole de la moralité, et que c'est seulement sous ce point de vue (en vertu d'une relation naturelle à chacun, et que chacun exige de tous les autres, comme un devoir) qu'il plaît et qu'il prétend à l'assentiment universel, car l'esprit s'y sent comme ennobli, et s'élève au-dessus de cette simple capacité, en vertu de laquelle nous recevons avec plaisir des impressions sensibles, et il estime la valeur des autres d'après cette même maxime du Jugement. C'est l'*intelligible* que le goût a en vue, comme l'a montré le paragraphe précédent : c'est vers lui en effet que conspirent nos facultés de connaître supérieures, et sans lui il y aurait contradiction entre leur nature et les prétentions qu'élève le goût. Dans cette faculté, le Jugement ne se voit plus, comme quand il n'est qu'empirique, soumis à une hétéronomie des lois de l'expérience : il se donne à lui-même sa loi relativement aux objets d'une si pure satisfaction, comme fait la raison relativement à la faculté de désirer ; et par cette possibilité intérieure qui se manifeste dans le sujet, comme par la possibilité extérieure d'une nature qui s'accorde avec la première, il se voit lié à quelque chose qui se révèle dans le sujet même et en dehors du sujet, et qui n'est ni nature ni liberté, mais qui est lié au principe de cette dernière, c'est-à-dire avec le supra-sensible, dans lequel la faculté théorique se confond avec la faculté pratique, d'une manière inconnue, mais semblable pour tous. Nous indiquerons quelques points de cette analogie, en faisant remarquer en même temps les différences.

1. Le beau plaît *immédiatement* (mais seulement dans l'intuition réfléchissante, non, comme la moralité, dans le concept). 2. Il plaît *indépendamment de tout intérêt* (le bien moral est, il est vrai, nécessairement lié à un intérêt, mais non pas à un intérêt qui précède le jugement de satisfaction, car c'est ce jugement même qui le produit). 3. La *liberté* de l'imagination (par conséquent de notre sensibilité) est représentée dans le jugement du beau comme s'accordant avec la légalité de l'entendement (dans le jugement moral, la liberté de la volonté est conçue comme l'accord de cette faculté avec elle-même suivant des lois universelles de la raison). 4. Le principe subjectif du jugement du beau est représenté comme *universel*, c'est-à-dire comme valable pour chacun, quoiqu'il ne puisse être déterminé par aucun concept universel (le principe objectif de la moralité est aussi représenté comme universel, c'est-à-dire comme valable pour tous les sujets, ainsi que pour toutes les actions de chaque sujet, mais aussi comme pouvant être déterminé par un concept universel. C'est pourquoi le jugement moral n'est pas seulement capable de principes constitutifs déterminés, mais il n'est possible que par des maximes fondées sur ces principes et sur leur universalité).

La considération de cette analogie est fréquente même chez les intelligences vulgaires, et on désigne souvent des objets beaux, de la nature ou de l'art, par des noms qui paraissent avoir pour principe un jugement moral. On qualifie de majestueux et de magnifiques des arbres ou des édifices; on parle de campagnes gaies et riantes; les couleurs même sont nommées innocentes, modestes, tendres, parce qu'elles excitent des sensations qui contiennent quelque chose d'analogue à la conscience d'une disposition d'esprit produite par des jugements moraux. Le goût nous permet ainsi de passer, sans un saut trop brusque, de l'attrait des sens à un intérêt moral habituel, en représentant l'imagination dans sa liberté comme pouvant être déterminé d'une manière concordante avec l'entendement, et même en apprenant à trouver dans les objets des sens une satisfaction libre et indépendante de tout attrait sensible.

§. LIX.

APPENDICE.

De la méthodologie du goût.

La division d'une critique en doctrine élémentaire et méthodologie, laquelle précède la science, ne peut s'appliquer à la critique du goût, puisqu'il n'y a pas et ne peut y avoir de science du beau, et que le jugement du goût ne peut être déterminé par des principes. En effet la partie scientifique de chaque art et tout ce qui regarde la *vérité* dans l'exhibition de leur objet sont sans doute une condition indispensable (*conditio sine qua non*) des beaux-arts, mais ce ne sont pas les beaux-arts mêmes. Il n'y a donc pour les beaux-arts qu'une *manière* * (*modus*), et non une *méthode* (*methodus*). Le maître doit montrer ce que doit faire l'élève et comment il le doit faire, et les règles générales auxquelles il ramène en définitive sa manière de procéder peuvent plutôt servir à lui en rappeler à l'occasion les principales choses qu'à les lui prescrire. On doit cependant ici avoir égard à un certain idéal, que l'art doit avoir devant les yeux,

---

* *Manier.*

quoiqu'il ne puisse jamais l'atteindre parfaitement. Ce n'est qu'en excitant l'imagination de l'élève à s'approprier à un concept donné, et, pour cela, en lui faisant remarquer l'insuffisance de l'expression par rapport à l'idée, que le concept même n'atteint pas, parce qu'elle est esthétique, et au moyen d'une critique sévère, qu'on l'empêchera de prendre les exemples qui lui seront proposés pour des types ou des modèles à imiter, qui ne peuvent être soumis à une règle supérieure et à son propre jugement, et c'est ainsi que le génie et avec lui la liberté de l'imagination échapperont au danger d'être étouffés par les règles, sans lesquelles il ne peut y avoir de beaux-arts, ni de goût qui les juge exactement.

La propédeutique de tous les beaux-arts, en tant qu'il s'agit du suprême degré de leur perfection, ne semble pas consister dans des préceptes, mais dans la culture des facultés de l'esprit par ces connaissances préparatoires qu'on appelle *humaniora*, probablement parce que *humanité* signifie, d'un côté, le *sentiment de la sympathie* universelle, et, de l'autre, la faculté de pouvoir se *communiquer* intimement et universellement, deux propriétés qui ensemble composent la sociabilité propre à l'humanité et par lesquelles elle sort des bornes assignées à l'animal. Le siècle et les peuples dont le vif penchant pour la société *légale*, seul fondement d'un état durable, lutta contre les grandes difficultés que présente le problème de l'union de la liberté (et par conséquent aussi de l'égalité) avec une certaine contrainte (plutôt avec celle du respect et de la soumission au devoir qu'avec celle de la peur), ce siècle et ces peuples durent trouver d'abord l'art d'entretenir une communication réciproque d'idées entre la partie la plus cultivée et la partie la plus inculte, de rapprocher le développement et la culture de la première du niveau de la simplicité naturelle et de l'originalité de la seconde, et d'établir ainsi cet intermédiaire entre la civilisation et la simple nature qui constitue pour le goût, en tant que sens commun des hommes, une mesure exacte, mais qui ne peut être déterminée d'après des règles générales.

Un siècle plus avancé se passera difficilement de ces modèles, parce qu'il s'éloigne toujours plus de la nature, et qu'enfin, s'il n'en avait pas des exemples permanents, il serait à peine en état de se faire un concept de l'heureuse union, dans un seul et même peuple, de la contrainte légale, qu'exige la plus haute culture, avec la force et la sincérité de la libre nature sentant sa propre valeur.

Mais comme le goût est en réalité une faculté de juger de la représentation sensible des idées morales (au moyen d'une certaine analogie de la réflexion sur ces deux choses), et comme c'est de cette faculté ainsi que d'une capacité plus haute encore pour le sentiment dérivé de ces idées (qu'on appelle le sentiment moral), que découle ce plaisir que le goût proclame valable pour l'humanité en général, et non pas seulement pour le sentiment particulier de chacun : on voit clairement que la véritable propédeutique pour fonder le goût est le développement des idées morales et la culture du sentiment moral ; car c'est seulement à la condition que la sensibilité soit d'accord avec ce sentiment, que le véritable goût peut recevoir une forme déterminée et immuable.

FIN DU TOME PREMIER.

706

www.ingramcontent.com/pod-product-compliance
Lightning Source LLC
Chambersburg PA
CBHW050302170426
43202CB00011B/1796